现代服务管理与国际化经营丛书

服务经济学

邢丽娟　李　凡　主编

南开大学出版社
天　津

图书在版编目(CIP)数据

服务经济学 / 邢丽娟，李凡主编. —天津：南开大学出版社，2014.10
（现代服务管理与国际化经营丛书）
ISBN 978-7-310-04642-3

Ⅰ. ①服… Ⅱ. ①邢… ②李… Ⅲ. ①服务经济学 Ⅳ. ①F063.1

中国版本图书馆 CIP 数据核字(2014)第 218474 号

版权所有　侵权必究

南开大学出版社出版发行
出版人：孙克强
地址：天津市南开区卫津路 94 号　邮政编码：300071
营销部电话：(022)23508339　23500755
营销部传真：(022)23508542　邮购部电话：(022)23502200

*

天津午阳印刷有限公司印刷
全国各地新华书店经销

*

2014 年 10 月第 1 版　2014 年 10 月第 1 次印刷
230×170 毫米　16 开本　18.5 印张　337 千字
定价:32.00 元

如遇图书印装质量问题，请与本社营销部联系调换，电话:(022)23507125

前　言

随着我国服务业的快速发展和全球服务贸易的发展，服务市场的竞争日益激烈。学术界对服务经济学的关注也在不断增强，大多数高等院校的经济管理类专业都陆续开设了服务经济学课程，本教材的编写正是为了满足高等院校本科和研究生服务经济学课程的需求。

本教材的特点是：第一，设计合理，体系完整。在参考经济学的基础之上，针对我国目前服务经济发展的实际情况，综合拟定了教材的理论体系框架。第二，内容充实，结构合理。教材的内容涉及服务均衡价格的决定，服务消费者行为分析，服务定价与促销，服务业的经济核算、创新与发展、竞争力，服务业发展的规制与政策，开放经济的服务经济学，服务业经济增长等内容。第三，时效性强，适用广泛。教材在编写过程中，注重理论与实际的结合，使教材更具时效性。教材针对高等院校课程量设置，着重于培养学生理论联系实际的能力，适用于经济管理相关专业的本科和研究生使用，同时也适用于从事经济管理的不同领域人士的自学参考。

本教材由北京城市学院邢丽娟和北京第二外国语学院李凡任主编，负责全书的理论体系设计、统稿、修改和定稿。参加编写的主要人员分工如下：孟红（第一章、第二章），史兵（第三章、第四章），张辉（第五章），厉娜（第六章、第七章），冀文彦（第八章、第十章），胡雅芬（第九章）。

在本教材的编写过程中，我们参考和引用了大量的国内外教材、著作及各类媒体的报道，鉴于我们的水平，其间难免存在这样或那样的不足，敬请读者给予指正，以便我们今后进一步修改和完善。

邢丽娟　李凡
2012 年 11 月 12 日于北京

目 录

第一章 绪 论 ··· 1
  第一节 服务经济、服务业和服务 ·· 1
    一、服务经济 ·· 1
    二、服务业 ··· 2
    三、服务 ··· 11
  第二节 服务业的分类和服务的特征 ··································· 14
    一、服务业的分类 ·· 14
    二、服务的特征 ·· 19
  第三节 服务经济学的研究对象与研究方法 ························ 21
    一、服务经济学的研究对象 ··· 23
    二、服务经济学的研究方法 ··· 26
  本章小结 ·· 30
    思考题 ··· 30
第二章 服务均衡价格的决定 ··· 31
  第一节 服务需求 ·· 31
    一、服务需求 ·· 31
    二、影响服务需求的因素 ·· 32
    三、服务需求表与服务需求曲线 ··· 32
    四、服务需求函数 ·· 34
    五、服务需求量的变动与服务需求的变动 ······························ 35
  第二节 服务供给 ·· 36
    一、服务供给 ·· 36
    二、影响服务供给的因素 ·· 36
    三、服务供给表和服务供给曲线 ··· 37
    四、服务供给函数 ·· 38
    五、服务供给量的变动与服务供给的变动 ······························ 39
  第三节 服务均衡价格的决定 ·· 40
    一、服务均衡价格与服务均衡量的决定 ································· 40

二、均衡值的变动 ……………………………………………………… 41
本章小结 …………………………………………………………………… 43
　思考题 …………………………………………………………………… 44
第三章　服务消费者行为分析 ……………………………………………… 45
　第一节　服务消费特征 ………………………………………………… 45
　　一、服务消费趋势 …………………………………………………… 45
　　二、服务消费特征 …………………………………………………… 46
　　【实例 3-1】 ………………………………………………………… 47
　第二节　影响服务消费者购买行为的因素 …………………………… 48
　　一、社会因素 ………………………………………………………… 49
　　二、文化因素 ………………………………………………………… 50
　　三、个人因素 ………………………………………………………… 50
　　【实例 3-2】 ………………………………………………………… 51
　　四、心理因素 ………………………………………………………… 52
　　【实例 3-3】 ………………………………………………………… 54
　第三节　服务消费者购买决策过程 …………………………………… 56
　　一、引起需要 ………………………………………………………… 56
　　二、收集信息 ………………………………………………………… 56
　　三、评价方案 ………………………………………………………… 57
　　四、决定购买 ………………………………………………………… 58
　　【实例 3-4】 ………………………………………………………… 58
　　五、购后评价和行为 ………………………………………………… 59
　本章小结 ………………………………………………………………… 59
　　思考题 ………………………………………………………………… 60
第四章　服务定价与促销 …………………………………………………… 61
　第一节　服务定价目标与影响因素 …………………………………… 61
　　一、服务定价目标 …………………………………………………… 61
　　【实例 4-1】 ………………………………………………………… 62
　　二、服务定价的影响因素 …………………………………………… 64
　　【实例 4-2】 ………………………………………………………… 67
　第二节　服务促销 ……………………………………………………… 68
　　一、服务促销的概念 ………………………………………………… 68
　　二、服务促销的目标 ………………………………………………… 68
　　三、服务促销与产品促销的差异 …………………………………… 69

【实例 4-3】 ………………………………………………………… 70
　　第三节　服务促销组合 ……………………………………………… 72
　　　一、广告促销 ………………………………………………………… 72
　　　二、人员推销 ………………………………………………………… 75
　　　三、服务公关 ………………………………………………………… 77
　　　四、销售促进 ………………………………………………………… 78
　　　【实例 4-4】 ………………………………………………………… 79
　本章小结 …………………………………………………………………… 81
　　思考题 …………………………………………………………………… 82
第五章　服务业的经济核算 ………………………………………………… 83
　　第一节　服务业的核算方法 ………………………………………… 83
　　　一、国民经济核算与服务业核算 …………………………………… 83
　　　二、服务业核算数据的收集 ………………………………………… 86
　　第二节　服务业的核算范围 ………………………………………… 90
　　　一、服务业核算分类的理论依据 …………………………………… 90
　　　二、国际服务业核算范围 …………………………………………… 92
　　　三、国际服务业分类体系 …………………………………………… 95
　　第三节　中国服务业核算实践 ……………………………………… 96
　　　一、服务业的范围、生产核算分类的变化以及核算现状 ………… 96
　　　二、现行服务业核算存在的基本问题及其影响 ………………… 100
　　　三、完善服务业核算的方法 ……………………………………… 109
　本章小结 ………………………………………………………………… 113
　　附表： …………………………………………………………………… 114
　　思考题 …………………………………………………………………… 141
第六章　服务业的创新与发展 …………………………………………… 142
　　第一节　服务业创新内涵 …………………………………………… 142
　　　一、服务业创新的特性 …………………………………………… 142
　　　二、服务业创新与制造业创新 …………………………………… 143
　　　三、服务业创新的分类 …………………………………………… 145
　　第二节　服务业创新模式 …………………………………………… 147
　　　一、服务业创新研究的三个学派 ………………………………… 147
　　　二、服务业创新的驱动力 ………………………………………… 149
　　　三、服务业创新模式 ……………………………………………… 151
　　第三节　中国服务业发展实践 ……………………………………… 153

一、我国服务业发展历程 ·· 153
　　二、我国服务业发展存在的主要问题 ······························ 157
　　三、我国服务业发展的对策与建议 ·································· 162
本章小结 ·· 164
思考题 ··· 164

第七章　服务业竞争力 ··· 165
　第一节　服务业竞争力指标体系 ·· 166
　　一、服务业竞争力评价指标体系的构建原则 ······························ 166
　　二、生产性服务业竞争力评价指标体系 ···································· 167
　　三、区域服务业竞争力评价指标体系 ······································· 168
　　四、服务业国际竞争力评价指标体系 ······································· 169
　第二节　影响服务业竞争力的因素 ·· 172
　　一、生产性服务业竞争力的影响因素 ······································· 172
　　二、服务业国际竞争力的影响因素 ·· 174
　第三节　提升服务业竞争力途径 ·· 176
　　一、提升生产性服务业竞争力的途径 ······································· 176
　　二、提升我国服务贸易国际竞争力的途径 ································· 179
本章小结 ·· 182
思考题 ··· 182

第八章　服务业发展的规制与政策 ·· 183
　第一节　产业规制理论 ·· 183
　　一、规制的涵义 ·· 183
　　二、产业规制理论的发展 ··· 186
　　三、我国规制体系的构建 ··· 190
　第二节　服务业规制问题与实践 ·· 193
　　一、服务业规制的一般问题 ·· 193
　　二、我国服务业规制制度障碍与改革路径 ································· 196
　　三、我国服务业规制实践——以铁路行业为例 ·························· 199
　第三节　服务业发展的政策 ·· 205
　　一、促进服务业发展的产业政策 ··· 205
　　二、促进服务业发展的财政政策 ··· 207
　　三、促进服务业发展的税收政策 ··· 208
　　四、促进服务业发展的科技政策 ··· 210
　　五、促进服务业发展的人力资源政策 ······································· 211

  六、促进服务业发展的对外开放政策 ………………………………… 212
 本章小结 ……………………………………………………………… 213
  思考题 ………………………………………………………………… 214

第九章　开放经济的服务经济学 …………………………………………… 215
 第一节　国际服务贸易 ………………………………………………… 215
  一、国际服务贸易概述 ……………………………………………… 215
  二、国际服务贸易的产生与发展 …………………………………… 220
  三、国际服务贸易相关理论 ………………………………………… 223
 第二节　服务业直接投资 ……………………………………………… 229
  一、服务业直接投资的概述 ………………………………………… 229
  二、服务业直接投资的理论演进 …………………………………… 231
  三、服务业直接投资的效应 ………………………………………… 235
 第三节　国际服务贸易统计 …………………………………………… 237
  一、国际服务贸易统计的方法 ……………………………………… 237
  二、国际服务贸易统计体系的实践 ………………………………… 240
 本章小结 ……………………………………………………………… 244
  思考题 ………………………………………………………………… 245

第十章　服务业经济增长 …………………………………………………… 246
 第一节　服务业经济增长 ……………………………………………… 246
  一、经济增长理论的历史沿革 ……………………………………… 246
  二、服务业成为经济发展新引擎 …………………………………… 250
 第二节　服务业增长规律 ……………………………………………… 256
  一、服务业增长的一般规律 ………………………………………… 256
  二、服务业的增长要素分析 ………………………………………… 261
 第三节　我国服务业增长 ……………………………………………… 267
  一、我国服务业增长概况 …………………………………………… 267
  二、我国服务业增长存在的问题 …………………………………… 273
  三、我国现代服务业增长的路径选择 ……………………………… 276
 本章小结 ……………………………………………………………… 278
  思考题 ………………………………………………………………… 279

参考文献 …………………………………………………………………… 281

第一章 绪 论

第一节 服务经济、服务业和服务

一、服务经济

服务经济是指服务经济产值在 GDP 中的相对比重超过 60%的一种经济状态，或者说，服务经济是指服务经济中的就业人数在整个国民经济就业人数中的相对比重超过 60%的一种经济态势。

服务经济是近五十年来崛起的新的经济形式，它在国民经济构成中占有极其重要的地位，它涵盖了服务业乃至对外服务贸易的市场经济门类与形式。在国外，服务经济已基本形成相对成熟的体系，并有其自身的运作方式。在我国，随着市场经济的发展，服务经济在国民经济中的比重在逐渐加大。它是我国正在进行的产业结构调整升级的主要途径，关系到未来经济发展的走向与创新，具有十分重要的战略意义。

自 20 世纪 50 年代以来，全球经济经历着一场结构性的变革。对于这一变革，美国经济学家维克托·福克斯（Victor R. Fuchs）在 1968 年称之为"服务经济"。福克斯认为美国在西方国家中率先进入了服务经济社会。福克斯的宣言预示着始于美国的服务经济在全球范围的来临。伴随信息革命和技术的飞速发展，服务经济也随之表现出新的发展趋势。

（一）全球产业结构服务化

全球产业结构服务化表现为服务产业的大规模发展引致三次产业结构的转变，服务产业在经济体系中的地位不断上升并成为产业结构的主体。从世界银行的统计来看，无论是 GDP 的产业构成还是各国的就业构成，服务业在发达国家已普遍成为第一位的经济部门，而且这一经济服务化的潮流已开始向工业化水平较高的中等发达国家与地区扩散，在中等收入国家（地区）的产业结构中，服务业也逐渐占据主导地位。

（二）生产型产业服务化

工业等生产型产业（非服务性产业）内部服务性活动的发展与重要性的增加，改变了这些产业的单纯生产特点，形成生产—服务型体系，反映了服务活动在经济领域的广泛渗透。这种趋向在工业中表现得最为突出，如早在1980年美国工业增加值就已经有75%以上由工业内部的服务性活动所创造（Britton，1990）。

二、服务业

（一）服务业基本概念

美国经济学界提出了广义服务业和狭义服务业的概念。狭义服务业是指排除了流通部门即交通运输业、邮电通讯业、商业、饮食业等的非实物生产部门；广义服务业是指所有非实物产品生产的经济部门。随着经济的发展，服务业的种类也在不断的增加，无论从定义概念还是从统计概念上，现代意义上的服务业都应该是广义的服务业。

经济合作与发展组织（OECD）于1999年9月召开的工商政策论坛中对服务业作了如下定义："服务业是经济活动中一个门类分布广泛的群体行业，它包括高技术、知识密集型分支门类和劳动密集、低技能行业领域。"简单的说，服务业与产品制作、采掘或农业没有直接联系，而是专以劳务、咨询、管理技能、休闲娱乐、培训和中介等形式进行的经济增值活动。

台湾学者徐木兰通过总结各类研究认为，对服务业的定义就整体产业与企业个体而言，应该分为宏观与微观两类定义：宏观服务业是指已被普遍接受的"服务行业"而言。所谓的行业或产业（industry），乃是指一群彼此有竞争性的企业群体，在群体中的各个企业体均生产或贩卖相关的同类产品、提供相似的服务并拥有相近的顾客群。因此，该行业是对整体的企业观点而言，即服务业是由所有服务行业所构成的群体。微观服务业是指"service business"，是将服务业中的"业"视为企业或事业"business"而非行业，即指从事企业活动的经济个体，而企业活动乃至凡以利润或服务消费者或使用者为目的，进而引发所有有关供应货物与劳务的种种活动。因此微观服务业，意指"凡主要以服务活动为主体营运的企业个体，均可称之为服务业"。

杰克逊和马索曼（Jackson & Musselman）都认为"凡是超过50%以上的收益由服务提供的企业，即可视为服务业"。詹德松（1997）认为"该行业内从业人员中，凡服务人员较生产作业人员的人数多者，即可视为服务业之范畴"。这些定义较偏向于微观的服务业。

总结来说，服务活动由来已久，凡是不以有形产品生产和经营为主的经济活动都是服务活动，但是在大量提供服务活动的企业中，只有那些服务活动本身具有可交易特征，并且在整个企业的业务活动中占有相当比例的企业，才认为其属于服务业。服务业可视为从事生产、营销、经营或分配的营利或非营利的个人或组织之总称，这类企业的收益主要来自提供服务的所得。

正如"服务"最初是通过排他性来进行定义一样，作为承载服务活动的实体行业形式，"服务业"在经济学中也往往是通过"其他的"来进行界定的，服务业常被视为一种"非制造产出的其他部门"。而这种对服务业的排他法最为经典的定义莫过于"第三产业"这个概念。

经济学家埃伦·费希尔（Allen Fisher）于1935年在其所著的《安全与进步的冲突》一书中最先提出了"第三产业"的概念，并将这一概念用于国民经济产业结构的划分，从而形成了三次产业分类法。

通常在统计服务业的各种统计量时，我们认为第三产业（广义）与服务业是一致的，其内涵并没有太大的区别。不过，仅仅看名称就可以知道，很明显，第三产业是与第一、二产业相对应的概念，而服务业是与农业、工业相对应的概念。因此，有必要特别强调一下服务业与第三产业的差异之所在。黄维兵在他的《现代服务理论与中国服务业发展》一书中具体分析了两者的不同之处：一是所包含的行业数量不同，服务业所包括的行业比第三产业要少一些。二是界定方法不同，第三产业采用的剩余法，即凡不属于第一和第二产业的部门都属于第三产业，而服务业的界定是以其能否提供或生产各种类型的服务为标准的。三是划分思想的出发点不同，三次产业划分思想的出发点以经济体系的供给分类，只重视产业间的单向依赖关系，暗含着高阶层产业的发展单向地依赖于低阶层产业产品的含义，即第二产业依赖于第一产业提供的原料，第三产业又依赖于第二产业和第一产业的产品供给；而服务业的划分是以经济系统的需求分类为思想基础，重视同其他产业的相互依赖关系。这也可以看出，第三产业的概念隐含着传统经济思想的逻辑，而服务业的概念则是现代经济思想的体现。四是相对的市场范围不同，第三产业概念的经济结构涵义主要是相对于国内经济的。而服务业概念的经济结构涵义是面向国内与国际两个市场的。

（二）服务业相关概念

1. 传统服务业、新兴服务业和现代服务业

传统服务业是指运用传统的生产方式经营，并且在工业化以前就已存在的服务业，是为人们日常生活提供各种服务的行业。主要包括医疗卫生服务业、餐饮住宿业、修理业、商业等。

新兴服务业是指在工业化发展到一定阶段，伴随着信息技术的发展和知识经济的出现，社会分工的细化和消费结构的升级，或用现代化的新技术、新业

态和新的服务方式改造提升传统服务业而产生的,向社会提供高附加值、满足社会高层次和多样化需求的服务业。这些行业的收入弹性一般较高。新兴服务业主要包括在后工业化时期出现并迅速发展的教育、医疗、娱乐、文化和公共服务等。按其属性划分,主要分为生产性服务业和生活性服务业两大类。

现代服务业是指其需求主要受工业化进程、社会生产分工的深入影响而加速发展的服务业和运用现代科技技术、新型服务方式及新型经营形态对传统服务业进行改造的服务业,现代服务业既包括新兴服务业,也包括对传统服务业的技术改造和升级。

从狭义上讲,现代服务业是在工业比较发达的阶段产生的,主要是依托于信息技术和现代管理理念发展起来的,是信息技术与服务产业结合的产物。具体包括两类:一类是直接因信息化及其他科学技术的发展而产生的新兴服务业形态,如计算机和软件服务、移动通信服务、信息咨询服务、健康产业、生态产业、教育培训、会议展览、国际商务、现代物流业等;另一类是通过应用信息技术,从传统服务业改造和衍生而来的服务业形态,如银行、证券、信托、保险、租赁等现代金融业,建筑、装饰、物业等房地产业,会计、审计、评估、法律服务等中介服务业等。它们通过其各种服务功能,有机联结社会生产、分配和消费诸环节,加快人流、物流、信息流和资金流的运转。

从广义上讲,现代服务业是一种现代化、信息化意义上的服务业,是指在一国或地区的产业结构中基于新兴服务业成长壮大和传统服务业改造升级而形成的新型服务业体系,体现为整个服务业在国民经济和就业人口中的重要地位以及服务业的高度信息化水平等方面,具有高人力资本含量、高技术含量、高附加值等"三高"特征,发展上呈现新技术、新业态、新方式等"三新"态势,具有资源消耗少、环境污染少的优点,是地区综合竞争力和现代化水平的重要标志。

现代服务业与传统服务业的区别有以下几点:

一是内涵外延不同。传统服务业是指为人们日常生活提供各种服务的行业,大都历史悠久,"服务"的范围比较狭窄。而现代服务业是在工业比较发达的阶段产生的,主要是依托于信息技术和现代管理理念发展起来的,是信息技术与服务产业结合的产物,"服务"范围相当地宽泛。

二是本质特征不同。传统服务业的局限性比较大,现代化、信息化程度低,服务的附加值也不高。而现代服务业是一种现代化、信息化意义上的服务业,是指在一国或地区的产业结构中基于新兴服务业成长壮大和传统服务业改造升级而形成的新型服务业体系,体现为整个服务业在国民经济和就业人口中的重要地位以及服务业的高度信息化水平等方面,是地区综合竞争力和现代化水平的重要标志。

三是社会贡献不同。首先，从吸纳就业比例看，我国传统服务业就业人口占全部就业人口的比例在改革开放之初不足13%，而目前我国在服务领域该比例已经达到30%左右，相对于发达国家60%~70%的就业比例而言我国还有着巨大的发展空间。其次，从增加值占GDP的比重看，我国传统服务业在改革开放之初仅占24%左右，目前平均水平已经达到50%左右，相对于发达国家70%以上的比重而言，我国仍有10%~20%的增长空间。

四是研究专家还从理论研究的角度提出，传统服务业一般具有增加值低、乘数效应小和劳动力素质较差等方面的特点，与之相对应，现代服务业一般具有五大基本特性，即知识性、高增加值性、高素质性、高科技性和新兴性。

2. 生活服务业、生产性服务业和社会服务业

生活服务业属于消费领域，其发展可以体现为人民的生活水平、生活质量、生活内容的改善和充实；生活服务业包括家庭用品修理业、饮食业、美容及美发业、客运业、浴池业、殡葬业、医疗卫生业、旅游及饭店业、文体娱乐业、家庭服务业等等。

1975年美国经济学家布朗宁和辛格曼在对服务业进行分类时，最早提出了生产性服务业（Producer Services）的概念。生产性服务业是指为保持工业生产过程的连续性，促进工业技术进步、产业升级和提高生产效率提供保障服务的服务行业。它是与制造业直接相关的配套服务业，是从制造业内部生产服务部门而独立发展起来的新兴产业，本身并不向消费者提供直接的、独立的服务效用。它依附于制造业企业而存在，贯穿于企业生产的上游、中游和下游诸环节中，以人力资本和知识资本作为主要投入品，把日益专业化的人力资本和知识资本引进制造业，是二三产业加速融合的关键环节。

社会服务业包括医疗和保健业、医院，教育、福利和宗教服务，政府、邮政、非营利机构，其他专业化服务和社会服务。

3. 市场型服务业与非市场型服务业

市场型服务业是指市场机制决定资源配置和价格水平的服务业，包括批发和零售业，住宿和餐饮业，房地产业，租赁和商务服务业，居民服务和其他服务业，体育、娱乐业等。

非市场型服务业是指政府较大程度地利用行政手段和直接调控措施干预价格水平、市场准入、提供的规模和竞争行为的服务业。包括垄断性服务行业、事业性服务行业和公共服务行业等。

4. 公共服务业与私人服务业

公共服务是依托社会公共设施或公共部门、公共资源为居民提供公共物品

的服务业。包括基本公共服务、非基本公共服务业。基本公共服务是政府或者机构提供的纯公共产品性质的服务，主要包括公共卫生体系建设、普及九年义务教育、社会保障等领域；非基本公共服务是政府或机构提供的准公共产品性质的服务，主要包括非义务教育，新闻出版、科研、文化、体育等事业单位，非营利组织，城市公共交通运输，基础电信等。

私人服务是受竞争型市场机制约束并由市场参与者提供的产业化服务，主要包括零售和批发、运输、租赁和商务服务、文化休闲、房地产、商业银行、餐饮和旅馆等。

5. 自然垄断性服务业与竞争性服务业

自然垄断性服务业是指当只有一个厂商提供与公众利益密切相关的基础设施和公用事业时技术效率较高的服务业。典型的自然垄断性服务业包括煤气供应、水供应、垃圾处理、邮政、公路、运河和铁路等。

竞争性服务业是指市场机制能够实现社会资源配置效率最高和消费者效用最大化的服务业领域。这些行业一般具有进入自由、竞争者众多、生产要素自由流动、提供的服务差异不大或者即使有差异但容易定价、买卖双方信息的基本对称等特点。主要包括零售、批发、运输、商务、旅游、租赁、商业性金融服务业等。

6. 营利性服务业与非营利性服务业

营利性服务业指以营利为目的，以产业化发展为方向，并受市场机制调节供求的服务业。在我国现阶段，营利性服务业除了批发、零售、餐饮、房地产等竞争性市场服务业以外，还包括卫生、教育、文化等社会事业和公益事业领域中的营利性部门提供的服务。例如，教育中的职业教育，卫生服务中的营利性医院提供的医疗卫生服务和非公共卫生服务。

非营利性服务业是不以营利为目的，并且主要由政府或社会团体和事业单位提供的社会公益性服务业。主要包括基础义务教育、公共卫生、科研院所等。

（三）服务业子概念

1. 现代物流业

现代物流业是指运用先进的网络信息技术、现代计算机技术和科学管理方法，将制造、仓储、运输、销售等物流环节进行系统管理，使物流资源得到高效、合理的利用，形成物流的服务优势，使消费者得到超值享受和最大的满足。现代物流业是相对于传统产业而言的，是在传统物流的基础上，运用计算机进行信息联网，并对物流信息进行科学管理，从而使物流速度加快、准确率提高、库存减少、成本降低，以此延伸和放大传统物流的功能。

中央相关部委2001年3月在《关于加快我国现代物流发展的若干意见》中，

对现代物流的定义:"原材料、产成品从起点至终点及相关信息有效流动的全过程。它将运输、仓储、装卸、加工、整理、配送、信息等方面有机结合,形成完整的供应链,为用户提供多功能、一体化的综合性服务。"

2. 信息服务业

信息服务业是指向社会提供信息产品的服务行业,涉及信息的收集、存储、加工、传递、交流活动,涵盖数据库与联机检索服务、软件产品及信息软件开发服务、信息处理服务、信息通信服务、信息咨询服务、信息系统分析与设计服务、信息设施管理服务、其他专业服务等。

信息服务业是一个涉及信息生产、信息传输、信息分发与信息供给等众多领域的综合性行业;其产业价值链包括用户、运营商、设备制造商、软件开发商和内容提供商等多个环节,涵盖制造业和服务业两大领域。

3. 金融服务业

金融服务业是指金融服务提供者所提供的各种资金融通方面的服务活动所构成的产业。它是以银行金融业(信托、银行、保险、证券)为主体,其他非银行金融业(股票、典当等)为补充的金融服务业体系。

就金融服务业而言,与其他产业部门相比,金融服务业同样具有一些显著的特征:

一是金融服务业的实物资本投入较少,难以找到一个合适的物理单位来度量金融服务的数量,这也就无法准确定义其价格,从而也无法编制准确的价格指数和数量指数,因此金融服务业的产出也就难以确定和计量。

二是传统金融服务业的功能是资金融通的中介,而现代金融服务业则具有越来越多的与信息生产、传递和使用相关的功能,特别是由于经济活动日益"金融化",所以,金融信息越来越成为经济活动的重要资源之一。

三是金融服务业传统上是劳动密集型产业,而随着金融活动的日趋复杂化和信息化,金融服务业逐渐变成了知识密集和人力资本密集的产业,人力资本的密集度和信息资源的多寡在现代金融服务业中已经成为决定金融企业创造价值的能力以及金融企业生存和发展前景的重要因素。

四是在当今这样一个竞争加剧的时代,金融服务业正处于大变革的过程之中,信息技术、放松管制和自由化的影响已经改变并在不断重新塑造着金融服务业领域,而且这种趋势还将持续下去。

4. 房地产业

房地产是指房产和地产,通常也称不动产。所谓房产,指的是土地上的房屋等建筑物和构筑物;所谓地产,则指的是供人们开发、使用和经营的土地(这里所说的地产专指房屋等建筑物和构筑物所占用的土地)。在物质形态上,房产和地产经常结为一体，因此在经济形式上人们总是习惯于把这二者作为一体来对待，统称为房地产。在市场经济条件下，房地产具有价值和使用价值，是一种商品，并且往往是一种重要的投资对象。

房地产业指从事土地和房地产开发、经营、管理和服务的行业。主要包括以下内容：一是国有土地使用权的出让，房地产的开发和再开发，如征用土地、拆迁安置、委托规划设计、组织开发建设、对旧城区土地的再开发等；二是房地产经营，包括土地使用权的转让、出租、抵押和房屋的买卖租赁、抵押等活动；三是房地产中介服务，包括房地产咨询、估价和经纪代理、物业管理。四是房地产的调控和管理，即建立房地产的资金市场、技术市场、劳务市场、信息市场，制定合理的房地产价格，建立和健全房地产法规，以实现国家对房地产市场的宏观调控。

5. 文化产业

文化产业，是以"文化创意"为核心，通过技术的介入和产业化的方式制造、营销不同形态的文化产品的行业。文化产业是为社会公众提供文化、娱乐产品和服务的活动，以及与这些活动有关联的活动的集合。文化产业是从事文化生产和提供文化服务的经营性行业，是社会文化建设的重要组成部分。

国家统计局将以下十类列为"文化产业"的范围：新闻出版发行服务，广播电视电影服务，文化艺术服务，文化信息传输服务，文化创意和设计服务，文化休闲娱乐服务，工艺美术品的生产，文化产品生产的辅助生产，文化用品的生产，文化专用设备的生产。

与文化产业相关的服务业有文化创意产业、创意产业。

创意产业的概念最早出现在1998年出台的《英国创意产业路径文件》中，该文件明确提出，"所谓创意产业，就是指那些从个人的创造力、技能和天分中获取发展动力的企业，以及那些通过对知识产权的开发可创造潜在财富和就业机会的活动"。依据David Thirsby 1997年的说法，创意产业具有三大特色：第一，创意产业活动会在生产过程中运用某种形式的"创意"；第二，创意产业活动被视为与象征意义的产生与沟通有关；第三，创意产业的产品至少有可能是某种形式的"智能财产权"。

根据英国等西方发达国家以及日本、韩国和中国香港、中国台湾通常所采用的定义，创意产业是"那些依个人创意、技能和天才，通过挖掘和开发智力财产以创造财富和就业机会的活动"。根据这个定义，创意产业包括广告、建筑、美术和古董交易、手工艺、设计、时尚、电影、互动休闲软件、音乐、表演艺术、出版、软件，以及电视、广播等诸多部门。发达国家创意产业可以定义为具有自主知识产权的创意性内容密集型产业，它有以下三方面含义：一是创意产业来自创造力和智力财产，因此又称作智力财产产业；二是创意产业来自技术、经济和文化的交融，因此创意产业又称为内容密集型产业；三是创意产业为创意人群发展创造力提供了根本的文化环境，因此又往往与文化产业概念交互使用。文化创意产业概念基本等同于创意产业，无论是内涵还是外延都极为相近。国际上比较通行的提法是创意产业。1998年，英国最早提出创意产业，这一概念影响了欧洲、美洲、亚洲等许多有意发展创意产业的国家，在短短几年内迅速地被全球接受，略作调整后采用。上海也接受了这一提法，出台了"十一五"期间《上海创意产业发展重点指南》。而采用文化创意产业的地区除了北京外，目前还有台湾和香港。香港最初使用的是创意产业，在2005年将其改称为文化创意产业。

6. 科技服务业

"科技服务业"一词，在我国最早出现于国家科委在1992年8月22日发布的《关于加速发展科技咨询、科技信息和技术服务业意见》（以下简称《意见》）中。《意见》指出：科学技术是第三产业的重要组成部分，是咨询业、信息业和技术服务业等新兴行业的主体与依托。认真贯彻执行中共中央、国务院关于加快发展第三产业的决定，是科技界义不容辞的光荣任务。我们要在进一步搞好科技工作，为第三产业提供科技支撑的同时，抓住当前的有利时机，大力发展与科技进步相关的各种服务行业。近期要重点发展科技咨询业、科技信息业和技术服务业（三者以下简称科技服务业）为主的新型服务业，为促进第三产业与整个国民经济的发展做出应有的贡献。[①]

程梅青、杨冬梅、李春成[②]（2003）认为，科技服务业是指一个区域内，为促进科技进步和提升科技管理水平提供各种服务的所有组织或机构的综合。他们认为，科技服务业主要包括咨询业（包括工程咨询、管理咨询、技术咨询等）、技术贸易服务业、科技信息服务业、科技孵化业（包括企业孵化器及各类科技园）、科技风险投资业、科技培训业、技术监督服务业、知识产权服务业及其他技术服务业等各类行业。

王永顺[③]（2005）认为，科技服务业是依托科学技术和其他专业知识向社会提供服务的新兴行业，具有高智力、高附加值等特征，是现代服务业的重要组成部分。

陈先荣[④]（2005）认为，科技服务业是运用现代知识、现代技术手段和分

---

① 国家科委.加速发展科技咨询、科学信息和技术服务业意见.国科发策字566号，1992-8-22
② 程梅青，杨冬梅，李春成.天津市科技服务业的现状及发展对策[J].中国科技论坛.2003(3)：70-7
③ 王永顺.加快发展科技服务业提升创新服务水平[J].江苏科技信息.2005(8)：1~2
④ 陈先荣.大力发展科技服务业积极推进CBD建设[J].今日科技.2005(9)：26~28

析方法，对经济和社会发展提供智力服务的新兴产业。

王晶、于建宇等[①]（2006）通过研究，对科技服务业概念作如下界定：科技服务业是以技术和知识向社会提供服务的产业，其服务手段是技术和知识，服务对象是社会各行业；科技服务业属第三产业范畴，是第三产业的一个分支行业。

江苏省科技情报研究所科技统计中心通过开展江苏省科技服务月调查前期研究，对科技服务业作了如下界定：科技服务业是以技术和知识向社会提供服务的产业，其服务手段是技术和知识，服务对象是社会各行业；科技服务业属于第三产业范畴，是第三产业的一个分支，是所有第一、二产业和现代服务业实现快速发展的基础[②]。

（四）服务业热点概念

1. 知识密集型服务业

"知识密集型服务业"是 Knowledge Intensive Business Services 的简称，也缩写为"KIBS"或"知密业"。它最早于1995年由欧盟提出，是指称那些以技术密集、人才密集及知识密集为一体的高附加值的服务业。知识密集型服务业是指那些知识密集度高，依靠新兴技术与专业知识，具有较明显的客户互动特征的商业性公司或组织。主要包括金融业（银行业、证券业、保险业、其他金融活动），信息与通讯服务业（电信和其他信息传输服务业、计算机服务业、软件业），科技服务业（研究与试验发展、专业技术服务业、工程技术与规划管理、科技交流和推广服务业），商务服务业（法律服务、咨询调查、其他商务服务）。

2. 高端服务业

高端服务业通常指智力化、资本化、专业化、效率化的服务业。由于各国统计口径不同，对高端服务业的解释是有区别的。相对统一的意见是：除了直接的工农业的生产制造部分、产品买卖以及物流运输外，高端服务业已成为经济的皇冠、发展的动力源和火车头。并且具有高智、高效、高资（本）、高收（益）、高时（尚）等"五高"的特征。

3. 服务外包

服务外包是指企业将价值链中原本由自身提供的具有基础性的、共性的、非核心的IT业务和基于IT的业务流程剥离出来后，外包给企业外部专业服务提供商来完成的经济活动。因此，服务外包应该是基于信息网络技术的，其服务性工作（包括业务和业务流程）通过计算机操作完成，并采用现代通信手段进行交付，使企业通过重组价值链、优化资源配置，降低了成本并增强了企业

---

① 王晶,于建宇等.南京科技服务业发展问题研究[J].科技进步与对策.2006(3)：94~96
② 马永浩.江苏省科技服务业调查前期研究[M].江苏科技统计中心.2007-10-8

核心竞争力。从价值创造的角度看，外包是企业将不直接创造价值的后台支持功能剥离，专注于直接创造价值的核心功能，也就是将企业的一部分内容转移出去。根据转移对象的不同，可以分为制造业外包和服务外包：即转移对象是加工制造零部件、中间产品活动的，属于制造业外包；转移对象为服务活动或流程的，就是服务外包。

4. 服务贸易

服务贸易是指居民与非居民之间、国与国之间相互提供服务的经济交换活动。狭义的服务贸易是指一方以提供直接服务来满足另一方某种需要以取得报酬的活动；广义的服务贸易既包括有形的服务，也包括服务提供者与使用者无直接接触进行交易的无形服务。

根据关税及贸易总协定乌拉圭回合达成的《服务贸易总协定》，服务贸易是指："从一成员境内向任何其他成员境内提供服务；在一成员境内向任何其他成员的服务消费者提供服务；一成员的服务提供者在任何其他成员境内以商业存在提供服务；一成员的服务提供者在任何其他成员境内以自然人的存在提供服务。"服务部门包括 12 个：①商业服务、②通信服务、③建筑及有关工程服务、④销售服务、⑤教育服务、⑥环境服务、⑦金融服务、⑧健康与社会服务、⑨旅游与旅游有关的服务、⑩娱乐、文化与体育服务、⑪运输服务、⑫其他服务。

三、服务

服务既可以作为一个社会用语，又可以作为一个经济范畴中的概念。当今社会，服务作为一种新的生产力与生产方式已经越来越成为社会运行与社会发展的思维及工具，服务能力、服务方式构成了社会发展的重要动因。服务已经成为一种社会生产力，成为生产力与生产方式中的独立要素，成为吸收科学技术成果的重要载体，成为种植业、制造业、服务业的基础与核心，成为各个产业的核心，进而贯穿于所有产业结构类型之中。

现代社会已经进入到第四次产业革命阶段，第四次产业革命的兴起推动着整个产业结构的深刻变化，使得在传统的第一以及第二产业内部诞生了服务型经济，导致种植业与制造业的性质及功能发生了巨变，其中日益彰显并逐渐拓展的就是服务的功能以及服务的地位。与此同时，参与农产品、工业品以及服务业的生产与经营的主体会越来越多，服务对于农业、工业、服务业的作用越来越明显，并将成为推动产业发展的强大动力与可靠保证，由此使得服务在整个经济中的地位越来越突出，越来越活跃。随着时代的变迁，服务在整个经济体系的重要性日益加大，服务作为一类特殊的活动和一个独立的概念日渐受到理论界的关注，很多专家和学者都对服务的概念作出了界定。

从 20 世纪 70 年代开始,有大量有关服务行为和服务企业的研究成果问世,尽管如此,关于"服务究竟是什么"这个问题至今尚未形成一个被普遍接受的观点。基于这一点,以下列出一些国外学者和研究机构所给出的具有代表性的定义。

经济学家霍尔(T.P.Hill)(1977)基于经济学角度给出了服务的概念。他认为:服务指状态的变化,这种状态变化可以发生在某个人身上也可以发生在属于某个经济主体身上;这种状态变化是另一个经济主体的劳动结果。所谓"状态的变化"是强调服务的结果,这是从便于对服务进行计量的角度所作的定义。

斯坦顿(Stanton)(1975)将服务定义为"用来满足需求的一种无形活动(或行为),这些行为并不一定与出售有形货品有所关联;整个生产与销售的过程就是一种服务,过程当中可以不包含有形货品的提供,不过即使是提供有形货品的服务,该货品的所有权也不会因此而产生转移"。

著名的市场营销学家科特勒(Kotler)(1980)对服务的定义:"一个组织提供另一个群体的任何活动或利益,服务基本上是无形的,也无法产生事物所有权的转移,整个交易过程不一定要附属于实质的产品。"这一定义涉及了服务的具体性质,指出了服务的无形性,并明确说明了服务的交易过程不一定要附属于实质产品。

谢尔普(Shelp)(1981)定义服务为"不具触摸性、可见性、储存性,且其呈现短暂性,同时生产者与消费者必须面对面等特性的产品"。这一定义指出了服务与产品生产在具体性质方面的不同,但依然具有局限性,因为这一定义虽然适用于零售业、餐饮业等服务行业,却无法包含计算机程序设计、戏剧表演等服务。

布卢瓦(Blois)(1983)认为服务是"一种被出售的活动,它能够产生效益或满意度,但却没有如物品一般的实体改变"。

莱特南(Lehtinen)(1983)定义服务为"一连串的活动,而这些活动是与人或设备之间,一种能提供满意感觉的互动关系"。

比尔(Buell)(1984)将服务定义为"被用为销售或因配合货品销售,而连带的各种活动、利益或满意"。

弗里(Free)(1987)认为服务是"一种满足顾客的出售或售后活动,而这些活动是由供应商提供的一连串功能,供应商之所以愿意提供,是因为有助于其竞争力或利益的增加"。

李德利(Riddle)(1986)与尼克莱代斯(Nicolaides)(1989)则提出一个较具经济性的观点,并在定义中特别强调了"过程"。这两位学者认为"服务是一种过程,即服务是在特定期间内,通过转变消费者的现行状态,以提供消费者时间、空间或形式效用的经济活动；因此服务至少包括3个元素：①生产者为消费者工作；②消费者参与部分活动；③消费者及生产者在过程中活动"。

美国市场营销协会（AMA）最初给服务定义为："用于出售或者是同产品连在一起进行出售的活动、利益或满足感。"随着对服务理论研究的深入，AMA在原有定义的基础上进行了重新修改，给出了新的定义："可被区分界定，主要为不可感知，却可使欲望得到满足的活动，而这种活动并不需要与其他产品或服务的出售联系在一起。生产服务时可能会或不会需要利用实物，而且即使需要借助某些实物协助生产服务，这些实物的所有权将不涉及转移的问题"。

服务管理北欧学派的代表人物格朗鲁斯（Gronroos）（1987）将服务定义为"一种或多或少都具有无形性活动，这些活动主要依靠客户与活动提供者，或客户与设备间的互动进行，而这些互动的进行，也可以同时向客户提供问题的解答"。

服务管理学家载斯摩尔（Zeithaml）和比特纳（Bitner）（1996）认为"服务可视为行为、程序以及表现；因此也可以把服务看成是一项商品，但是其所拥有的特性与实体产品有很明显的差异"。这一定义详细分析了服务的具体特性。

台湾学者顾志远通过对众多学者研究成果的分析，将服务概念的演进分成三个具体阶段。他指出：早期，服务只是被认为是随着产品赠送或伴随产品发生的，是一种免费活动，不具有主体性；后来逐渐演变成为商品的一部分，即卖商品同时也须购买相应的服务；现在，服务已演变成独立的行为，并且成为客户购买商品的重要判断依据。

服务行为的存在需要符合以下判断标准：服务必须能够产生效用和价值，无论是包含有形产品（运输业移动物品）或不涉及有形产品（教育行业的授课）；产品是一种未经包装的服务，产品加入服务之后，就成为服务的一部分，服务不是实物，但却经常依赖实物产品表现出来；虽然服务就其自身而言是无形的，但是服务过程可以被识别出来，客户可以观察到服务活动被逐步执行进而完成。服务的性质为无形性、同时性或不可分割性，顾客参与服务过程、异质性、易逝性。

菲利普科特勒认为"服务是指一方可以提供给他方的任何活动或利益，本质上属于无形也无需将任何东西的所有权加以转让，而且并不一定要附属于某种实质的产品。"

克罗鲁斯教授则更强调服务提供者与顾客之间的互动关系，他认为"服务是由一系列或多或少具有无形性的活动所构成的过程，这种过程是在顾客与服务提供者、有形资源的互动关系中进行的，这些有形的资源（或有形产品、有形系统）是作为顾客问题的解决方案而提供给顾客的"。

第二节 服务业的分类和服务的特征

一、服务业的分类

服务是一项纷繁复杂的活动，国内外经济学家基于不同的标准，对服务的分类差异十分明显。目前国际上服务业分类的标准主要有：根据服务活动的功能划分，根据服务业在不同经济发展阶段的特点划分，根据服务的供给（生产）导向划分，根据服务的需求（市场）导向划分等。

（一）联合国标准产业分类法（ISIC）

联合国于1958年制定了第一种国际标准产业分类（ISIC），1968年进行了一次修正，基本框架没变。其中一级分类有四类：商业、交通、仓储、通讯业，服务业，其他；二级分类有14种。第三次修正发表于1990年，修正后的分类结构发生了很大变化，其中服务业大类有11类，包括商业及零售业，酒店旅游业，交通仓储、通讯业，金融中介，房地产、租赁和经济活动，公共行政与国防，教育，医疗及相关社会服务，其他社会社区服务，家庭雇佣服务，国际及跨国组织；小类有19类。第三次修正反映了服务业发展及其在经济活动中重要性增强的国际背景。

（二）布朗宁—辛格曼服务业分类

经济学家布朗宁（Browning）和辛格曼（Singelmann）于1975年根据联合国标准产业分类（ISIC）的规则，将商业产业和服务产业加以分类，他们的产业分类标准是商品与服务的产品性质、功能。从表1.1中可以看出，尽管他们的分类不是那么完善，但为后来西方学者所普遍接受的服务业四分法的提出奠定了基础。

表1.1 商业产业与服务产业的分类[①]

商品生产部门	农业、制造业、建筑业、采矿业、石油与煤气业、公共事业、林业、渔业和捕获业	
服务生产部门	消费者服务业	招待与食品服务、私人服务、娱乐与消遣服务、杂项服务
	生产者服务业	企业管理服务、金融服务、保险与房地产
	分配服务业	运输与贮藏、交通与邮电、销售

① http://www.kesum.com/zjzx/mjzl/guangzhou/bdd/201011/116829.html

（三）辛格曼的服务业四分法[①]

1978 年，经济学家辛格曼在 1975 年分类的基础上，根据服务的性质、功能特征，对服务业重新进行了分类，将服务业分为流通服务、生产服务、社会服务和个人服务等四类。这种分类同时也反映了经济发展过程中服务业内部结构的变化。见表 1.2。

表 1.2 辛格曼服务业分类

服务类别	基本行业
流通服务	交通、仓储业
	通信、批发业
	零售业（不含饮食业）
	广告业及其他销售服务
生产服务	银行、信托及其他金融业
	保险业、房地产
	工程和建筑服务业
	会计和出版业、法律服务
	其他营利服务
社会服务	医疗和保健业、医院
	教育、福利和宗教服务
	政府、邮政、非营利机构
	其他专业化服务和社会服务
个人服务	家庭服务、旅馆和饮食业
	修理服务、洗衣服务
	理发与美容
	娱乐和休闲
	其他个人服务

（四）按服务消费的经济性质分类

服务业按服务消费的经济性质可以分为"经济网络型"、"交易成本型"和"最终需求型"等三类。

"经济网络型"服务业主要包括流通部门（商业、交通和通信等）和金融部

[①] 方远平，毕斗斗.国内外服务业分类探讨.国际经贸探索.2008.1

门。"经济网络型"服务业所起的作用是将不同的需要和满足这些需要的已经高度分工的劳动连接起来，也就是交易"中介"。此类服务是商品生产的中间投入，但与作为生产资料的中间投入不同，这类服务业具有广泛的外部经济效应和社会经济基础设施的性质。

"交易成本型"服务业包括与管理经济事务有关的政府服务、法律服务、企业的管理服务、保证市场经济运行的各种服务（如信息收集、风险分担等）。这类服务业具有两重性，一方面因制度的创立、运行和修正对经济的稳定运行和发展起重要作用而具有正面效用。另一方面因制度本身对社会资源产生虚耗而产生负面影响。

"最终需求型"服务业包括个人服务和一部分社会服务。见表1.3。

表1.3 "经济网络型"、"交易成本型"和"最终需求型"服务业分类[①]

经济网络型服务业	物资网络	交通仓储业、批发业、零售业、广告业
	资本网络	银行、信托、其他金融、保险业
	信息网络	通信业、出版业
交易成本型服务业	生产者服务业	工程和建筑服务业、R&D、设计、信息处理
	政府（含市场管理）	政府
	企业	会计、法律服务、管理服务
最终需求型服务业	个人服务	家庭服务、旅馆和饮食、修理服务、房地产、理发与美容、娱乐和休闲、其他个人服务
	社会服务	医疗和保健业、医院、教育、福利和宗教服务非营利机构、邮政、其他专业化服务

（五）罗杰·施米诺分类法

罗杰·施米诺分类法根据劳动密集程度结合交互性及个性化程度的二维标准，将服务分为四类。这种分类主要应用于服务营销方面，其中：垂直维度衡量劳动密集程度，即劳动投入和资本投入的比率。水平维度衡量交互性及个性化程度——交互性是指顾客和服务提供商之间相互作用的程度；而个性化反映的是营销上的定制（Customization）程度，即根据顾客具体情况和具体要求进行服务的程度。见表1.4。

---

① 黄少军.服务业与经济增长[M].北京：经济科学出版社，2000年版，P153

表1.4 服务业的罗杰·施米诺分类

劳动密集程度	高	大众化服务	零售	专业服务	卫生保健咨询机构
			批发业		律师事务所
			教育机构		会计事务所
			商业银行零售业务		技术研发设计机构
	低	服务工厂	航空公司	服务作坊	医院
			公共交通、运输公司		修理厂
			旅店、餐厅		保险公司
			旅行社和娱乐场所		租赁公司
			低		高
			交互性及密集化程度		

（六）北美产业标准分类（NAICS）

北美产业标准分类将三次产业具体分为23类，其中，农业4类，包括种养业、捕猎业、林业和渔业；工业4类，包括采掘业、公用事业、建筑业、制造业；服务业15类，包括批发，零售，运输和仓储，信息服务（包括通信计算机互联网等服务），金融和保险，房地产和出租、租赁，专业、科学和技术服务，公司和企业管理服务，垃圾管理和治理服务，教育服务，医疗保健和社会援助，艺术和娱乐服务，旅店业、餐饮业，公共行政管理服务，其他服务（不包括政府提供的公共服务）。

（七）世贸组织对现代服务业的分类

世贸组织的服务业分类标准界定了现代服务业的九大分类，即：商业服务，电讯服务，建筑及有关工程服务，教育服务，环境服务，金融服务，健康与社会服务，与旅游有关的服务，娱乐、文化与体育服务。

（八）中国统计局对服务业的分类

我国对三次产业的划分始于1985年，国家统计局向国务院提出《关于建立第三产业统计的报告》，报告中首次规定了我国第三产业的划分范围。国务院办公厅转发了这个报告，其具体划分方法是把服务业划分为两大部分（流通部门、服务部门）四个层次，详见表1.5。随着社会经济的不断发展，我国的国民经济行业变化较大，2003年国家统计局对三次产业的划分范围进行了调整，制定了新的《三次产业划分规定》。

表1.5 中国服务业的划分

层次划分	主要产业
第一层次：流通部门	交通运输、仓储及邮电通信、商业饮食业等
第二层次：为生产和生活服务的部门	金融、保险业、地质勘查业、水利管理业，房地产业、社会服务业、农林牧渔业、交通运输辅助业、综合技术服务业等
第三层次：为提高科学文化和居民素质服务的部门	教育、文化艺术及广播电视业，卫生、体育和社会福利业，科学研究等
第四层次：为社会公共需求服务的部门	国家机关、政党机关和社会团体以及军队、警察等

（九）中国统计年鉴上的服务业分类

中国统计年鉴上将服务业分为15类，即：农林牧渔服务业，交通运输、仓储及邮政业，信息传输、计算机服务和软件业，批发和零售业，住宿和餐饮业，金融业，房地产业，租赁和商务服务业，科学研究、技术服务和地质勘查业，水利、环境和公共设施管理业，居民服务和其他服务业，教育，卫生、社会保障和社会福利业，文化、体育和娱乐业，公共管理和社会组织、国际组织。

（十）其他分类

1.按资源配置是否由市场机制决定可以分为市场型服务业与非市场型服务业两类

市场型服务业是指市场机制决定资源配置和价格水平的服务业。包括批发和零售业，住宿和餐饮业，房地产业，租赁和商务服务业，居民服务和其他服务业，体育、娱乐业等。

非市场服务业指政府较大程度地利用行政手段和直接调控措施干预价格水平、市场准入、提供的规模和竞争行为的服务业。非市场型服务业包括垄断性服务行业、事业性服务行业、公共服务行业等。

2．按服务的产出是否为公共物品可以分为公共服务与私人服务

公共服务是依托社会公共设施或公共部门、公共资源为居民提供公共物品的服务业。包括基本公共服务、非基本公共服务。基本公共服务是政府或者机构提供的纯公共产品性质的服务，主要包括公共卫生体系建设、普及九年义务教育、社会保障等领域。非基本公共服务是政府或机构提供的准公共产品性质的服务，主要包括非义务教育，新闻出版、科研、文化、体育等事业单位，非营利组织，城市公共交通运输，基础电信等。

公共服务从功能方面可以分为三大类：维护性公共服务，如国家安全、行政管理和国防外交等；为经济建设服务的公共服务，如政府为促进经济发展进行的相关基础设施建设、维护公平的市场竞争秩序等；社会性公共服务，如教育、社会保障、公共医疗卫生、科技、环保等。

公共服务也可以从性质方面分成三大类：监督管理型公共服务，如国家行政管理；纯公共服务，如义务教育、公共医疗、环境保护；准公共服务，如发展非义务教育、新闻出版等。

私人服务是受竞争型市场机制约束并由市场参与者提供的产业化服务。主要包括零售和批发，运输，租赁和商务服务，文化休闲，房地产，商业银行，餐饮和旅馆等。

3．按资源配置的效率可以分为自然垄断性服务业与竞争性服务业

自然垄断性服务业是指当只有一个厂商提供与公众利益密切相关的基础设施和公用事业时技术效率较高的服务业。典型的自然垄断服务业包括煤气供应、水供应、垃圾处理、邮政、公路、运河和铁路等。

竞争性服务业是指市场机制能够实现社会资源配置效率最高和消费者效用最大化的服务业领域，这些行业一般具有进入自由、竞争者众多、生产要素自由流动、提供的服务差异不大或者即使有差异但容易定价、买卖双方信息的基本对称等特点。主要包括零售、运输、批发、商务、旅游、租赁、商业性金融服务业等。

4．按是否以营利为目的可以分为营利性服务业与非营利性服务业

营利性服务业指以营利为目的，以产业化发展为方向，并受市场机制调节供求的服务业。在我国现阶段，营利性服务业除了包括批发零售、餐饮、房地产等竞争性市场服务业以外，还包括卫生、教育、文化等社会事业和公益事业领域中的营利性部门提供的服务，例如，教育中的职业教育，卫生服务中的营利性医院提供的医疗卫生服务和非公共卫生服务。

非营利性服务业是不以营利为目的，并且主要由政府或社会团体和事业单位提供的社会公益性服务业。主要包括基础义务教育、公共卫生、科研院所等。

二、服务的特征

虽然专家和学者对服务有不同的理解，但他们都强调了服务的特征。服务的内涵必将随着服务业的发展和服务功能的扩大而不断丰富。

（一）服务的无形性

与实体商品比较，多数情况下服务是无形无质的、抽象的，不能触摸或凭视觉感到其存在。消费者消费服务后所获得的利益也很难被察觉，或是要经过一段时间后，消费服务的享用者才能感觉出利益的存在。服务的这一特性决定消费者购买服务前，不能以对待实物商品的方法如触摸、尝试、嗅觉、聆听等去判断服务的优劣，而只能以搜寻信息的方法，参考多方意见及自身的经验来

作出判断。

餐饮行业属服务行业，向顾客提供的是烹饪菜品、点心制作和助餐服务，在向顾客销售的产品中含有较多的无形成分。虽然任何产品都有两重性，对制造业的有形产品来说，其有形产品的实体部分是消费者想要获得的基本利益，只有得到其实体，才能解决消费者购买该产品想要解决的问题。例如，购买空调是为了获得适宜的温度，消费者必须得到空调并将其安装在室内。同时，要想使消费者购买空调，商家必须提供送货、安装、调试、维修等售后服务，这些服务对顾客而言只是产品的附加部分，它本身并不能对消费者的基本利益产生影响，但由于它给消费者提供了附加利益，所以可以吸引消费者购买。所以，附加的服务是为卖出产品所必须提供的"助销服务"。对制造业的有形产品来说，产品中的有形部分所占的比例大于无形部分的比例。然而，餐饮产品的内涵除包括菜品、装修和设施外，还包括助餐服务、环境、形象等诸多要素。在整个餐饮产品中，顾客的基本利益的满足同时来自于有形和无形两个部分，有形部分与无形部分的比例决定了餐饮产品的类别和档次，档次越高其无形部分比例越大。

（二）服务的不可分离性

服务的无形性导致服务的不可分离性。服务的不可分离性特征是指服务人员提供服务的生产过程和消费者消费、享用服务的消费过程同时进行，即服务的生产与消费过程在时间上是不可分离的。服务是一个过程或一系列的活动，在此过程中消费者与生产者必须直接发生联系，消费者不参与服务生产过程即不能享受服务。这一特征要求服务消费者必须以积极的、合作的态度参与服务生产过程，只有参与才能消费服务，否则便不能消费服务。

（三）服务的不可储存性

服务产品的生产和消费是同时发生的，生产的起始和结束就是消费的起始和结束。因此，不存在生产结束与消费起始之间的储存期，即服务产品是不可储存的。服务是在生产中被消费的。总之，未在有效时间内消费掉，那么服务就会不可弥补地失去。

（四）服务的品质差异性

服务虽然有一定的标准，但服务因人、因时而有差异性。例如酒店服务，有经验的员工与没有经验的员工提供给客人的服务相差很大；有服务热情的员工与缺乏服务热情的员工提供的服务也不一样；同一位员工受到激励时和缺乏激励时的服务效果也会不同。

作为酒店，提高服务质量的关键首先在于培养员工的服务意识。在酒店服务文化的建设中，要以一种真诚、纯洁的服务理念和服务精神，去培养酒店员工的服务意识，以致提高员工的素质。对酒店来说，选择优秀的员工是必不可少的，同时，还要注重对员工的培训，纳贤除莠。培训可以让新员工和在岗老员工了解工作要求，增强责任感，同时有效减少客人的投诉以及减低员工的流动率，从而保证服务质量，提高劳动生产率。另外，培训还可增强员工的集体意识，增加企业的凝聚力，提高全体员工的精神面貌和企业的形象。

（五）服务的所有权不可转让性

服务在生产和消费过程中不涉及任何东西的所有权的转移。服务在交易完成后便消失了，消费者所拥有的对服务消费的权利并未因服务交易的结束而产生像商品交换那样实有的东西，服务具有易逝性。这一特征是导致服务风险的根源。由于缺乏所有权的转移，消费者在购买服务时并未获得对某种东西的所有权，因此感受到购买服务的风险性，从而造成消费心理障碍。

第三节 服务经济学的研究对象与研究方法

服务经济学是一门新兴学科，是走向实践的跨学科研究。从20世纪30年代，英国经济学家费希尔在《安全与进步的冲突》一书中提出"第三产业"的概念以后，人们开始对第三产业进行理论研究。第三产业又称服务产业，因此普遍认为是对服务经济理论研究的开始。

这门学科的兴起，是同资本主义国家出现经济服务化趋势相联系的。这些国家把国内生产总值分为农业、工业和服务业三大产业。从国民生产总值的比例来看，最早出现经济服务化的美国，20世纪60年代服务业就业人口取得的收入就已超过国民生产总值的60%，1994年这项指标已高达69%，其次为法国67%、英国62%、德国59%和日本56%，这说明第三产业即服务部门在这些国家经济中已占有相当重要的地位。截至20世纪80年代后期，不仅发达国家普遍出现了经济服务化的趋势，而且服务业在发展中国家所占比重也出现了持续上升的变化趋势。据世界银行估计，一些中等收入国家服务业就业人数已占到全部就业人口的50%以上，并且不少国家有1/3的劳动力集中在服务部门就业。这说明各国服务贸易额的迅速增长与第三产业的发展是分不开的。

随着产业规模及结构升级，各种生产要素包括资本、技术、劳动力等必然要从农业向制造业过渡，进而再向服务业转移。当服务业的扩大达到了一定的规模和程度，即一国的服务业在国民生产总值中的产值和就业人口中的比例均超过50%并不断增加，就表明该国进入了经济服务化阶段。服务业的发展具体呈现以下特点：

第一，服务业逐渐取得经济主导地位。

在经济全球化和信息化的推动下，自20世纪70年代开始，全球产业结构呈现出由"工业型经济"向"服务型经济"的重大转变，自此拉开了国际现代服务业突飞猛进的发展序幕。在1970~1986年期间，美国现代服务业的产值与就业分别增长了173.3%和200.8%，远远高于同期服务业91.0%和85.3%的增长速度，也远远高于国民经济的整体增长速度。全球服务业呈现出快速增长的势头，使得各国的服务业产值在其国家的整个经济中的比重持续上升，如今多数国家的服务业产值在整个国家的经济活动中逐渐取得了主导地位。

美国、德国、英国和法国这些发达国家，其服务业产出比重近年来已经上升到或接近达到70%，这些原来以制造业闻名的国家，现在却是以服务业为经济的绝对主体和动力源泉。相比于这些发达国家，发展中国家的比重相对要小得多，但也都超过了50%，并呈现出快速增长态势，对本国经济的发展同样起到了很强的促进作用。

第二，全球服务业人口持续增加。

全球服务业就业比重和产出比重一样，从20世纪80年代以来就一直在稳步上升。例如，以20世纪90年代各国服务业就业比重的平均值和1980年相比，低收入和中等收入国家的比重增加了3~4个百分点，高收入国家的比重增加了近10个百分点。且在1980年低收入和中等收入国家服务业就业比重的平均水平不过40%时，高收入国家的比重就已经是50%了。而在2000年，服务业吸纳就业人口的比重，发达国家达到了60%~78%，中等收入发展中国家为45%~62%，低收入发展中国家为30%~45%。

第三，服务业和制造业形成良好的互动机制。

服务业和制造业之间的关系正在变得越来越密切，并形成良好的互动机制。这主要表现在许多制造企业的专业服务呈外包趋势，制造业中服务投入的大量增加，使制造业和服务业之间彼此依赖的程度日益加深。美国企业20世纪90年代以来，致力于提高企业的核心竞争力，而把企业的专业服务进行全球外包，这一成功的运作，极大地提高了美国产品和服务的全球竞争力。这也进一步刺激了其他国家制造业对服务业空前高涨的关注热情，全球各地的许多制造商（诸如汽车、家电、计算机等）同服务企业一样注重管理他们的服务。这些制造商已充分认识到企业要进行全球竞争必须要提供优质的服务，这不仅是一个企业至关重要的竞争手段，也是企业获得竞争优势的潜力所在。

另外，生产性服务业迅速发展，可以为制造业的发展提供更大的空间并可大大提高其质量。近几年来，国外许多原有的制造型企业通过大规模的进入或兼并工业生产性服务业来整合原有的业务，如GE通过进入金融业为其客户提供贷款，以刺激其产品的销售；HP 公司通过兼并服务性企业，从而为客户提供从硬件到软件、从销售到咨询的全套服务；IBM 公司在 20 世纪 90 年代由制造型企业成功转型为服务型企业等。这些均有力地说明了现代生产型服务业与制造业之间日益密切并相互促进的互动关系。

第四，全球范围内服务贸易加快。

服务贸易的增长速度在 20 世纪 90 年代开始快于商品贸易。在所有服务业贸易中，商务服务类贸易增加最快。商务服务贸易的快速增长对整个服务贸易的增长起到了主要作用，也是经济全球化的必然结果。服务贸易加速发展体现在两个方面：一是服务贸易的增长速度快于货物贸易。从 1993～2002 年，全球服务贸易进口总额从 9531 亿美元增长到 15455 亿美元，年增长率为 5.5%；出口总额从 9413 亿美元增长到 15701 亿美元，年增长率为 5.8%，均高于同期的货物贸易增长速度。二是服务业正逐渐成为外国直接投资（FDI）的重点。以世界经济合作组织的国家为例，外国直接投资服务业的总额明显高于投资制造业的总额，主要集中在零售、金融、商务服务和电信业中。

经济全球化分工也带动了服务贸易在世界范围内的快速发展。2008 年仅在全球计算机用户电话服务中心领域，就为印度提供了 110 万个就业岗位和价值 210 亿～240 亿美元的服务收入。2015 年，美国将有 330 万白领工作岗位以及 1360 亿美元的工资转移到海外，诸如俄罗斯、印度、中国和菲律宾等国。在今后 20～30 年间，整个国际贸易中，服务贸易的比重大约每年提高一个百分点，预计到 21 世纪 30 年代，服务贸易将成为国际贸易的主要对象和内容。

一、服务经济学的研究对象

经过服务经济学者的不断探索，目前已基本上形成了比较完整的学科体系及系统的理论和方法，并且在实践中发挥了重要的作用。但是，实践在发展，理论在进步，与之相适应的服务经济学的学科体系及其理论和方法也在发展和变化之中，总结这些发展和变化，并在此基础上进一步完善服务经济学的学科体系，对于学科的建设具有重要的意义。

(一) 服务业发展水平问题

中国服务业的发展水平问题特别是服务业产值在国内生产总值（GDP）中的比重问题一直是近年来学术界争论的热点之一。江小涓和李辉 (2004)[1]详细考察了中国服务业的发展与内部结构的变化，将中国与世界其他国家的数据进行了比较研究，从多个角度，用不同的数据样本，分析了经济增长与服务业

---

[1] 江小涓，李辉.服务业与中国经济:相关性和加快增长的潜力[J].经济研究.2004(1)

发展的关系，并建立了一个多元回归模型，分析了收入水平、消费结构、城市化等因素变化对服务业今后发展的影响。他们预计，随着中国经济的持续快速增长，服务业比重将会在我国人均 GDP 上一个新台阶后明显提高。但对于中国服务业的发展水平，也有学者持不同意见，如：魏作磊和胡霞（2005）[①]认为，尽管随着人均收入水平的提高，服务业占国民经济比重将不断上升，但这并不意味着服务业比重和人均收入水平在经济发展的任一阶段都呈现高度正相关。他们的分析结果表明，在不同的经济发展阶段服务业比重可能表现出不同的变动趋势，1990 年以来中国服务业比重徘徊不前以及目前中国服务业比重相对偏低是中国所处经济发展阶段的正常现象，它并不能说明中国服务业发展水平低。赵惠芳等（2007）[②]以中部省份现代服务业发展水平为评价对象，建立现代服务业发展水平综合评价指标体系，利用主成分分析法构建了评价模型。结果显示中部省份现代服务业发展平均水平与东部省份有明显差距，与东北地区平均水平相当，略高于西部省份。张亚斌、刘靓君（2008）[③]以 31 个省份 2006 年的统计数据为基础，选取了 19 个指标，运用主成分分析法对我国的生产性服务业发展水平进行评价。结果表明我国生产性服务业发展水平极不平衡，东部地区明显高于中部和西部，且各个省份生产性服务业发展水平的差异也较大。

（二）服务业结构问题

服务业的结构问题一直为研究者所关注。李江帆和曾国军（2003）[④]基于第三产业的四个层次，建立回归分析模型，对 20 世纪 90 年代以来中国第三产业内部结构的演变过程作了纵向分析和横向分析，揭示了第三产业比重与第三产业第一层次比重负相关，与第二层次比重正相关的规律。他们认为，第三产业第一层次比重下降、第二层次比重上升，体现了第三产业内部结构升级的方向，并根据对第三产业内部结构升级趋势的分析，对物流业、生产服务业、生活服务业和非营利服务业的发展提出了相关政策性建议。董小麟、董苑玫（2006）[⑤]从服务贸易和服务部门这两个角度，通过与国际对比，运用国际市场占有率、贸易竞争指数和"显性"比较优势指数，对我国服务贸易的竞争力进行了定量实证分析，阐明了我国服务业存在的行业结构和就业结构这两大缺陷。陈凯（2008）[⑥]通过对我国服务业结构的分析，认为服务业结构演进具有排挤和吸纳劳动力的双重作用，服务业结构演进可能导致结构性失业，并最终会促进劳

---

① 魏作磊，胡霞.我国服务业发展水平偏低吗[J].经济学家.2005(1)
② 赵惠芳等.中部省份现代服务业发展水平评价[J].统计观察.2007(21)
③ 张亚斌，刘靓君.基于主成分分析的生产性服务业发展水平评价[J].求索.2008(12)
④ 江帆，曾国军.中国第三产业内部结构升级趋势分析[J].中国工业经济.2003(3)
⑤ 董小麟，董苑玫.中国服务贸易竞争力及服务业结构缺陷分析[J].国际贸易探索.2006(6)
⑥ 陈凯.服务业结构升级与就业相关关系研究[J].经济问题探索.2008(5)

动力素质的有效提高。

(三) 服务业就业问题

中国有着大量的剩余劳动力,解决他们的就业问题事关社会的稳定和发展。李冠霖和任旺兵(2003)[①]从产业结构偏离度的角度分析了我国第三产业就业增长的轨迹。研究发现,1952~2001年中国第三产业就业吸纳空间经历了高空间期、空间下降期、空间进一步缩小期等三个时期,目前中国第三产业结构偏离度经超过国际标准模式的水平,第三产业吸纳就业的空间相对较小,如果没有新的服务需求出现,第三产业进一步吸纳就业的能力难以提高。魏作磊(2004)[②]的研究结果表明,中国第三产业对劳动力保持了较强的吸收能力并且潜力巨大。陈凯(2008)[③]通过研究服务业结构升级与就业之间相关关系,得出人力资源的质量水平直接影响服务业结构的演进速度和高级化程度的结论。

(四) 服务业生产率问题

杨向阳、徐翔(2004)[④]通过建立超越对数生产函数的经济计量模型,定量分析了1990~2001年中国服务业的生产率与规模报酬状况,并计算了决定中国服务业增加值的两种投入要素资本和劳动的边际产出弹性、替代弹性与边际生产率,指出由于劳动的边际产出弹性在绝对数值上始终小于资本的边际产出弹性,使得劳动投入的作用略小于资本投入的作用,但劳动投入对中国服务业增长的贡献是逐渐增加的,并且有进一步增加的趋势,而资本投入的情况则正好相反。顾乃华(2005)[⑤]使用面板数据,借助随机前沿生产函数模型分析了中国服务业的增长效率特征。研究表明,1992~2002年间中国服务业的发展远未能挖掘出现有资源和技术的潜力,服务业增长主要依靠要素投入推动,全要素生产率对中国服务业增长的贡献非常小,且技术效率低下,粗放型特征比较明显。谭砚文等(2007)[⑥]应用美国、日本宏观经济数据,通过对鲍莫尔两部门非均衡增长模型进一步拓展证明,两国服务业劳动生产率的提高对其经济增长具有显著的促进作用。研究还发现,改革开放以来,中国经济增长率与服务业劳动生产率增长率相关性较差,部分原因在于目前中国农业部门还是一个技术相对"停滞"的部门。大力发展服务业以有效转移农村剩余劳动力,不断提

---

① 李冠霖,任旺兵.我国第三产业就业增长难度加大——从我国第三产业结构偏离度的演变轨迹及国际比较角度[J].财贸经济.2003(10)
② 魏作磊.对第三产业发展带动我国就业的实证分析[J].财贸经济.2004(3)
③ 陈凯.服务业结构升级与就业相关关系研究[J].经济问题探索.2008(5)
④ 杨向阳,徐翔.中国服务业生产率与规模报酬分析[J].财贸经济.2004(11)
⑤ 顾乃华.1992-2002年我国服务业增长效率的实证分析[J].财贸经济.2005(4)
⑥ 谭砚文,温思美,汪晓银.中、日、美服务业劳动生产率对经济增长促进作用的比较分析[J].数量经济技术经济研究.2007(12)

高服务业的劳动生产率,不仅是工业化初级阶段促进中国经济增长的重要手段,也应该是未来中国步入后工业化时期一项长期的政策取向。

(五)服务业发展阶段问题

郑吉昌、夏晴(2004)[①]将我国服务业的发展大致划分为三个阶段。第一阶段:缓慢发展阶段。该阶段是从建立新中国初期到改革开放前的30年。在此期间,服务业一直没有得到重视,在GDP和就业中所占的比重相当小,发展极为缓慢。第二阶段:快速发展阶段。该阶段是从改革开放到加入WTO的20年间。服务业在这一阶段获得快速发展。第三阶段:全面发展阶段。该阶段是从中国加入WTO以后的时期。这一阶段的进程刚刚开始,它不仅会推动中国服务业"量"的发展,更会促使服务业的"质"的提升。遗憾的是,文中对服务业各阶段特征的研究只限于定性研究,而没有定量研究,更没有和发达国家服务业发展进行比较分析。

二、服务经济学的研究方法

研究方法的选择、运用和创新对研究工作至关重要。在服务经济学的研究过程中,学者们不断引进其他学科的研究方法,这些研究方法的引进和创新极大地推动了服务经济学新的研究成果的出现,推进和拓展了服务经济学研究的深度和广度。经归纳研究分析,服务经济学的研究方法可以分为规范经济学研究方法和实证经济学研究方法。

(一)规范经济学研究方法和实证经济学研究方法

规范经济学研究方法是指依据一定的价值判断,提出某些分析和处理经济问题的标准,并以此树立起经济理论的前提,作为经济政策制定依据的一种研究方法。在西方经济学看来,由于资源的稀缺性,在对其多种用途上就必然面临选择问题,而选择就存在一个选择标准,选择标准就是经济活动的规范。可以看出,规范经济学所要解决的是"应该是什么"的问题。

实证经济学研究方法是西方经济学中按研究内容和分析方法与规范经济学相对应的一种研究方法,是指描述、解释、预测经济行为的经济理论部分,因此又称为描述经济学,是经济学的一种重要运用方式。从原则上说,实证经济学的研究方法是独立于任何特殊的伦理观念的,不涉及价值判断,旨在回答"是什么"、"能不能做到"之类的实证问题。它的任务是提供一种一般化的理论体系,用来对有关环境变化对人类行为所产生的影响作出正确的预测。对这种理论的解释力,可以通过它所取得的预测与实际情况相对照的精确度、一致性等指标来加以考察。

[①] 夏晴,郑吉昌等.论服务业发展与分工的演进[J].中国软科学.2004(10)

所谓规范经济学研究方法和实证经济学研究方法的区别应趋从于西方哲学关于对经验主义和理性主义的争辩。可以说从西方哲学的构建之初就在这个问题上存在两种看法：经验主义者认为只有历史归纳法才是研究社会科学的唯一有效路径。他们的这一观点是建立在对理性主义者的关于科学理性可以解决人类发展中的一切难题的批判之上。经验主义者认为科学研究只能从人类的认识经验中寻找答案，所谓的事实后面的本质问题是不存在的，或者即使存在，凭借人类有限的认识能力也不能为人类所了解和利用，人类只能认识经验以内的东西，至于超出经验的东西不属于社会科学研究的范围，而应该交给哲学家去研究。正是基于这样的认识论，经验主义者只相信经验的东西，强烈反对用逻辑和思辨的方法研究社会科学问题。与此相反，理性主义者对人类的认识能力推崇备至，认为人类可以凭借自己高超的思辨和逻辑推理能力来解决现实中的任何问题，可以发现社会科学领域的任何规律性的东西，不断强调人类要剥去感性认识虚假的外衣，用理性来审视一切，用理性来重估一切价值判断。

规范经济学研究方法和实证经济学研究方法正是基于哲学上两种不同的认识论从而形成了两种对服务经济学的分析方法。前者反对后者把服务经济学的研究建立在几个简单的不合现实的基本假设之上，认为这样会脱离人类的实践活动，这种批判方法正抓住了规范经济研究方法的理论硬核，给与了致命一击，反对逻辑推演的方法，强调历史归纳法的绝对地位。而后者反对前者只注重经验的东西，不能深入到事物内部去把握事物的本质；认为归纳的东西只能说明过去的事实，而不能对未来作出预测和帮助。不能从纷繁丛杂的事物中抓住影响事物发展的主要矛盾，强调人类理性认识的绝对地位。

对于两种研究方法的认识应建立在唯物辩证法的思想之上，实证的研究方法是获得资料的有效手段，是人类获得真理性认识的起点，但还需要人类对这些感性材料作出取舍，从中提升出对研究有用的东西，并充分发挥人类的认识能力，挖掘出事物真正的本质，从而形成真理性的认识，用来指导对服务经济学的研究。

（二）实证分析工具

1. 均衡分析与非均衡分析

均衡分析（Equilibrium Analysis）是假定经济变量的运动总是趋向于均衡状态，据此研究经济现象如何达到均衡。如西方经济学均衡价格理论，就是假定商品价格总有成为均衡价格的趋势，然后用"价格调节供求，供求影响价格"这一市场机制来阐明均衡价格是怎样形成的。

非均衡分析（Unequilibrium Analysis）是认为经济变量并不一定趋向于均衡，均衡是偶然的，非均衡才是经常的，并据此研究在非均衡条件下各种经济变量的变化和运动规律。

2. 静态分析与动态分析

静态分析（Static Analysis）就是分析经济现象的均衡状态以及有关的经济变量达到均衡状态所需要具备的条件，它完全抽掉了时间因素和具体变动的过程，是一种静止的孤立的考察某些经济现象的方法。如考察市场价格时，它研究的是价格随供求关系上下波动的趋向或者是供求决定的均衡价格。也就是说这种分析只考察任一时点上的均衡状态。

比较静态分析（Comparative Static Analysis）就是分析在已知条件发生变化后经济现象均衡状态相应的变化，以及有关的经济总量在达到新的均衡状态时的相应变化，即对经济现象有关经济变量一次变动（而不是连续变动）的前后进行比较。也就是比较一个经济变动过程的起点和终点，而不涉及转变期间和具体变动过程本身，实际上只是对两种既定的自变量和它们各自相应的因变量的均衡值加以比较。

动态分析（Dynamic Analysis）则对经济变动的实际过程进行分析，其中包括分析有关变量在一定时间过程中的变动，这些经济变量在变动过程中的相互影响和彼此制约关系，以及它们在每一时点上变动的速率等等。这种分析考察时间因素的影响，并把经济现象的变化当作一个连续的过程来看待。蛛网模型就是运用动态分析的一个典型例子。动态分析在初级的经济学教材中运用的很少。

分析单个供求均衡时运用的就是静态分析；当影响供求的因素发生变化时，相应的供给和需求曲线也会发生移动，它们会达到新的均衡状态，这时运用的就是比较静态分析，即两个均衡状态的比较；动态分析则是分析每一自变量都会变化，相应的因变量随之变化，同时把时间的因素考虑进去。

3. 静态均衡分析、比较静态均衡分析和动态均衡分析

在经济学分析中，如果不考虑一个经济事物达到均衡状态的过程，而只考察均衡状态的性质以及实现均衡所要达到的条件等，那么这种分析就是静态均衡分析。在静态均衡分析中，如果决定均衡的因素发生了变动，经济事物将会处于一个新的均衡。对新旧均衡所进行的比较分析就是比较静态均衡分析。如果在均衡分析中引入时间因素，考察经济事物所处的状态随着时间因素变动而变动的过程，而不是考察决定均衡状态的因素，那么这种分析就是动态均衡分析。以消费者购物为例，如果不理会消费者放入购物筐多少商品，而又从购物筐中取出了多少，而只是关注他走出商场时购物筐中的状态，那么这一状态就可以理解为静态均衡，而对这一均衡状态的分析就是静态均衡分析。相应地，如果消费者再次来购物，比较此次均衡状态与前次均衡的差异，就是比较静态均衡分析。类似地，如果在分析消费者购物均衡时既考察消费者第一次拿取了

一些什么商品、数量是多少,又考察消费者第二次增加或减少了多少等等,直至均衡的过程,那么这种对均衡状态的分析就是动态均衡分析。

4. 定性分析与定量分析

任何事物都是质和量的统一体,经济学也不例外。把定性分析和定量分析有机结合起来,可以更好地把握经济形势,有利于提高分析判断的全面性和准确性。

定性分析,主要是揭示经济运行或经济现象质的规定性,对经济运行的总体或某个经济现象的基本特征或基本态势作出判断。比如,对经济总体是过热还是偏冷、结构是平衡还是失衡、价格水平是上升还是下降等等,都必须作出判断,从而确定宏观调控的取向。定性分析是一个过程,通常先是感知经济现象,运用已有的理论框架和经验,进行逻辑分析和历史比较,对经济现象作出大体判断。

定量分析,可以对初步的定性分析结果进行验证和量化,从而形成精确的判断。在这个意义上,定量分析是定性分析的重要支撑。同时,定量分析又有自己独立的功能,主要是可以揭示经济变量和经济关系的"度",从而为科学把握宏观调控的力度提供依据。在经济运行实践中,通过定量分析,人们对宏观调控一些"度"的把握,积累一定的经验,比如通货膨胀率在3%左右是比较温和的,城镇登记失业率控制在4.5%以内有利于经济社会稳定等等。国际上也很重视经济中"度"的问题,并以此作为经济稳健运行的标准和政策调整的依据,如欧元区规定成员国赤字率应低于3%,公共债务余额占国内生产总值的比例应低于60%。通过观测这样一些重要指标的变化及其与合理的"度"的比较,有助于对形势作出准确的判断。

但也要看到,定量分析本身也有局限性,甚至存在一些"陷阱"。定量分析的效果好坏取决于数据是否可靠、方法是否正确和使用是否得当。如果数据不准确、方法有缺陷、使用不得当,通过定量分析得到的结果就可能"差之毫厘,谬以千里"。

为此,在做定量分析时,首先,要对数据的质量进行分析判断。特别是对那些容易失真的数据要更加谨慎对待。"假账真算",计算再精确,结果也难以准确。其次,要科学确定假设前提和参数。一旦假设前提不合理、参数设定不正确,定量分析的结果就可能造成误导。第三,要正确理解和合理使用数据。对一些数量指标,要看到它在准确反映一个经济社会现象的同时,也可能掩盖另一方面的情况和问题。比如,GDP增长率作为总量指标,它不能反映经济结构是优化了还是恶化了;作为反映产出的指标,它不能反映付出的代价和分配的结构。对有些数量指标,在进行比较分析时,要注意它的条件。比如,在对两个指标的增幅进行对比时，要注意原有基数的大小。对各种"平均数"更要注意背后的差异性，职工平均工资可以反映职工工资水平的总体情况，但不能反映不同分组之间的收入差距。

本章小结

　　服务经济学是一门新兴学科，是走向实践的跨学科研究。服务经济是近五十年来崛起的新的经济形式，它在国民经济构成中占有极其重要的地位，它涵盖了服务业乃至对外服务贸易的市场经济门类与形式。服务活动由来已久，凡是不以有形产品生产和经营为主的经济活动都是服务活动，但是在大量提供服务活动的企业中，只有那些服务活动本身具有可交易特征，并且在整个企业的业务活动中占有相当比例的企业，才属于服务业。服务业可视为从事生产、营销、经营或分配的营利或非营利的个人或组织之总称，这类企业的收益主要来自提供服务的所得。服务作为一种新的生产力与生产方式已经越来越成为社会运行与社会发展的思维及工具，服务能力、服务方式构成了社会发展的重要动因。

　　服务是一项纷繁复杂的活动，国内外经济学家基于不同的标准，对服务的分类差异十分明显。比较流行的标准分类方法主要有辛格曼分类法、联合国标准产业分类法（1990年版）、北美产业分类体系（1997年）等。服务的特征主要有无形性、不可分离性、不可储存性、品质差异性、不可转让性等。

　　服务经济学的研究对象包括服务业发展水平问题、结构问题、就业问题等。其研究方法可以分为规范经济学研究方法和实证经济学研究方法。

　思考题

1. 什么是服务经济学、服务业、服务？
2. 服务分类方法有哪些？
3. 服务的主要特征有哪些？
4. 服务经济学的研究对象有哪些？
5. 实证分析工具有哪些，在经济学分析中的作用是什么？

第二章　服务均衡价格的决定

第一节　服务需求

服务经济是随着生产力的发展而逐渐从经济生活中分离出来，专门提供某种便利服务的劳动形式。这种劳动不是人与自然之间的一种物质变换过程，而是人与人之间的便利创造与提供过程。按照马克思的劳动价值论和政治经济学原理，在市场经济条件下，从单纯的劳动过程考察，只有物质生产领域中制造有形产品的劳动才创造价值，而非物质生产领域中的劳动，不属于一般意义的生产劳动，不形成价值。然而20世纪中叶以来，服务经济在全球范围内获得了长足发展，并成为世界经济发展的主要趋势。2010年1~8月，全国服务业新设立外商投资企业同比增长22.32%，实际利用外资金额同比增长36.75%，开放服务业部门100余个，与发达国家水平相近。因此，随着分工和协作的不断深化，劳动的具体形态将会更加多样化，由此使越来越多的人有条件享受服务劳动创造的价值。任何服务都不创造财富，尤其是物质财富，却创造价值。

在现代经济生活中，一方面是生产性劳动在许多现代产业部门中的含量、作用大幅递减，另一方面是各种非生产性劳动的作用大大增加。服务的行业种类和表现形式非常复杂，其价值量在社会经济总量中占有重要地位，在发达国家已经出现了占有优势比例的趋势。服务性劳动与生产性劳动大量融合在一起，成为一体化的劳动过程。

一、服务需求

服务需求是指消费者在一定时期内在各种可能的价格水平下愿意而且能够购买的某一种服务的数量。服务需求必须是指既有购买欲望又有购买能力的有效需求。例如，对音乐会的需求，想听音乐而买不起门票的人没有这种需求，能买得起门票但不愿听音乐的人也没有这种需求，只有既想听音乐又买得起门票的人才构成对音乐会的需求。

理解服务需求概念，强调以下三个要点：

（1）服务需求量是个预期概念，不是指实际购买量，是消费者预计、愿意或打算购买的数量。

（2）服务需求量是指有效需求量，即有现实支付能力的需求。现实支付能力是指拥有足够的货币来支持。

（3）服务需求总是涉及两个变量，即价格（Price）和需求量（Quantity）。没有相应的价格，就谈不上需求。

二、影响服务需求的因素

服务的好坏，主要取决于它是否满足了成员的不同需求。一种服务的需求是由许多因素共同决定的。其中主要的因素有服务的价格、消费者的收入水平、消费者的偏好和消费者对该服务的价格预期等。

第一，服务本身的价格。一般说来，一种服务的价格越高，该服务的需求就会越小；相反，价格越低，需求就会越大。

第二，消费者的收入水平。当消费者的收入水平提高时，就会增加对服务的需求量；相反，当消费者的收入水平下降时，就会减少对服务的需求量。即消费者的收入水平与商品的需求量呈同方向变化。

第三，消费者的偏好。当消费者对某种服务的偏好程度增强时，该服务的需求量就会增加；相反，偏好程度减弱，需求量就会减少。消费者的偏好是心理因素，但更多地受人们生活的社会环境，特别是当时当地的社会风俗习惯影响（如攀比心理等）。

第四，消费者对服务的预期（包括收入和价格）。当消费者预期某种服务的价格在将来某一时期会上升时，就会增加对该服务的现期需求量；当消费者预期某种服务的价格在将来某一时期会下降时，就会减少对该商品的现期需求量。这也是一个心理因素，不过对消费者需求量影响的预期因素，不仅是价格预期，还有对未来收入和支出的预期、政府政策倾向的预期等。

价格和收入主要影响购买能力，消费者的偏好和预期主要影响购买欲望。除此之外，影响服务需求的因素还有人口规模与结构、分配状况等。

三、服务需求表与服务需求曲线

需求函数 $Q_d=F(p)$ 表示一种服务的需求量和价格之间存在着一一对应的关系。这种函数关系可以分别用服务需求表和服务需求曲线来加以表示。

（一）服务需求表

服务需求表是一张表示某种服务的各种价格水平和与各种价格水平相对应

的该服务的需求数量之间关系的数字序列表。表2.1是一张某服务的需求表。

表2.1 某服务的需求表

价格—数量组合	A	B	C	D	E	F	G
价格(元)	1	2	3	4	5	6	7
需求量(单位数)	70	60	50	40	30	20	10

从表2.1可以清楚地看到服务价格与需求量之间的函数关系。譬如，当服务价格为1元时，需求量为70单位；当价格上升为2元时，需求量下降为60单位；当价格进一步上升为3元时，需求量下降为更少的50单位；如此等等。需求表实际上是用数字表格的形式来表示服务价格和需求量之间的函数关系的。

（二）服务需求曲线

1. 含义与图形

服务需求曲线是以几何图形来表示服务的价格和需求量之间的函数关系的。服务需求曲线是根据需求表中不同的服务价格—需求量的组合在平面坐标图上所绘制的一条曲线。图2.1是根据表2.1绘制的一条需求曲线。

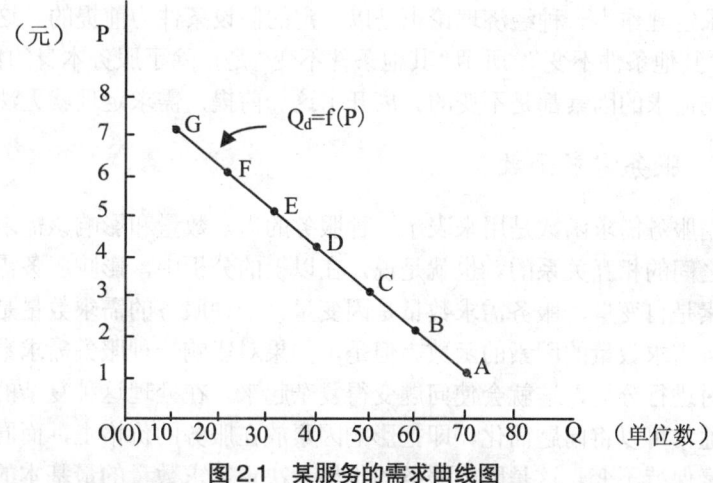

图2.1 某服务的需求曲线图

在图2.1中，横轴OQ表示服务需求数量，纵轴OP表示服务价格。应该指出的是，与数学上的习惯相反，在服务经济学分析中运用需求曲线和供给曲线时，通常以纵轴表示自变量p，以横轴表示因变量Q。

图中的需求曲线是这样得到的：根据表2.1中每一个服务价格—需求量的组合，在平面坐标图中描绘相应的点A、B、C、D、E、F、G，然后依次连接这些点，便得到需求曲线$Q_d=f(p)$。它表示在不同的价格水平下消费者愿意而且能够购买的服务数量。

服务经济学在论述需求函数时，一般都假定服务价格和相应的需求量的变化具有无限分割性。正是由于这一假定，在图2.1中才可以将服务的各个价格—需求量的组合点A、B、C……连接起来，从而构成一条光滑的连续的需求曲线。

图2.1中的需求曲线是一条曲线，实际上，需求曲线可以是曲线型的，也可以是直线型的。当需求函数为线性函数时，相应的需求曲线是一条直线，直线上各点的斜率是相等的。当需求函数为非线性函数时，相应的需求曲线是一条曲线，曲线上各点的斜率是不相等的。

2. 需求定理

建立在需求函数基础上的需求表和需求曲线都反映了服务的价格变动和需求量变动二者之间的关系。从表2.1中可见，服务的需求量随着服务价格的上升而减少。相应地，在图2.1中的需求曲线具有一个明显的特征，它是向右下方倾斜的，即它的斜率为负值。它们都表示服务的价格和需求量之间成反方向变动的关系，这种现象普遍存在，被称为需求定理。需求定理的基本内容是：在其他条件不变的情况下，某服务的需求量与价格成反方向变动，即需求量随着服务本身价格的上升而减少，随服务本身价格的下降而增加。

需求定理作为一种经济理论也是以一定的假设条件为前提的。这个假设条件就是"其他条件不变"。所谓"其他条件不变"是指除了服务本身的价格之外，其他影响需求的因素都是不变的。离开了这一前提，需求定理就无法成立。

四、服务需求函数

所谓服务需求函数是用来表示一种服务的需求数量和影响该需求数量的各种因素之间的相互关系的。也就是说，在以上的分析中，影响服务需求数量的各个因素是自变量，服务需求数量是因变量。一种服务的需求数量是所有影响这种服务需求数量的因素的函数。但是，如果对影响一种服务需求数量的所有因素同时进行分析，这就会使问题变得复杂起来。在处理这种复杂的多变量问题时，通常可以将问题简化，即把影响因素放在服务的价格上，而同时使其他影响因素保持不变。这是因为服务的价格是决定需求数量的最基本的因素，因此，假定其他因素保持不变，仅仅分析服务价格对该服务需求量的影响，即把一种服务的需求量仅仅看成是这种服务的价格的函数，于是，需求函数就可以用下式表示：

$$Q_d = f(p) \tag{2.1}$$

式中，p为服务价格；Q_d为服务需求量。

为了更进一步简化分析，在不影响结论的前提下，大多使用线性需求函数，其形式为：

$$Q_d = \alpha - \beta(p)$$

其中 α、β 为常数，且 α、β>0，α 为截距，β 为斜率倒数。

五、服务需求量的变动与服务需求的变动

在经济分析中特别要注意区分服务需求量的变动和服务需求的变动这两个概念。在服务经济学中，服务需求量的变动和服务需求的变动都是服务需求数量的变动，它们的区别在于引起这两种变动的因素是不相同的，而且，这两种变动在几何图形中的表示也是不相同的。

（一）服务需求量的变动

服务需求量的变动是指在其他条件不变时，由某服务的价格变动所引起的该服务的需求数量的变动。在几何图形中，服务需求量的变动表现为服务价格—需求量组合点沿着同一条既定的需求曲线的运动。例如，在图 2.1 中，当服务价格发生变化由 2 元逐步上升为 5 元，它所引起的需求量由 60 单位逐步地减少为 30 单位时，服务价格—需求量组合由 B 点沿着既定的需求曲线 $Q_d=f(p)$，经过 C、D 点，运动到 E 点。需要指出的是，这种变动虽然表示需求量的变化，但是并不表示整个需求状态的变化，因为这些变动的点都在同一条需求曲线上。

（二）服务需求的变动

服务需求的变动是指在某服务价格不变的条件下，由于其他因素的变动所引起的该服务的需求量的变动。这里的其他因素变动是指消费者的收入水平变动、相关商品的价格变动、消费者偏好的变化和消费者对服务的价格预期的变动等。在几何图形中，服务需求的变动表现为服务需求曲线的位置发生移动。以图 2.2 加以说明。

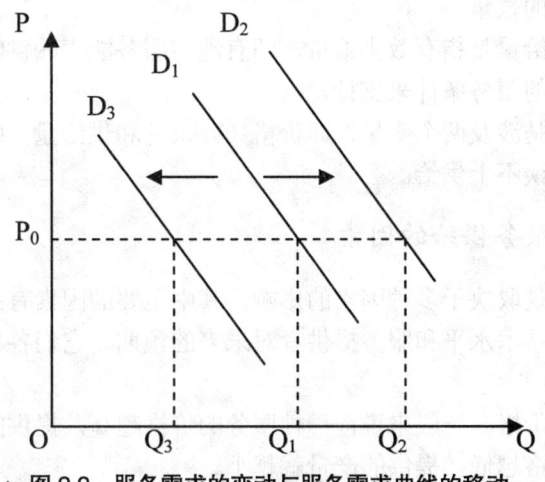

图 2.2　服务需求的变动与服务需求曲线的移动

图中原有的曲线为 D_1。在商品价格不变的前提下，如果其他因素的变化使得需求增加，则需求曲线向右平移，如由图中的 D_1 曲线向右平移到 D_2 曲线的位置。如果其他因素的变化使得需求减少，则需求曲线向左平移。由需求变动所引起的这种需求曲线位置的移动，表示在每一个既定的价格水平需求量都增加或减少了。例如，在既定的价格水平 P_0，原来的需求量为 D_1 曲线上的 Q_1，需求增加后的需求量为 D_2 曲线上的 Q_2，需求减少后的需求量为 D_3 曲线上的 Q_3。而且，这种在原有价格水平上所发生的需求增加量 Q_1Q_2 和需求减少量 Q_3Q_1 都是由其他因素的变动所引起的。譬如说，它们分别是由消费者收入水平的提高和下降所引起的。显然，需求的变动所引起的需求曲线的位置的移动，表示整个需求状态的变化。

第二节 服务供给

一、服务供给

服务供给是指服务提供者在一定时期内在各种可能的价格水平下愿意并且能够提供出售的该服务的数量。根据上述定义，如果服务提供者对某种服务只有提供出售的愿望，而没有提供出售的能力，则不能形成有效的供给，也不能算作供给。

理解这一概念，强调以下三个要点：

（1）服务供给量是个预期概念，不是指实际售卖量，是服务提供者预计、愿意或打算供给的数量。

（2）服务供给量是指有效供给量，即有现实服务能力的供给。现实的服务能力指拥有足够的服务条件来支持。

（3）供给总是涉及两个变量，即价格（Price）和供给量（Quantity）。没有相应的价格，就谈不上供给。

二、影响服务供给的因素

服务供给数量取决于多种因素的影响，其中主要的因素有：服务价格、服务成本、服务的技术水平和服务提供者对未来的预期。它们各自对商品的供给量的影响如下。

第一，服务价格。一般来说，一种服务的价格越高，提供的产量就越大；相反，服务的价格越低，提供的产量就越小。

第二，服务成本。在服务自身价格不变的条件下，服务成本上升会减少利润，从而使得服务的供给量减少；相反，服务成本下降会增加利润，从而使得服务的供给量增加。

第三，服务技术水平。在一般情况下，服务技术水平的提高可以提高效率，降低服务成本，增加服务提供者的利润，会提供更多的产量。

第四，服务提供者对未来的预期。如果对未来的预期是乐观的，如预期服务的价格会上涨，服务提供者会增加产量供给；如果对未来的预期是悲观的，如预期服务价格会下降，在制定计划时就会减少服务产量供给。

第五，服务供给者的数量。提供服务的供给者数量越多，服务供给越多。

三、服务供给表和服务供给曲线

服务供给函数 $Q_s=f(p)$ 表示服务供给量和服务价格之间存在着一一对应的关系。这种函数关系可以分别用服务供给表和服务供给曲线来表示。

（一）服务供给表

服务供给表是一张表示某种服务的各种价格和与各种价格相对应的该服务的供给数量之间关系的数字序列表。表 2.2 是一张某服务的供给表。

表2.2 某服务的供给表

价格—数量组合	A	B	C	D	E
价格(元)	2	3	4	5	6
供给量(单位数)	0	20	40	60	80

表 2.2 清楚地表示了服务价格和供给量之间的函数关系。例如，当价格为 6 元时，服务供给量为 80 单位；当价格下降为 5 元时，服务供给量减少为 60 单位；当价格进一步下降为 2 元时，服务供给量减少为零。供给表实际上是用数字表格的形式来表示服务的价格和供给量之间的函数关系的。

（二）服务供给曲线

1. 含义和图形

服务供给曲线是以几何图形表示服务的价格和供给量之间的函数关系，供给曲线是根据供给表中服务价格—供给量组合在平面坐标图上所绘制的一条曲线。图 2.3 便是根据表 2.2 所绘制的一条供给曲线。

图中的横轴 OQ 表示服务数量，纵轴 OP 表示服务价格。在平面坐标图上，把根据供给表中服务价格—供给量组合所得到的相应的坐标点 A、B、C、D、E 连结起来的线，就是该服务的供给曲线。它表示在不同的价格水平下服务者愿意而且能够提供出售的服务数量。和服务需求曲线一样，服务供给曲线也是一条光滑的连续曲线，它是建立在服务价格和相应的供给量的变化具有无限分割性的假设基础上的。

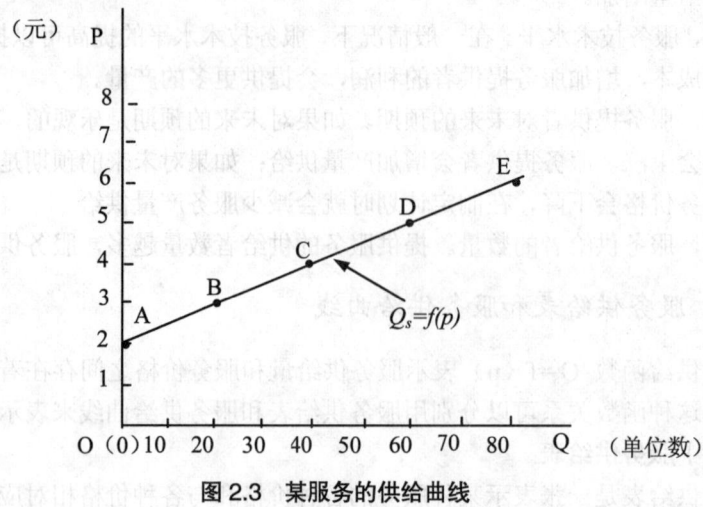

图2.3 某服务的供给曲线

如同服务需求曲线一样，服务供给曲线可以是直线型，也可以是曲线型。如果供给函数是一元一次的线性函数，则相应的供给曲线为直线型。如图2.3中的供给曲线。如果供给函数是非线性函数，则相应的供给曲线就是曲线型。直线型的供给曲线上的每点的斜率是相等的，曲线型的供给曲线上的每点的斜率则不相等。

2. 服务供给定理

以供给函数为基础的供给表和供给曲线都反映了服务价格变动和供给量变动二者之间的规律。从表2.2可见，服务的供给量随着服务价格的上升而增加。相应地，在图2.3中的服务供给曲线表现出向右上方倾斜的特征，即供给曲线的斜率为正值。它们都表示在其他条件不变的情况下，服务的价格和供给量成同方向变动的关系，这种现象被称为服务供给定理。

四、服务供给函数

一种服务的供给量是所有影响这种服务供给量的因素的函数。如果假定其他因素均不发生变化，仅考虑服务价格变化对其供给量的影响，即把一种服务的供给量只看成是这种服务价格的函数，则供给函数就可以表示为：

$Q_s = f(p)$ (2.2)

式中，P为商品的价格；Q_s为商品的供给量。

当使用线性函数时，其形式为：

$$Q_s = -\delta + \gamma(p) \quad (2.3)$$

式中，δ、γ 为常数，且 δ、$\gamma > 0$。与该函数相对应的供给曲线为一条直线。

五、服务供给量的变动与服务供给的变动

服务供给量的变动和服务供给的变动都是服务供给数量的变动，它们的区别在于引起这两种变动的因素是不相同的，而且，这两种变动在几何图形中的表示也是不相同的。

（一）服务供给量的变动

供给量的变动是指在其他条件不变时，由某服务的价格变动所引起的该服务供给数量的变动。在几何图形中，这种变动表现为服务价格－服务供给数量组合点沿着同一条既定的供给曲线的运动。

前面的图 2.3 表示的是服务供给量的变动：随着价格上升所引起的服务供给数量的逐步增加，A 点沿着同一条供给曲线逐步运动到 E 点。

（二）服务供给的变动

服务供给的变动是指在服务价格不变的条件下，由于其他因素变动所引起的该服务供给数量的变动。这里的其他因素变动可以指生产成本的变动、生产技术水平的变动、相关服务价格的变动和生产者对未来的预期的变化等等。在几何图形中，供给的变动表现为供给曲线的位置发生移动。

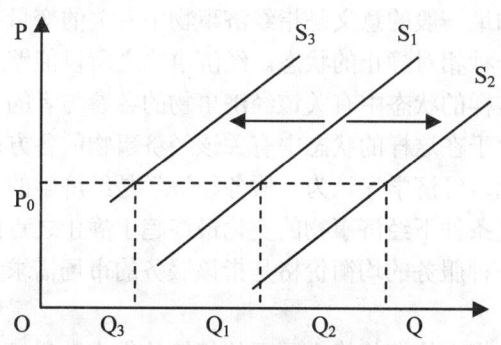

图 2.4　服务供给的变动与服务供给曲线的移动

图 2.4 表示的是服务供给的变动。在图中原来的服务供给曲线为 S_1。在除服务价格以外的其他因素变动的影响下，服务供给增加，则使供给曲线由 S_1 曲线向右平移到 S_2 曲线的位置；服务供给减少，则使供给曲线由 S_1 曲线向左平移到 S_3 曲线的位置。由服务供给的变化所引起的服务供给曲线位置的移动，表示在每一个既定的价格水平供给数量都增加或都减少了。例如，在既定的价

格水平 P_0，服务供给增加，使服务供给数量由 S_1 曲线上的 Q_1 上升到 S_2 曲线上的 Q_2；相反，服务供给减少，使服务供给数量由 S_1 曲线上的 Q_1 下降到 S_3 曲线上的 Q_3。这种在原有服务价格水平上所发生的服务供给增加量 Q_1Q_2 和减少量 Q_3Q_1，都是由其他因素变化所带来的。譬如，它们分别是由生产成本下降或上升所引起的。很清楚，服务供给的变动所引起的供给曲线位置的移动，表示整个服务供给状态的变化。

第三节 服务均衡价格的决定

需求曲线说明了消费者对某种服务在每一价格下的需求量是多少，供给曲线说明了服务者对某种服务在每一价格下的供给量是多少。但是，它们都没说明这种服务本身的价格究竟是如何决定的。那么，服务价格是如何决定的呢？服务经济学中的服务价格是指服务的均衡价格。服务均衡价格是在商品的市场需求和市场供给这两种相反力量的相互作用下形成的。下面，将需求曲线和供给曲线结合在一起，运用经济模型与均衡分析说明服务均衡价格的形成。

一、服务均衡价格与服务均衡量的决定

（一）基本概念

均衡：均衡的最一般的意义是指经济事物中有关的变量在一定条件的相互作用下所达到的一种相对静止的状态。经济事物之所以能够处于这样一种静止状态，是由于在这样的状态中有关该经济事物的各参与者的力量能够相互制约和相互抵消，也由于在这样的状态中有关该经济事物的各方面的愿望都能得到满足。正因为如此，经济学家认为，服务经济学是经济学的分支之一，其研究也在于寻找在一定条件下经济事物的变化最终趋于静止之点的均衡状态。

均衡价格：一种服务的均衡价格是指该服务的市场需求量和市场供给量相等时的价格。

均衡数量：是指在均衡价格水平下的相等的供求数量。

（二）均衡值的决定

从几何意义上说，一种服务的市场均衡出现在该服务的市场需求曲线和市场供给曲线相交的交点上，该交点被称为均衡点。均衡点上的价格和相等的供求量分别被称为均衡价格和均衡数量。

现在把图 2.1 中的需求曲线和图 2.3 中的供给曲线结合在一起，用图 2.5 说明一种服务的均衡价格的决定。

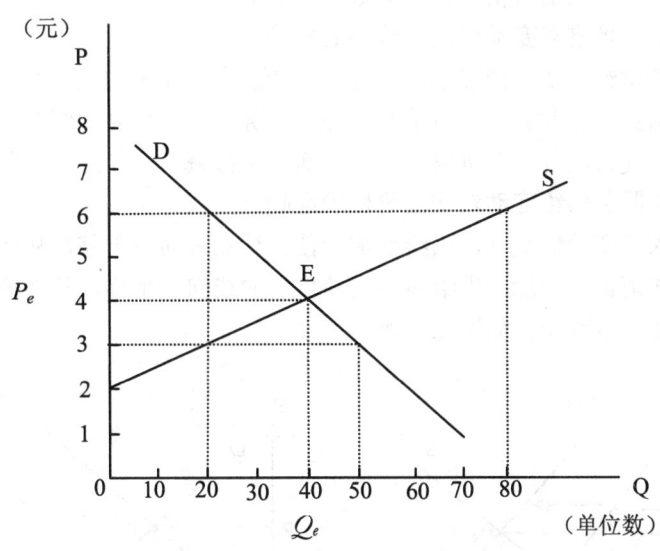

图 2.5 服务均衡价格的决定

服务的均衡价格是如何形成的呢？

服务的均衡价格 P_e 表现为服务市场上需求和供给这两种相反的力量共同作用的结果，它是在市场的供求力量的自发调节下形成的，E 为均衡点，P_e 为均衡价格，Q_e 为均衡数量。当市场价格偏离均衡价格时，市场上会出现需求量和供给量不相等的非均衡状态。一般说来，在市场机制的作用下，这种供求不相等的非均衡状态会逐步消失，市场价格会自动地回复到均衡价格水平。

当市场价格高于均衡价格时，市场出现供大于求的服务过剩或超额供给的状况。在市场自发调节下，一方面需求者会通过压低价格来得到所要购买的服务量；另一方面，供给者会减少服务的供给量。这样，该服务的价格必然下降，一直下降到均衡价格的水平。当市场价格低于均衡价格时，市场出现供不应求的服务短缺或超额需求的状况，同样在市场自发调节下，一方面需求者会提高价格来得到所需要购买的服务量；另一方面，供给者会增加服务的供给量。这样，该服务的价格必然上升，一直上升到均衡价格的水平。由此可见，当市场价格偏离时，市场上总存在着变化的力量，最终达到市场的均衡或市场出清。

二、均衡值的变动

一种服务的均衡价格是由该服务市场的需求曲线和供给曲线的交点所决定的。因此，需求曲线或供给曲线的位置移动都会使均衡价格发生变动。下面说明这两种移动对均衡价格以及均衡数量的影响。

（一）服务需求变动对均衡价格的影响

在服务供给不变的情况下，服务需求增加会使需求曲线向右平移，从而使得服务均衡价格和服务均衡数量都增加；服务需求减少会使服务需求曲线向左平移，从而使得服务均衡价格和服务均衡数量都减少。如图2.6所示。

（二）服务供给变动对均衡价格的影响

在需求不变的情况下，供给增加会使供给曲线向右平移，从而使得均衡价格下降，均衡数量增加；供给减少会使供给曲线向左平移，从而使得均衡价格上升，均衡数量减少。如图2.7所示。

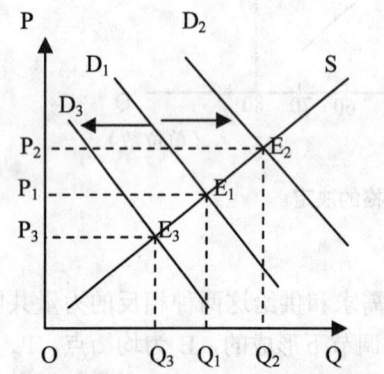
图2.6 需求的变动和均衡价格的变动

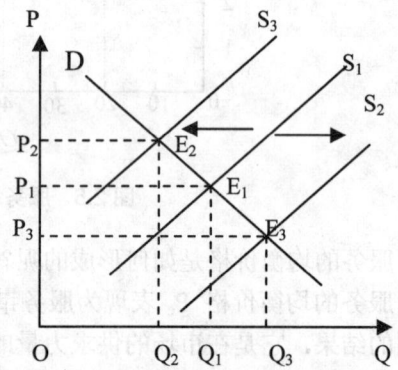
图2.7 供给的变动和均衡价格的变动

综上所述，可以得出供求定理：在其他条件不变的情况下，需求变动分别引起均衡价格和均衡数量的同方向的变动；供给变动分别引起均衡价格的反方向的变动和均衡数量的同方向的变动。需求和供给同时发生变动，则商品的均衡价格和均衡数量的变化是难以肯定的。这要结合需求和供给变化的具体情况来决定。以图2.8为例进行分析。

在需求与供给同时增长的情况下：

若需求增长的幅度大于供给增加的幅度，最终的均衡价格上升。

若需求增长的幅度小于供给增加的幅度，最终的均衡价格下降。

若需求增长的幅度等于供给增加的幅度，最终的均衡价格不变。

在需求与供给同时减少的情况下：

若需求减少的幅度大于供给减少的幅度，最终的均衡价格下降。

若需求减少的幅度小于供给减少的幅度，最终的均衡价格上升。

若需求减少的幅度等于供给减少的幅度，最终的均衡价格不变。

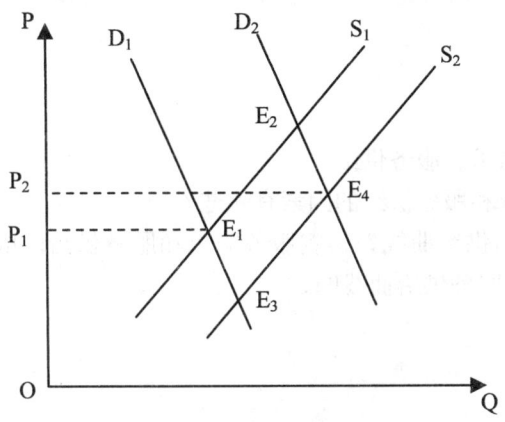

图 2.8　需求和供给的同时变动

本章小结

　　服务需求是指消费者在一定时期内在各种可能的价格水平下愿意而且能够购买的某一种服务的数量。服务需求必须是指既有购买欲望又有购买能力的有效需求。服务的好坏，主要取决于它是否满足了成员的不同需求。一种服务的需求是由许多因素共同决定的，其中主要的因素有服务的价格、消费者的收入水平、消费者的偏好和消费者对该服务的价格预期等。服务需求表是一张表示某种服务的各种价格水平和与各种价格水平相对应的该服务的需求量之间关系的数字序列表。服务需求曲线是以几何图形来表示服务价格和需求量之间的函数关系的。服务需求曲线是根据需求表中不同的服务价格——需求量的组合在平面坐标图上所绘制的一条曲线。服务需求函数是用来表示一种服务的需求数量和影响该需求数量的各种因素之间的相互关系。

　　服务供给是指服务提供者在一定时期内在各种可能的价格水平下愿意并且能够提供出售的该服务的数量。服务供给数量取决于多种因素的影响，其中主要的因素有服务价格、服务成本、服务的技术水平和服务提供者对未来的预期。服务供给表是一张表示某种服务的各种价格和与各种价格相对应的该服务的供给数量之间关系的数字序列表。服务供给曲线是以几何图形表示服务价格和供给量之间的函数关系。供给曲线是根据供给表中服务价格——供给量的组合在平面坐标图上所绘制的一条曲线。

在其他条件不变的情况下，需求变动分别引起均衡价格和均衡数量的同方向的变动；供给变动分别引起均衡价格的反方向的变动和均衡数量的同方向的变动。

思考题

1. 什么是服务需求、服务供给？
2. 影响服务需求和服务供给的因素有哪些？
3. 什么是服务的供给曲线？影响服务需求和服务供给的因素分别是如何影响服务需求曲线和服务供给曲线的？

第三章 服务消费者行为分析

第一节 服务消费特征

一、服务消费趋势

进入21世纪以来,随着国民经济的持续快速增长和人民生活水平的不断提高,服务消费也获得了快速的发展,主要呈下述发展趋势:

(一)服务消费在消费结构中所占比重日趋上升

服务消费在消费结构中所占的比例与我国城乡居民恩格尔系数下降的趋势相一致,人们用于基本物质消费的比重呈下降的趋势,而用于服务消费的比重呈上升的趋势。

根据联合国粮农组织提出的恩格尔系数标准,恩格尔系数在60%以上为贫困,50%~59%为温饱,40%~49%为小康,30%~39%为富裕,30%以下为最富裕。近年来,我国城乡居民收入不断提高,恩格尔系数不断下降。2011年我国城乡居民家庭恩格尔系数分别下降到36.3%和40.4%,这表明我国城市居民平均生活水平达到富裕水平,乡镇居民平均生活水平达到小康水平,实物消费占总消费的比重不断降低,服务消费规模不断扩大。就普通家庭而言,日常的服务消费包括种类众多:手机电脑等通信消费,理发美容服务消费,保姆或钟点工服务消费,为孩子请家教的服务消费。此外还有诸如休闲、娱乐、旅游、保健等支出都属于服务消费。由此可看出,作为发展型、享受型的服务消费逐渐被越来越多的人所接受。2011年中国居民人均GDP已经达到5432美元,这为进一步扩大服务消费提供了有利条件,中国服务消费比重将继续上升。

(二)服务消费领域不断拓宽

服务消费已经不再仅局限于购买产品的过程或之后所享受的各种利益,也不再停留在传统服务业所提供的消费,而是扩大到社会的各个领域和个人生活的各个方面,包括社会文化教育、文化娱乐、人际交往、社会组织系统、高新科技领域等，非商品性消费在家庭消费总支出中所占的比例大幅上升。比如传统的理发服务行业如今针对消费者对美的更高追求，陆续加入美容、按摩等附加服务，更好地满足消费者的需求。

（三）服务消费层次不断上升

科学技术的飞速发展促进了社会的发展和进步，居民生活更加丰富，对服务消费的水平也有了更高的要求。例如传统的组团旅游已经不能满足人们的休闲需求，自由行、深度游、探索游逐渐成为新选择。乘坐一般的火车出行已经不能满足消费者对时间、舒适度等方面的需求，动车、高铁等高速且豪华的出行方式越来越为消费者所接受。

（四）服务消费产品不断创新

发展服务消费，对于解决就业、促进改革、维护社会稳定具有特别重大的意义。如同实物消费品生产需要不断开发新产品一样，服务消费品也需要不断创新。创新的源泉来自消费者的需求。随着需求的不断变化和增多，服务消费产品也在不断的推陈出新。这样才能满足消费者，才能在激烈的市场竞争中求得生存。

随着我国农村经济的持续发展，城乡融合的不断提升，农村居民服务性消费在消费结构中所占比例越来越大。在吃、穿、用等商品需求趋向刚性的情况下，服务性消费的异军突起有利于推动农村居民消费层次升级，成为拉动消费需求增长的新引擎。如今，医疗服务费、交通和通讯服务费、文体娱乐服务费等各项服务性消费都有了快速增长。"花钱买健康"这一消费理念已成为农村居民的共识，一方面是吃得更好更健康，让饮食服务消费有了大幅度的攀升；另一方面，随着社会医疗保障制度的推进，农村居民医疗保健服务费用支出也出现了较快的增长。此外，旅游休闲也成为农村居民生活的新时尚。随着物质生活水平的提高，农村居民越来越追求生活质量，注重提高个人品位，文体娱乐费支出也随之大幅上升。

二、服务消费特征

服务消费与实物消费相比是不同的，它具有自身独特的表现方式和消费行为。近几年，我国已进入服务消费快速增长的黄金期，服务业发展步伐加快，服务网点和功能不断健全，服务业对国民经济的贡献加大。归纳当代服务消费主要有以下特征：

（一）服务消费具有层次性

这种层次性主要是指在社会阶层分化的过程中，不同阶层呈现出具有明显层次性的消费层级结构体系。近年来，我国居民由于收入差距拉大使得社会逐渐分层，不同层次的收入者逐渐形成具有其独特特征的服务消费模式。

（二）服务消费市场不断扩大

我国正处于服务消费需求快速增长的时期。我国消费模式已步入小康型和富裕型：从消费形式看，实物型消费比重下降，服务型消费比重上升；生存性消费比重下降，享受和发展性消费比重上升。例如餐饮消费、住房消费、信息服务消费等都在蓬勃发展。

（三）服务消费个性化突出

个性化消费是指消费者出于自身收入和知识水平等因素在消费时更加注重获得个性的满足、精神的愉悦、舒适及优越感，能够以个人愿望和喜好选择和购买商品或服务。个性化消费所选择的是充分体现个体的自我价值。每个消费者都有与众不同的消费意识和目的。

【实例3-1】

个性化服务成消费者最迫切需求

随着留学市场的日益红火，留学中介越来越多，业务也在不断延伸，从留学政策的解读到留学规划，从前期申请代理到后期跟踪服务，环环相扣。个性化服务成为消费者最迫切的需求。

最关注口碑

声音：每家中介提供的服务大同小异，但是口碑是没法骗人的

"没决定留学的时候，我对中介一无所知，口碑和大家的反馈成了我选择的重要参考。"Yan表示，现在很多广告都有夸大的成分，不太靠谱，现在留学中介行业发展很快，每家中介提供的服务大同小异，但是口碑是没法骗人的。选择留学中介时，消费者除了关注顾问的专业水平以外，中介过往的案例成功率、保证成功否则原银奉还，以及所提供的增值服务等方面都是消费者选择的重要参考，而顾问的数量，公司成立的年限、规模和环境等并不是消费者最为关心的。

最头疼顾问不够专业

声音：顾问应该主动向客户反馈申请进度并提前告知需要准备的东西，我感觉不到我在被服务

83%的消费者明确表示，在选择留学中介时，最看重顾问的专业水平。但是对于顾问的评价，接近五成的消费者认为顾问的专业水平和敬业程度一般，其中"不负责任"、"没有如实提供留学信息"成为了消费者眼中顾问最需要改进的问题。

最需要量身定制

声音:现在很多中介都像流水线生产，但作为客户，我需要的是量身定制的

服务

"世界上没有完全一样的叶子。"留学热潮为留学中介带来了一批又一批的准留学生，每个人都是不同的个体，留学中介对比是千篇一律还是各具特色？调查显示，在最希望留学中介提供的服务中，排在前三位的分别是个性化服务、留学资讯以及后期跟踪服务，其中接近七成的人选择了个性化服务。接近一半的人认为，顾问最需要改进的是要根据客户的条件和需求进行个性化的留学规划和职业规划。个性化成为消费者的最迫切需求。

"每个人的性格、条件、背景和能力都不同，留学规划自然也应该量身定制，就好比医生开药也要因人而异，不可能凡是感冒都吃一种感冒药。"Yan今年准备找中介申请美国留学，她坦言，现在很多中介都像流水线生产，但作为客户，我需要的是量身定制的服务。

（资料来源：个性化服务成消费者最迫切需求，http://epaper.xkb.com.cn/view.php?id=768076，编者略有删改。）

（四）服务消费具有需求弹性

服务消费品既然不是人们生活的必需品，或者从某种意义上是可有可无的，所以消费者对服务消费的价格、质量、状态等因素都十分敏感。例如，近年来印度尼西亚数次发生重大海啸事件。每次发生的时候，我国居民都会暂停前往其周边地区旅行，因此这一期间相关航线和旅游服务都会受到影响。

（五）服务消费具有认知风险性

服务消费者在消费认知方面的风险比实物消费者大，例如请家教、跟随旅行团旅游、入住宾馆等，这些服务看不见、摸不着。这种无形程度越高，风险就越大。因为：①服务产品是无形的，消费者在购买服务前很难判断服务产品的特点、功能、质量，以及使用服务后所能获得的实际效用和满足感。②服务产品具有变异性，质量不稳定，消费者在这次享受到好的服务，并不能保证下次的服务和这次一样好。这就使消费者在购买和消费服务时，在服务功能上、财务上、心理上、身体上、社交上、时间上及最终在质量上的判断缺少把握。

第二节　影响服务消费者购买行为的因素

目前服务消费市场处于消费者的主导下，而消费者又生活在纷繁复杂的社会中，其消费行为必然受到诸多因素的影响。要充分地把握消费者的购买行为，开展有效的服务营销活动，必须分析影响消费者购买行为的相关因素，这对于扩大国内需求和促进经济发展也是至关重要的。

一、社会因素

服务消费者购买行为会受到社会因素的影响，表现在以下几个方面：

（一）社会阶层

社会阶层是社会学家根据职业、收入来源、教育水平、价值观和居住区域对人们进行的一种社会分类，是按层次排列的、具有同质性和持久性的社会群体。每一阶层的成员在价值观、兴趣爱好和行为方式上是相似的。而不同社会阶层的消费者在地位、声望、价值观上都有差异，因此其购买行为也大相径庭。

（二）相关群体

相关群体是指对消费者的购买行为具有直接或者间接影响的组织、团体和人群等，比如家庭、邻居、同事、朋友、社会团体等。他们通过语言、行为、评论等直接或间接影响消费者的购买行为。群体成员的消费行为和习惯会在不知不觉中相互影响和作用。

相关群体对消费行为的影响主要表现为三个方面：一是示范性，即相关群体的消费行为和生活方式为消费者提供了可供选择的模式；二是仿效性，即相关群体的消费行为引起人们仿效的欲望，影响人们的商品选择；三是一致性，即由于仿效而使消费行为趋于一致。

其中家庭是最重要的相关群体。在家庭中具有决策地位的父母，其价值观、生活方式、行为准则往往对子女有较深的影响，使家庭成员的行为趋向一致。

（三）家庭

当消费者以个人或者家庭为单位购买服务产品时，家庭成员以及相关人员在购买过程中往往起到不同的作用并相互影响。

（四）地位与角色

地位与角色决定了人们的社会位置和行为期望，服务消费者一般会选择与自己地位和角色相符合的服务，而服务本身也具有地位上的象征意义。一个人在生活中会参加许多群体，如家庭、俱乐部、社会组织等。每个人在各个群体中的位置可用角色和地位来确定，每个角色都在某种程度上影响购买行为。每一个角色又相应地具有一种地位，它反映出社会对个人的总评价。消费者在购买服务产品时，经常会考虑自己在社会中的地位与角色。例如，社会地位高和社会角色重要的消费者会选择星级酒店、豪华舒适的交通工具，而社会地位较低的消费者会选择普通餐馆和大众交通工具。

二、文化因素

文化是指人类从生活实践中建立起来的价值观念、道德、理想和其他有意义的象征的综合体。文化是决定人类欲望和行为的基本因素。每一个消费者都生活在特定的文化背景之下，文化背景差异使消费者在价值观念、伦理道德、宗教信仰等方面有极大的差异，这又会在服务的选择上有所反映。因此，当推广一项新的服务产品时，必须结合当地文化的特点和背景，否则将不会赢得消费者的青睐。

例如著名连锁超市家乐福在日本的经营就不甚理想。由于照搬在欧美国家的经验，单纯依靠薄利多销的运营方式，没有根据日本不同的商业文化和消费习惯来调整自己的经营策略，导致"水土不服"。具体来说，选址远离市区的家乐福超市在价格上虽然具有一定的优势，但没有考虑到日本消费者的消费习惯和欧美有很大不同。欧美国家的许多家庭由于工作日繁忙，通常会在休息日驱车到郊区的大型超市一次性大量采购价格便宜的食品和用品存放在家中。而日本人的饮食十分讲究新鲜度，特别是蔬菜、鱼、肉及其制成品，一般都随买随吃，而且日本的家庭主妇一般负责日常采购，所以她们有较多时间去附近便利的超市随吃随买。因此，如果不能抓住消费者的消费心理和习惯，没有自己的营销特色，无论是哪国资本，也无论其实力是否雄厚，都难以在激烈的市场竞争中站稳脚跟。

三、个人因素

影响服务消费者购买行为的个人因素如下：

（一）经济因素

经济因素是指消费者可支配收入、储蓄、资产和借款的能力。消费者购买行为是以个人经济情况为基础的，经济条件决定着能否发生购买行为以及发生何种规模的购买行为，决定着购买商品的种类和档次。消费者可支配收入越高，用于服务的花费也就越高，对于服务的选择余地也就越大。相反，消费者可支配收入越低，用于服务的消费就越低，对于服务的选择余地就越小。

（二）生理因素

生理因素是指年龄、性别和健康状况等生理特征的差别。

1. 年龄

年龄的差别往往意味着消费者在生理条件、心理状况、收入、经历以及购买经验等方面的差别，这些差别表现在对不同服务项目、不同品牌的选择上。如儿童是教育培训服务的主要消费者，青年是娱乐休闲服务的主要消费者，老年人则相对主要是保健保养服务的主要消费群体。

2. 性别

不同的性别因在社会结构中所处的地位、角色的差异形成对服务消费产品需求的差异。例如男性较喜欢烟酒和运动的消费，而女性则钟爱美容类型的消费。

3. 健康状况

消费购买行为大都需要有体力和精力作保障，健康状况不佳者，其选择的服务就要受到限制。健康者能进行健身、旅行等服务消费，而病人则需要治疗和康复等消费。

（三）其他因素

1. 个性

个性是指一个人的心理特征。个性导致对自身所处环境相对一致和连续不断的反应。每个人的独特个性都会影响到他的购买行为。个性是一个人的心理特征，它导致一个人对他所处环境的相对稳定和持久的反应。通常可用外向、干练、自主、顺从、乐观、保守和依赖等性格特征来描述一个人的个性。一个人的个性影响着消费需求和对市场营销因素的反应。比如，外向的人爱穿浅色和时髦的衣服，依赖性强的人对市场营销因素敏感度高，易于相信广告宣传，易于建立品牌信赖和渠道忠诚。

2. 生活方式

生活方式是指一个人在生活中所表现出来的活动、兴趣和看法的生活模式。不同的生活方式群体对产品和品牌有不同的需求，对服务购买行为起着不可忽视的影响。如有人喜欢把旅游作为放松心情的途径，而还有人则是通过娱乐活动排解压力。

【实例3-2】

低碳生活方式：消费心理的变革

中国新生的财富人群正需要一种全新理念来重塑价值观念，即"新节俭主义"。

有人说，节约是生产力低下的自然经济时代的产物，在物质丰富的市场经济条件下重提节约是否不合时宜。有人说消费是生产的牵引机，是现代化列车不可缺少的车轮，倡导向节约型社会转型是否守旧落伍？今天，我们为什么还要节约？

人们的物质生活日益丰富，然而随之而来的却是肆意消费、物欲横流，"节约"似乎已经淡出了人们的生活。一场席卷全球的金融危机似乎再次唤醒了人们对节约的重视，狂热的消费理念渐渐退潮，越来越多的人选择了一种简单自然的生活方式，尽量减少不必要的开支，在一定的范围内选择性价比更高的产品，对时尚的要求减低，却更加看重品质。

所谓"新节俭主义"，不再是过去的节约一度电、一分钱、一件衣服，不再是"新三年，旧三年，缝缝补补又三年"对付物质贫乏的口号，而是对过度奢华、过度复杂的摒弃，是尝试为快节奏生活所带来的沉重心理负担进行减负的方式，其本身的意义就是简单生活。

新节俭主义最崇尚简单，但它不以牺牲生活质量、减少生活内容、降低人的欲望为目的、为代价，而是砍掉多余的枝枝蔓蔓，活出生活的本真。"花最少的钱，获得最大的享受"——这是"新节俭主义"的精髓所在。所以只要简单，一切从简，就是一种快乐、一种轻松。这种从物质到精神领域的简单，与传统意义上的节俭已完全不同。由窘困产生的节俭正被一种崭新的行为和观念所代替，我们定义它为"新节俭主义"！

勿以善小而不为，勿以恶小而为之。生活中可以做到节俭的情况人人可为，可以节约之处俯首即是。

"新节俭主义"并不是吝啬，而是一种公德，是人类文明进步的一种体现。其实，整个人类的发展史，就是放弃粗放落后的经济增长方式，寻求更合理、更节约、更和谐，也更符合生态文明的发展方式的历史。"新节俭主义"认为，节俭是一种美德，繁杂家居耗费了过多的精力，我们需要拾回一些好传统，过高品质的俭朴生活。

"新节俭主义"意味着环保、归真、简约、精致，奉行"新节俭主义"的人主张在不压抑自身必要消费需求的前提下，摒弃无谓的铺张浪费，扔掉多余、烦琐的部分，过精致、纯粹而简单的生活。他们宣称：不拒绝消费但拒绝浪费，不勒紧裤腰带省钱，而是用头脑选择更好的方式花钱。

（资料来源：低碳生活方式：消费心理的变革，http://book.ce.cn/read/financing/dtzl/201001/26/t20100126_20868777_9.shtml，编者略有删改。）

四、心理因素

（一）动机

动机是存在于人体内部的强烈刺激，对消费者的态度具有导向作用，并促使消费者以一定的态度来对待服务的购买过程。消费动机是消费者满足某种需要的内部驱动力。消费者进行服务消费时有不同的动机，动机是复杂的，同一动机可能引起不同的态度；而不同的动机可能导致相同的态度，难以一一分析，在此着重介绍关于行为和动机的基本理论——需要层次论。这一理论是由美国的行为科学家马斯洛（A.H.Maslow）提出的，他将人类的需要分为由低到高的五个层次，即生理需要、安全需要、社交需要、尊重需要和自我实现需要。

生理需要是指为了生存对必不可少的如吃、穿、住等基本生活条件所产生的需要。为了维护人身安全和健康，人们会产生安全需要。社交需要会使人们设法增进与他人的情感交流和建立各种社会联系。尊敬需要则是指在社会交往活动中，人们都希望受人尊敬，取得一定社会地位、荣誉和权力的需要。自我实现需要是指通过发挥个人最大能力，实现理想的需要，这也是人类的最高需要。

在此，以老年消费者的动机和需要为例。由于我国现阶段的老年消费者经历过较长一段时间的并不富裕的生活，因此他们生活一般都很节俭，价格便宜对于他们选择商品有一定的吸引力。但是随着人们生活水平的改善、收入水平的提高，老年消费者在购买商品时也不是一味追求低价格，品质和实用性才是他们考虑的主要因素。此外，很多老年消费者有补偿性消费动机。在子女成人独立、经济负担减轻之后，一些老年消费者试图补偿性消费。一些老年消费者试图随时寻找机会补偿过去因条件限制未能实现的消费欲望。他们在美容美发、穿着打扮、营养食品、健身娱乐、旅游观光等方面，同样有着强烈的消费兴趣。

（二）感觉

所谓感觉，就是人通过视、听、嗅、触等感官对外界刺激物或情境的反映或印象。感觉是消费者认识服务产品的起点，是整个心理过程的基础。没有感觉就没有知觉，没有知觉就不能形成一系列复杂的心理过程。感觉对消费者的购买行为影响很大，一个消费者有了购买动机之后，就会采取行动。因此，必须认真关注消费者对服务产品的感觉，并采取有效的方式给消费者创造美好的感觉。

（三）知觉

知觉是客观事物直接作用于人的感觉器官，人脑对客观事物整理的反应。知觉比感觉复杂得多，人们之所以对于同一刺激物会有不同的知觉，是因为知觉会经历三种过程，即选择性注意、选择性扭曲和选择性保留。必须认识到知觉产生的过程，注重服务产品对消费者的影响。

（四）概念

概念是客观事物直接作用于人的感觉器官，人脑对客观事物整理的反应。对于服务来说，并不是所有的外部刺激都会作用于消费者，只有那些被消费者接收并认可的才是最重要的。由于服务具有生产与消费的同时性，因此在服务过程中发生的各种刺激都会直接作用于消费者感觉系统，使得消费者在大脑中形成对服务产品的概念并产生评价。

【实例 3-3】

"新概念消费"粉墨登场,买服务你放心吗?

婚纱照根绝"流水线拍摄"

婚纱照是每对新人都要拍的,但影楼里流水线式的拍摄流程,使得拍出的照片千人一面,这足以让"80 后"对它说"No"。不知从何时起,一种简略、时尚的摄影工作室改变了婚纱影楼独霸世界的格局。本年 10 月份将要结婚的女孩张怡表示,她经过多方面比较,最终选择了一家摄影工作室。这个工作室一天只给一对新人摄影,并且没有额外费用。"最重要的是,这里的摄影师和化装师充分考虑顾客的要求,能拍出更具个性的照片。我们就和摄影师磋商,最终拍了一组我们在校园里相识、相恋的场景。照片拍出来后,家里人都特别喜欢。"

买钻戒就像吃顿自助餐

在商铺买一枚 30 分左右的制品钻戒至少要上万元,并且钻石和戒托镶嵌在一起,无法自由搭配组合,这真是不合"80 后"的胃口。计划在下一年结婚的萌萌说:"前次我在商场看上一枚钻戒,但不喜欢戒托,无奈之下只好放弃了。后来我找到一家钻石体验店,在这里可以像吃'自助餐'一样选购心仪的裸钻和戒托,然后再组成一个完好的戒指,价钱也比较合适。"

据调查,传统的钻石买卖都是以门店陈列制品买卖为主,商家需要承受铺租运营费用以及库存周转和运营推广的压力,而这类新兴的钻石买卖所租用的经营场地大多是高层写字楼,成本相对较低,所以钻戒的价格也相对低较廉。相同规格质量的钻戒,经过这种自助消费形式购置,最多可以比惯例的制品钻戒廉价四成左右。另外,这些体验店一般都提供钻石的相关证书,并接受顾客到专业机构进行检测。

淘婚纱网上淘宝玩特性

受市场需求影响,现在婚纱日益打破传统样式,个性婚纱备受追捧。此外,定制婚纱因为满足了"80 后"追求个性的需求,越来越受到欢迎。"新人们对婚纱礼服的要求越来越高,今年选择定制婚纱的新娘比上一年多了 30%。"某婚庆公司工作人员介绍,目前许多顾客都愿在店内样板婚纱的基础上进行部分细节的修正,比如依据自我需求,把大拖尾改成小拖尾,或把一字领改成吊带型等等。

还有一些新娘更前卫,直接上网淘婚纱。"既然衣服、电子产品都可以在网上交易,婚纱又何妨?"陈蜜斯说,"我在淘宝网买了一件大拖尾的漂亮婚纱,因为是厂家直销,所以连运费加在一起才花了 300 元。花钱如此少,又可以留下永世留念，何乐而不为？"

（资料来源："新概念消费"粉墨登场 买服务你放心吗？http://www.ynet.com/ view. jsp?oid= 73181104&pageno=3，作者略有删改。）

（五）学习

人类的行为有一部分是与生俱来的，但大多数行为（包括购买行为）是从后天经验中得来的，即通过学习、实践得来的。当消费者进行购买活动时，也就进入了学习的过程。学习是消费者认知的主要途径，并在很大程度上决定着消费者的价值观和行为倾向。消费者在以前学习的东西越多，其购买服务的经验也越丰富，购买服务的理性程度也就越高。反之只能凭借感性的体验来进行选择。这种"后天经验"可以用"学习的模式"来表达（如图3.1）。

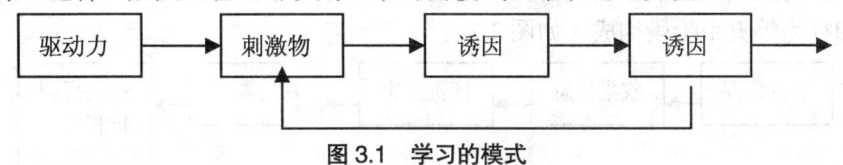

图 3.1 学习的模式

资料来源：张旭编著.服务营销[M].北京：中国华侨出版社，2002

（六）倾向

倾向是人们对周围世界里各种成分的综合评估，是学习的结果。每个人对某些服务都有一定的积极或消极的前提基础。倾向是通过经历和与他人的关系所形成的。由于倾向是消费者头脑对外界刺激作出是否接收反应的前提条件，因而具有一定的持续性，虽然学习可以改变倾向，但在一定的时期内，倾向通常是比较稳定的。由于服务的无形性，消费者的倾向对营销就变得非常重要。所有的购买决定都依靠并不外显的主观印象。曾经愉快的消费经历，常常促使消费者跟着倾向走，服务企业如能正确引导消费者的倾向，有利于建立顾客的忠诚度。

（七）信念和态度

信念是指一个人对某些事物所持有的描述性思想。消费者的信念决定了服务企业和产品在消费者心目中的形象，决定了消费者的购买行为。服务企业人员应当重视消费者对本企业或本品牌的信念，如果发现消费者的信念是错误的并影响其购买行为，就应该设法运用有效的营销活动去予以纠正，以促进服务产品的销售。

态度是指一个人对某些事物或观念长期持有好或坏的认识评价、情感感受和心理倾向。消费者通常不会对每一个新的服务产品都建立新的态度或作出新的解释和反应，一般会按照已有的态度对所接触的产品做出反应和解释。由于态度一般会呈现出稳定一致的模式，所以改变态度相对来说是比较困难的。服务企业应该努力使自己的产品和营销策略符合消费者的既有态度，而不是试图去改变。

第三节 服务消费者购买决策过程

在复杂的购买行为中，消费者都要经过一个决策过程，服务消费者购买决策过程因服务产品性质和重要程度的不同而表现为不同的形式，但一般来说，消费者购买决策过程由引起需要、收集信息、评价方案、决定购买和购买后评价和行为等五个阶段构成（如图3.2）。

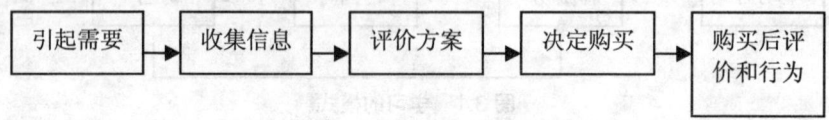

图 3.2 消费者购买决策过程

资料来源：张旭编著.服务营销[M].北京：中国华侨出版社，2002

一、引起需要

消费者对某类服务的购买源于消费者自身的生理和心理需要，购买过程开始于消费者对某一需要的认识。当某种需要未得到满足时，消费者认识到实际情况与期望情况之间的差异，促使其发现需求。消费者的需要往往由两种刺激引起，即内部刺激和外部刺激。企业服务营销人员应注意识别引起消费者某种需要和兴趣的环境，并充分注意到两方面的问题：一是注意了解那些与本企业的产品实际上或潜在地有关联的驱使力；二是消费者对某种产品的需求强度会随着时间的推移而变动，并且被一些诱因所触发。在此基础上，企业还要善于安排诱因，促使消费者对企业产品产生强烈的需求，并立即采取购买行动。

二、收集信息

随着消费者需求的不断增强，促使他们去收集相关的信息，寻找一种能有效满足需求的途径。用于收集信息的时间和精力的投入，取决于消费者的经验和他对服务的重要性的看法。

消费者信息来源主要包括：①经验来源。如果消费者曾经使用过有意愿购买的服务，或者使用过相似的服务，他就掌握了其他信息来源难以提供的第一手信息。当他在作购买决策时，一般首先在记忆中搜索以往的经验，以作为当前决策的参考。②个人来源（家庭、朋友、邻居、熟人）。一般来说，这类人群评价所起的作用比一般性的信息（广告、其他商业宣传）要重要得多。其原因在于服务的特点要靠亲身经历来体验，听取有过亲身经历的亲友的意见，消费者可以获得更多、更可信的信息。③商业来源（广告、推销员、经销商、包装、展览等）。④公共来源（大众传播媒体、消费者评审组织等）。

消费者在购买中和购买后对信息的收集会持续进行，对于企业来说，如果能成功地在这些阶段投资以加强服务促销，可以赢得和强化顾客的忠诚度。

三、评价方案

根据从不同渠道收集的信息，针对满足同一需求，可能会出现多个可供选择的方案。对可以预见的不同购买方案必定有一个评价和比较的过程，然后才会作出选择，不论外显与否，选择的背后必定有一个评价的标准。消费者的评价行为一般要涉及以下几个问题：

（一）服务产品属性

假定每个消费者都认为某个服务产品有其自身的属性，那么服务产品的属性即是能满足消费者需要的特性。例如餐馆的坐落位置、整洁程度、饭菜质量和价格等都是消费者需要考虑的产品属性。其中，服务企业应当注重消费者在众多产品属性中最看重的一项或者几项，在此上下功夫，以便引起消费者更多的兴趣和购买意愿，更好地进行市场细分。对不同需求的消费者提供具有不同属性的产品，既满足顾客的需求，又最大限度地降低因生产不必要的属性所造成的资金、劳动力和时间的耗费。

（二）属性权重

属性权重即消费者对产品有关属性所赋予的不同的重要性权数。值得注意的是，服务产品的重要属性和特色属性之间存在着区别。特色属性是指当消费者被提及一个产品的属性时首先进入脑海中的属性，也就是印象最深刻的属性。但是，特色属性却不一定是最重要的属性。有些可能被消费者遗忘，然而一旦再被问到，消费者会重新认识到它们的重要。因此，服务企业人员应更多地注重属性的重要性，而不是特色。

（三）品牌信念

消费者大多心中都有一套已认定的每一品牌各种属性的排列位置，称为品牌信念。由于消费者个人经验、选择性注意、选择性曲解以及选择记忆的影响，其品牌信念可能与产品的真实属性并不一致。

（四）效用函数

效用函数即是表示消费者在消费中所获得的效用与所消费的商品组合之间数量关系的函数。它被用以衡量消费者从消费既定的商品组合中所获得满足的程度。品牌信念提供的是消费者对某品牌的某一属性已达到何种水平的评价，而效用函数则表明消费者要求该属性达到何种水平他才会有购买意愿。

（五）评价程序的选择

在有多重属性的服务产品中，消费者会采用不同的评价程序对服务产品作出选择。比如以选择到某地旅游为例，某消费者已经把选择范围锁定在四个地方，而他主要关心四种属性，即距离、客流、环境和价格。显然，如果这四个地方中有一个地方在所有标准上都占优势，那么这位消费者肯定会选择这个地点旅行。但是，如果他的选择组中包括的目的地有不同的优势，而他仅仅关注一种属性而购买，那么他就会选择这种属性最优的地方旅行。

四、决定购买

当消费者对购买方案作出自己的比较和评估后，会选择一种当时认为最合适的方案，这就是购买决定。但是，在购买意图和决定购买之间，有两种因素会起作用：

第一种因素是别人的态度。这会影响一个人的选择，其程度取决于此人对消费者意欲购买的品牌所持否定态度的强烈程度和消费者遵从此人意见的程度。他人的否定程度越强烈，与消费者的关系越密切，消费者就越会降低自己的购买意愿。例如老年消费者的儿女坚决主张其到用时较短、距离较近的景点去旅行，那么老年人一般就会降低进行远距离旅行的意愿。

【实例 3-4】

美媒：在中国消费，其他人的意见很重要

想买那双你盯了很久的鞋子吗？如果你是中国人，很可能你要首先寻求朋友的认同。根据咨询公司麦肯锡公司的一个新的调查表明，中国人对他们最亲近的人的意见特别敏感。

例如当涉及购买消费类电子产品时，近 3/4（71%）的被调查者表示，他们是通过朋友或家人的建议了解到该产品的。在美国，只有一半人承认受到自己的朋友和亲戚的建议而动摇。要是买衣服时，超过三分之二（68%）的被调查的中国人表示会因为得到自己关系密切的人同意才购买一件商品。"在中国，朋友和家人的作用非常重要，要比世界其他任何地方都大。"麦肯锡公司大中国区消费者实践主管研究负责人马思默（Max Magni）说。

对于国际品牌，这种消费行为的后果可能导致独特的挑战。一位服装零售商就向马思默先生抱怨在中国更衣室外面总是排着很长的队伍。原因是：女人们总是在更衣室磨蹭，换不同的衣服然后拍照，还将这些快照发给朋友并等着他们的回应。他说："这种情况只在中国有，是根深蒂固的文化。"麦肯锡调查了全国各地的 15000 名消费者。受访者的平均家庭收入是每月 8000 元（约合 1250 美元），参与者有 100~200 元的报酬完成这项 200 个问题的问卷。调查还表明，尽管受到不断上升的通胀的威胁，但中国消费者的信心指数仍很高。58%的受访者表示，他们认为自己的工资明年将增加，远远高于去年问卷中 39%的人相信这一数字。

（资料来源：美媒：在中国消费，其他人的意见很重要，http://fm.m4.cn/1133006.shtml，编者略有删改。）

第二种因素是意外情况。也就是说，消费者可能会因为意外的情况而取消购买行为。消费者一般会根据自身经济状况、对产品的预期价格和满足感等因素来选择服务产品，然而一些意料之外的情况会中断消费者的购买行为。此外，当消费者无法确定购买结果可能带来的风险时，也会中断、推迟或取消购买行为。

五、购后评价和行为

购后评价是消费者对已经购买的服务，通过自己使用或者通过他人评价，对于是否满足了自己的需要、自己购买此服务是否正确的评价。服务的购后评价在消费者作出购买决定的同时就开始了，并延续到整个消费过程。消费者的评价不仅取决于对所购买服务的满意程度，还取决于自己购买前的预期和实际使用过程的对比。

购后行为是指消费者对服务产品使用之后如何处理。购后行为的两种结果分别是重复购买还是不再购买。消费者的主观比较，不仅影响自己以后的购买行为，还是影响其他消费者购买的重要因素。

本章小结

中国改革开放 30 多年来，国民经济始终保持快速增长，与此同时，服务消费也呈现出积极有利的发展趋势：①服务消费在消费结构中所占比重日趋上升。人们用于基本物质消费的比重呈下降的趋势，而用于服务消费的比重呈上升的趋势。2011年中国居民人均GDP已经达到5432美元，这为进一步扩大服务消费提供了有利条件，中国服务消费比重将继续上升。②服务消费领域不断拓宽。服务消费已不再局限于购买商品过程中所享受到的各种利益，也不再停留在传统的服务业所提供的服务项目上，而是扩大到社会的各个领域和个人生活的各个方面。③服务消费层次不断上升。科学技术的飞速发展促进了社会发展和进步，居民生活更加丰富，对服务消费的水平也有了更高的要求。④发展服务消费，对于解决就业、促进改革、维护社会稳定具有重要意义。随着需求的不断变化和增多，服务消费产品也应不断地推陈出新。这样才能满足消费者的需求，才能在激烈的市场竞争中求得生存。

服务消费与实物消费是不同的，它具有自身独特的表现方式和消费行为，主要表现为：服务消费具有层次性；服务消费市场不断扩大；服务消费个性化突出；服务消费具有需求弹性；服务消费具有认知风险性等。

目前服务消费市场处于消费者的主导下，而消费者又生活在纷繁复杂的社会中，其消费行为必然受到诸多因素的影响。要准确地把握消费者购买行为，有效地开展市场营销活动，必须分析影响消费者购买行为的相关因素。其中主要包括①社会因素：社会阶层，相关群体，家庭，地位与角色等；②文化因素；③个人因素：经济，生理（年龄、性别、健康状况、个性、生活方式）；④心理因素：动机，感觉，知觉，概念，学习和倾向等。

在复杂的购买行为中，消费者都要经过一个决策过程，服务消费者购买决策过程因服务产品性质和重要程度的不同而表现为不同的形式，但一般来说，消费者购买决策过程由引起需要、收集信息、评价方案、决定购买及购买后评价和行为等五个阶段构成。总之，让消费者满意是企业的最终目的，企业要研究影响消费者决策过程中各个环节的因素，作出相应地服务策略。

思考题

1. 简述当代服务消费的趋势及特征。
2. 试举例说明影响服务消费者购买决定的因素。
3. 试述消费者购买服务的过程，并举例说明。

第四章 服务定价与促销

第一节 服务定价目标与影响因素

一、服务定价目标

定价目标是指企业通过价格制定以求达到的企业目标。它既是定价决策的首要内容,又在某种程度上决定了价格决策其他内容的考虑和选择。任何企业都不能孤立地制定价格,而必须把企业的目标市场战略及市场定位战略相一致的定价目标,作为定价的依据。企业在定价之前,要考虑一个和企业总目标、市场营销目标相一致的定价目标,作为定价依据。作为成功的服务企业,它的定价目标一定是要实现一定的营业额,并获取一定的市场占有率。

由于每个企业所处的内部条件和外部经营环境不同,针对不同的时期、不同的目标市场,各企业价格决策的具体目标是多种多样的。综合来看,定价目标主要分为两大类:利润导向目标和数量导向目标。前者强调从组织的资源及劳动力的投资中获取高额的利润,后者更为注重提供更多的服务数量或拥有更大数量的顾客。

(一)利润导向目标

1. 最大利润目标

最大利润目标是指企业希望获取最大限度的销售利润或投资收益。很多竞争性的服务企业会像所有生产有形产品企业那样将利润最大化作为定价策略的目标指向。利润是竞争性企业追求的最终目标。企业可以通过牺牲一些服务产品的价格,来带动其他服务产品的购买量,甚至可以带动高利润产品的销量。由此可见,最大利润并不等于最高价格,产品价格过高迟早会输掉市场占有率。以获得最大利润为目标的企业必须具备以下两个条件:一是企业在市场竞争中具有相当优势并在长期内优势不易丧失;二是同业竞争对手还不能迅速做出有力的挑战。

然而有时服务业要比有形产品制造业更复杂。服务业中有不少企业并不在乎在盈亏平衡点以下长期经营。这种价值理念上的差别，决定了服务业的定价策略有时候会偏离最大利润目标，而更趋多样化。

2. 投资回报目标

投资回报目标就是一个企业把它的预期收益水平规定为投资额或销售额的一定百分比，这称为投资收益率或投资回报率。任何一个企业进行商品生产和经营，都希望取得一定的预期收益。许多服务企业在制定服务产品价格时，都是以企业投资额为出发点，以获得一定的投资回报为定价目标。

投资回报目标是服务企业注重长期利润的定价策略目标，它所追求的是长期而稳定的企业收益。采用这种定价目标的企业，应具备两个条件：第一，该企业具有较强的实力，在行业中处于领导地位；第二，采用这种定价目标的多为新产品、独家产品以及低单价高质量的标准化产品。

3. 适当利润目标

相较于最大利润目标和投资回报目标，适当利润目标显得比较保守。有的企业为保全自己、减少风险，或者企业竞争力不足，满足于将适当利润作为定价目标。比如按成本加成法决定价格，就可以使企业投资得到适当的收益。而"适当"的水平，则随产量的变化、投资者的要求和市场可接受程度等因素有所变化。

（二）数量导向目标

利润导向目标是服务企业根据预计销售额或者是投资额估算企业利润，数量导向目标则是以预计销售量估计服务企业的销售额及利润。数量导向目标以销售最大化目标和顾客最多化目标为代表。

1. 销售最大化目标

销售最大化目标是为占据市场份额而定价，包括增加服务产品的销量，从而争取最大的销售收入；保持或扩大市场占有率来保证企业的生存和决定企业的兴衰。采用此种目标的企业有大企业也有小企业。每个企业对本企业在市场中所占的份额是容易掌握的，因而以此作为保持或增加份额的定价目标和依据是比较可行的。这其中甚至包括最初以亏损销售以便获得最大的市场份额。"薄利多销"就是以此目标为指导的定价策略。

【实例 4-1】

洋餐饮争做早餐生意，利润偏低却可薄利多销

一段时间以来，洋餐饮特别是快餐品牌围绕早餐市场的争夺战如火如荼：有的不断推出新品种，特别是符合中国消费者口味的中式餐点；有的主推价格优势，表示只要花6元钱，就能享受十多种超值套餐。相比之下，中式餐饮品牌对早餐市场的兴趣似乎不大。倒不是说早餐市场上缺乏本土品牌，而是说占领早餐市场的大部分是早点"专业户"，至于那些以午市、晚市为主的品牌，则很少有愿意做早点生意的。笔者曾为此询问过某老字号负责人，他坦言：早餐的人力成本、物力成本都很高，但定价又不可能太高，利润太低，所以宁可放弃这一市场。

都说"千做万做亏本生意不做"，中餐企业遇到的利润问题，难道洋餐饮就不会遇到吗？答案显然是否定的。笔者以为，最重要的原因还是企业的营销理念不同。之所以洋餐饮"前赴后继"进军早餐市场，甚至改变餐饮风格，投消费者之所好增加中式餐点品种，无非是想借助早餐这一人人有需要的产品，推广自己的品牌。比如说，洋快餐早餐大多定价低廉，很容易吸引消费者尝鲜，而依托统一的品质保证，这些早餐会吸引消费者在其他时段选择他们的产品。正因为此，很多洋品牌推出了与早餐配套的午市特价套餐、晚市特价套餐等，在不知不觉中影响消费者的用餐习惯，提高市场占有率。

然而，很多本土餐饮品牌的营销还停留在"以菜论菜"的阶段，推新品的势头不弱，但改变营销时段的做法不多。虽然有部分品牌为提高午市上座率而推出特价套餐，但愿意放弃一部分利润做早餐的却寥寥无几。事实上，随着消费者越来越重视早餐的安全、卫生、营养，早餐市场的"含金量"正越来越高。另一方面，即便早餐的利润偏低，但企业既可以通过薄利多销来增加收入，也能够借助早餐积累的人气来带动其他时段高利润产品的销售。

（资料来源：洋餐饮争做早餐生意，利润偏低却可薄利多销，http://finance.southcn.com/f/2012-08/09/content_52535827.htm，编者略有删改。）

2. 顾客最多化目标

顾客最多化目标是以适应市场竞争，争取尽可能多的顾客为定价目标。大多数企业对竞争者的价格都很关注，定价以前会尽可能地多方收集信息，把自己产品的质量、特点同竞争者的产品进行比较，然后作出抉择：低于、等于或者高于竞争者的价格。市场存在领导者价格时，新的服务提供商要进入市场，只有采用不高于竞争者的价格。而一些企业因生产、销售费用较低，或是为了扩大市场占有率，就将服务产品的价格低于竞争者。与销量最大化目标不同的是，此目标在于尽可能多地吸引消费者。

需要注意的是，通常一个企业不止有一个定价目标，但众多目标之中总是有所侧重的。当企业向市场提供针对不同目标的若干服务产品时，协调各种目标是一件困难的事情。有的目标是追求利润，有的是平衡成本，有的甚至是通过牺牲成本来争取市场占有率。如果定价目标是市场占有率，那么服务产品的价格就要在一定时期内比竞争对手低。

二、服务定价的影响因素

服务定价是服务企业在市场营销中根据所提供服务的成本、需求、竞争等情况来确定服务产品市场价格的行为。当今市场营销活动中，越来越多的企业认识到服务定价是服务营销组合中的重要因素之一，定价是否合理直接关系到企业的发展前景。其中，针对于有形产品的定价的概念和方法均适用于服务产品的定价。但由于服务产品具有无形性、差异性、不可分离性、不可储存性等自身特点，因此其定价也有不同的特点，在不同的服务形态和市场情况中，这些特点所造成的影响也不尽相同。因此，在确定服务产品的价格时，必须对影响服务产品定价的各种因素进行全面的了解和把握。

影响服务产品定价的因素主要有三个方面，即成本、需求和竞争。成本是服务产品价值的基础部分，它决定着产品价格的最低界限，如果价格低于成本，企业便无利可图；市场需求影响顾客对产品价值的认识，决定着产品价格的上限；市场竞争状况调节着价格在上限和下限之间不断波动的幅度，并最终确定产品的市场价格。值得强调的是，在研究服务产品成本、市场需求和竞争状况时，必须同服务的基本特征联系起来进行研究。

（一）成本因素

成本费用是传统定价的基础。从企业角度看，服务产品的成本是价格的重要决定因素，只有当价格超过了单位成本的时候，企业才能盈利。服务产品的成本随时间和需求的变化而变化。服务产品的成本可以分为三种，即固定成本、变动成本和准变动成本。

1. 固定成本

固定成本不随产量的变化而变化，即无论产量如何都要负担的成本和费用，如建筑物、服务设施、家具、工资、维修成本等。其在成本费用中占主要比例，对服务业的意义重大。比如航空运输和金融服务等，其固定成本的比重高达一半以上，因为它们需要昂贵的设备和大量的人力资源。因此，在最大服务承受能力内，为越多的顾客服务，就越能在弥补固定成本的基础上更多获益。

2. 变动成本

变动成本是指随着服务产出的变化而变化的成本，如电费、运输费、邮寄费等。变动成本在总成本中所占的比重往往很低，甚至接近于零，如火车和戏院等。

表 4.1 服务企业的固定成本和变动成本举例

服务企业	固定成本	变动成本
酒店	建筑与设施的折旧（自有） 建筑与设施的租金（租用） 固定人员的酬金	食品消耗 易耗品的维修 水电消耗
保险公司	管理成本	赔偿费
快递公司	自有交通工具及其他设施的折旧 一般费用（后勤管理）	火车、航空等公众交通费用 燃料、集装箱等费用

资料来源：G.佩里切利著.张密编译.服务营销学.北京：对外经济贸易大学出版社，1999，263 页，编者略有删改。

3. 准变动成本

准变动成本是指介于固定成本和变动成本之间的那部分成本，它既同顾客的数量有关，也同服务产品的数量有关。比如，清洁服务地点的费用、职员加班费等。它取决于服务的类型、顾客的数量和对额外设施的需求程度，因此对于不同的产品其差异性较大。这类成本虽然不能直接计入某一种变动成本，但是上限是可控的，这种控制以服务业务发生的必要性为基准。

在产出水平一定的情况下，服务产品的总成本等于固定成本、变动成本和准变动成本之和。服务企业在制定定价策略时，必须考虑不同成本的变动趋势。经验曲线有助于市场营销人员认识服务行业的成本变动。经验曲线是指在一种产品的生产过程中，产品的单位成本随着企业经验的不断积累而下降，比如某些特定的技术改进，正是由于改进了操作方法、使用了先进的工艺设备，以及经营管理方法的科学化才形成一定规模的经济，进而导致企业成本逐步下降。

此外，企业营销人员还应该正确识别增量成本。增量成本是指那些由于定价策略不同而导致变化的成本。在产出水平不确定的情况下，企业可以选择以高价出售较少的服务，或以低价出售较多的服务。不论采取哪种定价方式，有些成本在总量上是不变的，因而对不同定价的利润水平没有影响。而另一些成本则由于定价不同，其总量会提高或降低，从而直接影响利润水平。

（二）需求因素

产品的最高价格取决于产品的市场需求，最低价格取决于该产品的成本费用。在最高价格和最低价格的幅度内，企业能把产品价格定多高，则取决于竞争者同种产品的价格水平。可见，市场需求、成本费用、竞争产品价格对企业定价有着重要影响。而需求又受价格和收入变动的影响。因价格与收入等因素而引起的需求的相应的变动率，称为需求弹性。服务业在制定价格政策时，应考虑需求弹性的影响。需求弹性分为需求的收入弹性、价格弹性和交叉弹性。

1. 需求的收入弹性

需求的收入弹性是指在价格和其他因素不变的条件下，由于消费者的收入变化所引起的需求数量发生变化的程度大小。需求的收入弹性可以用以下公式来计算：

需求的收入弹性=需求量变动的百分比／收入变动的百分比

有些产品的需求收入弹性大，这意味着消费者货币收入的增加导致该产品的需求量有更大幅度的增加，例如高档食品、耐用消费品、娱乐支出等。有些产品的需求收入弹性较小，这意味着消费货币收入的增加导致该产品的需求量的增加幅度较小，例如生活必需品。还有的产品的需求收入弹性是负值，这说明消费者货币收入的增加将导致该产品需求量下降。例如，在某些低档食品、低档服装的情况中，因为消费者收入增加后，对这类产品的需求量将减少，甚至不再购买这些低档产品，而转向高档产品。

2. 需求的价格弹性

需求的价格弹性指的是当所有其他影响买者计划的因素都保持不变时，一种产品的需求量对其价格变动反应敏感程度的一个无单位衡量的指标。在正常情况下，市场需求会按照与价格相反的方向变动。价格提高，市场需求状态会减少；价格降低，市场需求就会增加，所以需求曲线是向下倾斜的，这是供求规律发生作用的表现。需求的价格弹性通常用弹性系数（E_d）来表示，它是服务需求量（Q）变动的百分比同其价格（P）变动百分比的比值，用公式表示为：

需求的价格弹性=需求量变动的百分比／价格变动的百分比

需求的价格弹性一般为负数，因此一般情况下，价格与需求成反比例关系，为便于分析，通常取 E_d 的绝对值。当 $|E_d| < 1$ 时，表示缺乏弹性，表示价格变化时，需求的变化不明显；当 $|E_d| > 1$ 时，表示富有弹性，意味着价格变动一点，需求就会发生较大的波动。

需求的价格弹性对企业的收益有着重要影响。通常企业产品销售量的增加会产生边际收益，而边际收益的高低又取决于价格弹性的大小。在现实生活中，不同服务产品的需求是不尽相同的，如果对服务的需求是有弹性的，那么其定价水平就特别重要。例如，餐饮、旅游、娱乐等的需求受到价格变动的影响很大，而像医疗、中小学教育等的需求则受价格变动影响较小。

3. 需求的交叉弹性

在为产品定价时还要考虑到各产品项目之间的相互影响程度。其中，某一个产品项目很可能是其他产品的替代品或者互补品。因此，我们用需求的交叉弹性的概念来衡量服务替代品或互补品的价格变动的影响。需求的交叉弹性是在其他条件不变的情况下，一种产品的需求对其替代品或互补品价格变动的反应程度的衡量。可以用以下公式来计算需求的交叉弹性：

需求的交叉弹性=需求量变动的百分比／替代品或互补品价格变动的百分比

需求的交叉弹性可以是正的，也可以是负的。替代品的交叉弹性是正的，而互补品的交叉弹性是负的。

（三）竞争因素

服务的无形性迫使顾客在消费时采用各种各样的参照系，其中竞争者的同类服务就是最佳参照物之一；服务的同质性使这种参照更加容易导致激烈的价格竞争。在产品差异性较小、市场竞争激烈的情况下，企业制定价格差距也相应缩小。对生产相近服务产品的企业来说，谁的价格低，谁就可能赢得顾客。例如小吃一条街的相近菜品价格基本来说是相差无几的。假如在其他条件都一样的情况下，有一家门店以牺牲成本的低价出售的话，会以薄利多销的形式赢得顾客。另一方面，越是独特的服务企业越可以自行决定价格，只要顾客愿意支付此价格。因此服务企业必须在与竞争对手相比较的基础上来制定自己的价格策略。

对于服务企业来说，在市场上除了从竞争对手那里获得价格信息外，还要了解它们的成本，这将有助于企业分析评价竞争对手在价格方面的竞争能力，而且还可以帮助企业预见竞争者对自己价格策略的反应及其可承受的刚性价格大小。向竞争对手学习，对于任何企业都十分重要，服务企业要借鉴竞争者确定其成本、价格和利润率的方法，制定适合自己的价格策略。

【实例 4-2】

穗莞深轨道交通竞争，全程票价 14 元挑战高铁

2012 年 8 月 15 日，广州市市长陈建华透露，广州与东莞、深圳未来将通过地铁联通，预计广州到东莞票价只需要 6 元，到深圳 14 元。

目前尚不清楚陈建华所指的三市同城化联通是指珠三角城际轨道线路之一的穗莞深城际线开通，还是三市地铁或轻轨线路的完全接驳。但无论是哪一种，若 14 元的定价方案兑现，无疑都会令铁道部既有的广深铁路四线客流面临着明显分流。目前，广深和谐号二等座定价为 80 元，一等座 100 元。

同城化地铁接驳在广东省内并非没有先例，广州和佛山之间就已经实现了地铁接驳。广州和佛山两市财政出资修建了广佛线，省级财政也给予了一定补助,更成立了专线公司负责日常运营管理。然而,这条运营了近两年的线路营收并不理想,每年的运营亏损额在1亿元左右。

除了地铁和轻轨的联通,广东省一直在推进的珠三角城际轨道交通网络也意在实现珠三角各市同城化。

据广东省发改委官员透露,目前已经开工的穗莞深线路属于铁道部与广东省合资,预计会在2015年前后开通,届时线路的定价会部分参照既有广珠城轨的标准,约每人每公里的定价在0.3~0.4元,全程价格估计在40~50元。

2015年后,广深之间将出现多种轨道交通选择——地铁、穗莞深城轨、广深四线和谐号动车以及广深高铁。这四条线路中,后三者都属于铁道部与地方合资,这也意味着,铁道部不可能将穗莞深线路定价过低,以避免分流既有广深四线的客流,而已经上市的广深铁路一直被视作铁道部最优质的资产。

(资料来源:穗莞深轨道交通竞争 全程票价14元挑战高铁,http://finance.china.com/html/201208/17/28609019.html,编者略有删改。)

第二节 服务促销

一、服务促销的概念

服务促销是指企业通过各种营销手段,向消费者传递服务产品的有关信息,以实现服务产品生产市场与目标市场的有效沟通,从而影响消费者购买行为和消费方式的活动。促销是目的,服务是手段。服务促销能使顾客对企业更加信任和具有好感,更能刺激他们重复购买,成为忠实客户。服务促销的实质是服务营销者与服务产品潜在购买者之间的信息沟通过程。

二、服务促销的目标

服务营销的促销目标与产品营销大致相同,其主要促销目标是:
(1)建立对该服务产品及服务公司的认知和兴趣。
(2)使服务内容和服务公司本身与竞争者产生差异。
(3)沟通并描述所提供服务的种种利益。
(4)建立并维持服务公司的整体形象和信誉。
(5)说服顾客购买或使用该项服务。
对服务促销目标的具体解释请见表4-2。

表 4.2　服务促销的目标

1. 顾客目标
●增进对新服务和现有服务的认知
●鼓励试用服务
●鼓励非用户
——参加服务展示
——试用现有服务
●说服现有顾客
——继续购买服务而不中止使用或转向竞争者
——增加顾客购买服务的频率
●改变顾客需求服务的时间
●沟通服务的利益
●加强服务广告的效果，吸引消费者的注意
●获得关于服务如何、何时及在何处被购买和使用的市场研究信息
●鼓励顾客改变与服务递送系统的互动方式
2. 中间商目标
●说服中间商递送新服务
●说服现有中间商努力销售更多服务
●防止中间商在销售场所与顾客谈判价格
3. 竞争目标
●对一个或多个竞争者发起短期攻势或进行防御

资料来源：叶万春.服务营销学[M].北京：高等教育出版社，2001

总之，任何促销努力的目标都在于通过传送、说服和提醒等方法，来促进服务产品的销售。显而易见，这些一般性目标，会根据每一种服务业及服务产品的性质而有所不同。

三、服务促销与产品促销的差异

形成服务促销与产品促销差异的原因大致有两类：一类是受服务行业特征的影响；另一类是受服务本身特征的影响。

（一）服务行业特征造成的差异

因服务行业特征造成的差异主要有以下几个方面：

1. 营销导向的不同

有些服务业是以产品为导向的，所以没有意识到成功的营销策略对本企业业务有多大帮助，而只把自己当作服务的生产者。这类服务业的经理人未受过训练也欠缺技术，当然更不懂促销在整体营销中应扮演的角色。

2. 专业和道德限制

在采取某些营销和促销策略时，可能会遇到专业上和道德上的限制。传统观念和习俗可能会阻碍某些类型促销的运用，有可能不被大多数顾客所接受。

【实例 4-3】

警惕餐饮秀走上"妖魔之道"

北京某家名为"根据地"的冀中老区主题饭店，里面全部使用木制老式桌椅，二楼有土炕、土碾子，墙壁上挂着老照片，几位身着蓝色"新四军"军装、腰束皮带的服务员，脚上穿着高跟皮鞋，胸前戴着金属号码牌，招呼着前来光顾的客人。

我们看到，随着国内餐饮行业竞争的日益加剧，一些饭店纷纷推出自己"独特"的促销方式——引起公众强烈关注的"典型"实例就比比皆是：北京一主题餐厅的服务员身着日本军服招摇过市；江苏徐州一家以京剧《红灯记》命名的饭店，让"铁梅"在门口迎客……

如今又出现了饭店服务员身穿新四军军服为食客服务的荒诞事件。为了与众不同想办法创造自己的经营特色，原本无可厚非。可你不去注重提高饭菜的口味及质量，反而将代表着红色经典的象征性的事物随便加以"戏说"，荒唐之极也下作之极。一件道具式的军服或许说明不了什么，但其所蕴涵着的"崇高"和"神圣"，决不允许一丝一毫的玷污。

事实上，此类让公众看来异常"闹心"的餐饮促销秀，要么打着弘扬传统文化的招牌，要么拿"民族情结"做幌子说事。招数固然是很"奇"了，但却是一个个馊主意。亵渎了泱泱大国由来已久的饮食文化，必将为社会公众所唾弃，得到有关部门的制止和查处。"鬼子"促销被取缔就是一个例证。

值得一提的是，时下传统的饮食文化屡屡被人为地异化为带有浓浓庸俗、戏说、色情色彩的"妖魔式文化"，而且还有愈演愈烈的迹象。按说如此行为虽在法律、法规上没有被明令禁止，但不符合我国国情，也不符合中华民族的传统道德观念和审美观念，应该是没有市场的。

可事实却并非这样，其毕竟曾经"轰动一时"。到底是为什么？有需求才会有市场，有这样的食客，才会"塑造"出那样为食客服务的商家，两者自成因果、互相维系。

对这种在"妖魔之道"上滑行的餐饮促销现象，光靠"禁"是不行的。关键还是创造健康的需求，让不健康的需求自动消失，警惕和消灭比恶意炒作更可怕的社会阴暗心理、猎奇心态。公共管理权力适时、适度介入，逐步引导健康向上的餐饮娱乐文化。就好像人发现了金子就会扔掉石头一样。

（资料来源：警惕餐饮秀走上"妖魔之道"，http://www.yndaily.com/html/20041106/news_83_8766.html，编者略有删改。）

3. 许多服务业务规模很小

许多服务业公司在规模上很小，他们觉得自己没有足够实力在营销或促销方面进行较大投入。

4. 竞争的性质和市场条件

许多服务企业认为在现有服务范围内的业务已经用尽了生产能力，因此并不需要扩展其服务范围。事实上，这些企业普遍缺乏远见，没有意识到积极开展服务促销，既可以维持稳固的市场地位，同时具有长期的市场营销意义。

5. 对于可用促销方式的知识有限

不少服务企业不具备进行广泛多样的促销方式的知识储备，他们可能只会想到最普遍的采用大量广告和人员推销的方式来进行促销，而根本想不到其他更加丰富多彩、行之有效而且可能花费较少的促销方式。

6. 服务本身的特质，可能会限制大规模使用某些促销工具

例如，广告代理服务业极少会去使用大众媒体广告。也就是说，特定服务业的传统对某些促销方法的限制，也使得许多促销方法不能自由发挥。

（二）服务本身特征造成的差异

服务的若干特征相较于有形产品具有不同的营销含义。因此，从消费者的观点来看，他们对产品营销和服务营销这两种营销行为的反应有着很大的差异。

1. 消费者态度

消费者的态度是影响购买决策的关键。服务业的无形性是服务营销上一项最重要的要素。消费者在购买服务时，往往是凭着对服务和服务提供者或出售者的主观印象，而这种对主观印象的依赖性，在购买有形产品时则往往没有那么强烈。对于服务销售者和服务业有两方面与有形产品制造业不同：

（1）服务产品往往比有形产品更为个人化。

（2）消费者往往对于服务的购买较少满意。

2. 采购的需要和动机

在采购的需要和动机上，有形产品制造业和服务业大致相同。不论是通过购买有形产品或服务产品，一般来说同类型的需要都可以获得满足。不过，有一种需求对产品或服务都是很重要的，那就是"个人关注的欲求"。凡能满足这种"个人关注的欲求"的服务销售者，必能使其服务产品与竞争者之间产生差异。

3. 购买过程

在购买过程上，有形产品制造业和服务业的差异较为显著。有些服务的购买存在较大的风险，部分原因是顾客很难评估服务的质量和价值。另外，消费者也往往受到其他人，如对采购和使用有经验的邻人或朋友的影响。而这种在购买决策过程中易受他人影响的现象，对于服务产品的营销而言有更加重要的意义。尤其是在服务的提供者与顾客之间可以发展成一种专业关系，以及可以在服务促销方面建立一种"口碑沟通"方式。这两种做法势必可以促使各种服务促销更有效率。

第三节 服务促销组合

服务企业可以通过一系列的营销手段向顾客提供各种信息，将其服务有形化，从而让顾客了解，而促销是达成此目的的最直接方法。服务企业的促销活动是由一系列具体的活动所构成的，服务促销组合也包括多种元素。促销要素的功能包括传递信息、劝说顾客、提醒顾客和提升产品的价值。整体性的促销工作，能提升企业的服务产品的价值。促销还能够帮助服务企业进行顾客服务的定位，建立企业与顾客之间的联系。促销组合包括广告促销、人员推销、公关宣传和销售促进。

一、广告促销

（一）服务广告的内涵

广告是一种信息传播手段，指的是企业通过有偿使用传播媒体向目标市场和社会公众所进行的非人员式信息传递活动。广告所使用的媒体包括电视、广播、杂志、互联网等。广告的宣传面广、渗透力强。通过精心设计，可以使企业的产品或服务、价值观及企业文化深入消费者心中。

多年来在住宅、娱乐、交通、艺术和保险等服务业当中都一直在使用广告。如今像银行业、建筑业、旅游业等服务行业在广告方面花费的资金也是越来越多。另外，许多专业服务企业也放宽或解除了对广告的限制，而对于广告这种促销手段所具有的优势和弱点，也有了更多的认知。

（二）服务广告的指导原则

由于服务业独一无二的特征——生产和消费的无形性、多样性、易逝性和不可分割性，使得消费者在购买服务时往往面临种种困难和很大风险。为了降低这种风险感知和增强对服务产品的认识和信任，服务企业有必要建立一个清晰的品牌形象并持续地进行广告营销，使得企业具有差别优势并且能够鼓励口碑传播。因此，服务业利用广告的趋势在逐渐扩大。服务业在利用广告时，可以提出服务广告的几个指导原则，这些指导原则虽然也适用于有形性产品，但对服务业却更为重要：

1. 信息明确

服务业广告的最大难题在于要以简单的文字和图形，传达所提供服务的领域、深度、质量和水准。有些服务业广告，可以使用图像或符号来协助传送广告信息。但有些则必须更详尽地解释其服务，然而这么做的结果很可能会显得冗长啰唆，而干扰了广告效果。广告代理商应针对不同的服务业广告，做到使用简明精练的言辞，贴切地把握服务内涵的丰富性和多样性，通过不同的方法和手段来传送广告信息，发挥良好的广告效果。

2. 强调服务利益

能够引起顾客注意的有影响力的广告，应该强调的是服务所带来的利益，而不是强调一些技术性细节。强调利益才符合营销观念，也与满足顾客需要有关。不过其中所强调的利益应与顾客所寻求的利益相一致。因此，广告中所使用的利益诉求，必须建立在充分了解顾客需要的基础上，才能确保广告的影响效果。

3. 不做夸大宣传

服务企业应该只宣传企业能够提供的服务或者顾客能得到的允诺，而不应提出让顾客产生过度期望而企业又无力达到的允诺。只要进行了服务广告的宣传，服务企业就必须实现广告中的承诺。这方面对于劳动密集型服务业较为麻烦，因为这类服务业的服务表现，往往因服务提供者的频繁更换而难以保证。这就有必要使用一种可以确保兑现的最低标准的方法。对不可能完成的服务允诺，往往会对企业员工造成压力，如餐饮宾馆服务业和顾问咨询服务业。比较好的做法应当只保证最基本的服务标准，如果能做得更好，那顾客的满意度将会更高。

4. 关注员工的作用

服务需要通过企业员工与消费者互动，才能满足消费者的需要。员工的态度和行为可以直接影响消费者对服务的接触感知和质量满意度。因此，服务业员工的敬业精神很重要，尤其是在人员密集型服务业以及必须由员工与顾客互动才能满足顾客的服务业。例如国内知名连锁火锅餐饮企业海底捞，每位员工对顾客所展现的都是无微不至的贴心服务。甚至到卫生间也会有员工为顾客递上洗手液和纸巾。这样的服务在消费者的心中自然会留下良好的消费感受。服务企业通过广告不仅要激励顾客购买，而且更要注重发挥员工的强大作用，激励自己的员工去全力支持和配合企业的促销努力。

5. 争取并维持顾客的合作

服务的不可分离性决定了服务的生产与消费必须同时进行,因此服务企业必须注意到顾客与服务提供者的互动作用。在服务广告中,如何争取并维持顾客对该服务的购买以及如何在服务生产过程获取并保持顾客的配合与合作是服务企业面临的挑战。这是由于在许多服务业中,顾客本身在服务的生产与表现中都扮演着相当积极的角色。因此,构思周到的广告总能在服务生产过程争取和维持顾客的配合与合作。

6. 提供有形线索

由于服务的无形性这一特殊属性,服务广告者应该尽可能使用有形线索作为提示,使顾客在脑中对本企业的服务产生有形化的认识,使服务更加真实。这样才能增强促销努力的效果,同时也能增强顾客对服务质量的信任感。

7. 连续投放广告

大多数服务企业的广告宣传基本属于形象广告投入。形象广告就意味着长期投入方可产生累积效应。只有长期进行广告宣传,才会在与顾客沟通中创造服务公司的形象。服务公司可以通过广告,持续连贯地使用象征、主题、造型或形象,以克服服务业的两大不利之处,即无形性和服务产品的差异化。中国移动动感地带业务的广告标语——我的地盘我做主,在最初就是受益于连续性的使用品牌和象征使得这一服务人尽皆知,消费者有时候甚至可从其品牌的标识中得知是什么企业。

8. 消除购买后疑虑

无论是有形产品消费者还是服务的消费者,经常都会对购买行为的合理性产生事后的疑虑。消费者可以通过对有形产品本身的评估解除疑虑,但这种方法对于服务则不适用。因此,在服务促销中,必须在对顾客保证其购买选择的合理性方面下更多的工夫,并且应该鼓励顾客将服务购买和使用后所获得的利益转告给其他人。不过,最好也是最有效的方式还是在顾客购买的过程中,与消费者直接接触的服务提供者能够展现出无微不至、耐心和将心比心的服务。

(三)服务广告的主要任务

服务广告主要有五项任务:

(1)创造企业在顾客心目中的形象。包括企业的历史特征,经营状况和各种活动、服务内容及其特殊之处,公司的价值等。

(2)建立企业受重视的个性。在对服务市场细分的基础上选择目标顾客群并对其进行有效定位。塑造顾客对企业及其服务的了解和期望,并促使顾客能对企业产生良好的印象。

(3)建立顾客对企业的认同。企业的形象和所提供的服务,应和顾客的需求、价值观和态度息息相关。

（4）指导企业员工待客之道。服务业所做的广告有两种诉求对象：即顾客和企业员工。因此，服务广告也必须能够表达和反映企业员工的观点，只有如此才能让员工支持配合公司的促销努力。

（5）协助业务代表顺利工作。服务业广告能为服务企业业务代表的更佳表现提供有利的帮助。顾客若在购买服务前就对企业和其服务有良好的印象和购买意愿，则对企业销售人员的工作有很大帮助。

二、人员推销

人员推销是销售人员为了销售产品，在与顾客交流的过程中运用口头提示的传播活动。人员推销可以利用面对面（电话推销中是声对声）的推销环境，对顾客的提问及时做出反应，并可对服务产品进行全面的讲解与解释。人员推销和其他促销手段相比具有明显的优势，在服务中起着重要的作用。服务人员推销在消费者购买过程的最后阶段，特别是在建立顾客的偏好、信任和行动时，是最有效的工具。

（一）推销产品与推销服务的差异

人员推销的原则、程序和方法在服务业与制造业上的运用大致类似，如对销售工作予以界定，招募合格的推销员并加以训练，设计并执行有效的奖酬制度，对销售人员予以监督和管理等。在服务市场上，这些工作和活动的执行手段与制造业市场有相当的差异。在某种程度上，推销服务比推销产品更困难。由于服务产品无法展示，服务在提供之前是无法直接接触和感觉的，推销人员只能用一些其他的方法来令顾客相信服务的特性和质量，为其可能的出色质量提供证据。推销产品与推销服务的具体差异见表4-3。

表4.3 推销产品与推销服务的差异

消费者对服务采购的看法	顾客认为服务业与制造业相比，服务业缺乏一致的质量。 采购服务比采购产品的风险高。 采购服务似乎总有比较不愉快的经历。 服务的购买主要以某一特定卖主为考虑对象。 决定购买一项服务时，对该服务提供者的了解程度是一项重要的因素。
顾客对服务的采购行为	顾客对于服务不太作价格上的比较。 顾客对服务的某一特定卖主给予较多关注。 顾客受广告的影响较小，受其他人介绍的影响较大。

续表

服务的人员销售	在购买服务时,顾客本身的参与程度很高。 推销人员往往需要花很多的时间来说服犹豫不决的顾客。

资料来源:曹礼和,邱华. 服务营销[M]. 武汉:武汉大学出版社,2004

(二)服务人员推销的指导原则

1. 强调与消费者的个人关系

服务企业员工和消费者之间良好的个人接触,可以使双方相互满足。服务企业以广告方式所表达的对顾客利益的重视,必须靠真实地给予顾客个性化的关心与协助来实现。

2. 提供专业化服务

大多数的服务交易中,服务企业若能以专业方法来处理,那么顾客会更加相信服务企业有提供预期服务结果的能力,也会更加地确信服务提供者对于其服务工作能够胜任(如对该服务的知识很充分)。他们在顾客眼中的行为举止必须是一个地道的专家。因此,服务提供者的外表、动作、举止行为和态度都必须符合顾客心目中一名专业人员所应有的标准。

3. 丰富销售方式

服务企业可以根据自身产品的特点、服务人群的不同,采取丰富灵活的销售方式;推广和销售有关服务,并协助顾客们更有效率地利用各项现有服务,以创造延伸需求;利用见证人与意见领袖影响顾客的选择过程(如保险代理业、旅行社、投资顾问、管理咨询、观光导游业);自我推销方式,包括对公众演讲、参与社区事务、加入专业组织以及参加各种会议讨论和课程等。

4. 维持有利形象

有效的营销有赖于良好形象的创造与维持。营销活动(如广告、公共关系)是要建立被人关注的个人或企业形象,而且与广大消费者心目中所期望的形象相一致。现有的顾客和潜在顾客对服务企业及其员工的印象,将对他们的购买决策起很大作用。而消费者往往从企业推销人员的素质判断该服务企业的优劣。推销人员的礼仪、效率、关心度和销售技巧,都会影响或提高既有的企业形象。

5. 销售多种服务而不是单一服务

在推销核心服务时,服务企业可从核心服务周围的一系列辅助性服务中获得利益。同时,这也使顾客采购时较为简易、便利。组团旅游服务就是一个典型的例子,旅游中包含交通、餐饮、住宿等一系列的服务可以合并成为只需消费者进行一次购买的服务。

6. 简化采购

当消费者对某些服务产品的概念不容易了解的时候,比如像购买房子这样不经常采购的产品，或者是在经受重大感情压力之下需要做出购买行为（殡葬服务等）时，专业服务销售人员应积极主动，使顾客的购买和使用过程简易化，以专业方式帮助顾客并做好一切，尽量避免对顾客提出各种要求。

三、服务公关

公共关系活动是指某一组织为创造良好的社会环境，争取公众舆论支持而采取的政策、行动和活动，即主要使用协调、传播、沟通等方法，以创造良好的公共关系状态为目的的一种信息沟通活动。公共关系活动这一要素可以评估公众态度，识别可能引发公众关注的事件，执行可赢得公众理解和认可的方案，它也是企业营销公关组合中的关键环节。与广告和人员推销一样，公共关系同样也是一种重要的促销方式。服务企业在开展各种活动的时候，不但需要考虑自己与消费者的利益，还应当考虑到那些可能受公关活动影响的其他公众的利益。

（一）服务公关的职能

服务公关在企业中主要指的是通过消费调查、预测、分析，有针对性地对消费者进行消费教育和引导，完善消费服务，从而组织消费、创造消费。许多服务业都很重视公关工作，尤其对于营销预算较少的小型服务公司。公关的功能在于它是能够获得展露机会而花费又较少的方法，而且通过公关宣传可以建立市场知名度和消费者偏好，影响市场目标群体，建立有利于表现产品特点的企业形象。此外，服务公关还可以帮助企业研发新产品，帮助成熟产品进行再定位。

目前随着公关宣传的日渐增长，它还有助于完成下述任务：

1. 协助新活动的启动

公关宣传能够帮助服务企业树立一个良好形象，从而可以使其以一种令消费者信服的方式向社会推荐其创新型或风险型产品。

2. 树立和维持良好的形象

服务企业或其提供的某项优质服务若有机会成为新闻媒体报道宣传的内容，吸引消费者的关注，则有助于建立品牌高品质、高信誉的形象，更多地吸引消费者。在企业形象竞争中，即企业及其产品接受公众评价、优胜劣汰的过程，服务企业通过公关宣传，能够使公众了解企业，取得公众的信任与好感，并在此基础上形成良好的企业形象，提高企业的竞争能力。

3. 增强企业内在凝聚力

企业的发展需要依靠企业内部全体人员的积极性和创造性的发挥。企业内部的部门之间、人员之间的误解与冲突，直接影响和制约着企业营销活动的效果。通过公关活动所形成的良好企业形象也能增强内部员工的荣誉感和责任感，从而增强企业的凝聚力。

（二）服务公关的宣传工具

1. 宣传报道

宣传报道是企业向公众介绍新服务的重要工具。它通过发表免费新闻消息或肯定的评价帮助广告商来解释新服务产品的新颖之处。宣传报道的信息要想被新闻单位采用，信息必须实事求是、真实可靠而且应包含媒体和受众都会感兴趣的内容。如果宣传报道中的信息能够投媒体之所好，它就一定会被媒体所采用。这样就推动了消费者对新服务的认知。

2. 事件赞助

公关经理可以通过赞助有足够新闻价值的事件或社区服务实现新闻覆盖率，同时可以达到提高服务企业品牌知名度的目的。尤其是赞助公益事业，如举办体育文化活动、开展扶老助残助学活动等，既可以引起社会公众的关注，同时也向社会表明了企业的社会责任感，从而起到广泛而深刻的宣传作用，赢得社会公众的良好评价和有利支持。

3. 国际互联网网站

使用国际互联网网站作为公共关系工具是促销活动中的一个新现象。公共关系人员发现这些网站是发布服务信息、发展战略联系以及取得经济收入的有利工具。企业的新闻发布、技术文献以及产品信息有助于新闻界、消费者、潜在购买者、行业分析家、股东等群体了解企业的产品或服务。网站也是新服务推广和改进的公开论坛，并可以获得访问者的反馈信息。

4. 公益广告

公益广告是企业或社会团体向消费者阐明它对社会的功能和责任，表明自己追求的不仅仅是从经营中获利，而是过问和参与如何解决社会问题和环境问题这一意图的广告。公益广告具有扩大企业知名度、赢得公众好感与支持的作用。以新闻方式表达，而不是以直接销售或广告方式，更容易被消费者所接受。

四、销售促进

公共关系提供的是企业形象，广告促销提供的是购买理由，而销售促进提供的是购买刺激。销售促进是企业为了刺激产品或服务的购买与销售，运用各种短期诱因鼓励消费者和中间商购买、经销本企业产品和服务的促销活动。

销售促进活动可以采用促销技术来增加顾客对直接降价的兴趣和兴奋感，或者激励顾客在没有直接降价的情况下采取特定的行动。销售促进具有针对性强、灵活多样的特点，可以是一次性的，也可以是多次的、不定期的。这些方法包括样品赠送、价格或数量促销、优惠券、未来折扣补贴、礼品赠送和有奖促销等。

（一）样品赠送

样品赠送是指将服务产品免费提供给消费者使用的销售促进方式。在绝大部分的促销方法中，消费者通常须完成某些事情或符合某些条件，才可取得产品或获得馈赠。样品赠送这一销售促进手段则不同，消费者无需具备什么条件即可得到产品。样品赠送给了顾客一个免费试用服务的机会，例如信用卡公司可以向信用卡持有者提供信用卡保护计划中的一个月免费试用。

（二）价格或数量促销

价格或数量促销如果被视为短期促销而不是长期的促销，那么就只应该在有限的时段内提供。例如许多餐饮企业或者美容美发行业向顾客提供打折卡，前提条件是消费者要在特定的时间范围内消费。这样的策略有助于企业迅速建立一个基础消费者群，同时也可以提高现金流入。

（三）优惠券

优惠券是指给予持券人某种特殊权利的优待券（如赊购物品或享受一定折扣的优惠）。它通常采用以下三种形式：直接的降价、与最初购买者同来的一个或多个顾客可享受折扣或费用减免（如第两张半价优惠的戏票）、或在基本服务的基础上提供免费或有价格折扣的延伸服务（如在每次洗车时提供免费打蜡）。传统上优惠券被印刷在报纸和杂志上或者通过直邮方式发送给顾客。近几年，由于手机上网的公众迅猛增加，越来越多的企业提供手机软件上可打印或直接出示给商家的优惠券，以方便消费者的使用。

【实例4-4】

维络卡：刷出的优惠券营销

在维络卡推出之前，用户只能通过网络打印或者商店派发的优惠券进行消费，不仅存在网络盲区，而且商户的优惠券回收率很低。现在只要消费者拥有一张通过手机号码激活的维络卡，在维络城的终端机上扫描一下，这个采用了无线射频识别技术（RFID）的卡，就可以让消费者点击商家图标，挑选自己满意的打折商品并把优惠券打印出来。

从吃什么到根据优惠券的信息选择去哪儿吃，就是这样一张小小的卡，将商户的打折优惠信息直接对接到了个人用户，开始影响一些年轻人的消费习惯。维络城的营销创新模式就在消费者与商家的双向诉求中应运而生。

据统计，2008年维络卡共刷出2000万张优惠券，2009年暴增到8000万张，优惠券的回收率接近20%，平均每张优惠券拉动了50元的消费。

实际上，优惠券只是一个载体。维络城构建的是一个精准营销的服务平台，即通过非接触式的互动，把互联网上的内容延伸到城市空间；同时借鉴互联网模式为商家提供服务并收取费用。

之所以不采用电子优惠券，而是坚持通过终端打印，维络城有自己的考虑。维络城认为，零售行业已经证明"带券"消费是最好的一种模式。在此之前，到网站下载优惠券、街边随意发放的优惠券是消费者获取折扣的主要途径。但是在现实生活中，为统计销售数据，可回收的纸质优惠券远比"拿着手机给商家看一眼"的电子优惠券更方便。

另一方面，与同为纸质凭证的街边"随意发放"的优惠券相比，由维络城打印出来的优惠券显然不那么"随机"。据商家统计，维络城优惠券的回收率为17%~18%，有的商家达到30%。而"随机发放"的优惠券的回收率通常为5%，最高超不过10%。

维络城正在用这样的方法提高优惠券的派发效率和营销精准度：从被动"收券"到主动"选券"，用户对自己花费时间挑选的东西会更加看重；从"拦截派发"到"固定派发"，用户知道一直有优惠券在某个地铁口的终端等自己，对商家的信任度和黏度会在无形之中提高。

目前与维络城合作的商家，续签率高达80%。上千个服务终端以庞大、精准的数据库为依托，使得维络卡比传统的广告更精准，又比线上营销更靠近消费者和消费场所，形成了维络城独有的优势。

（资料来源：http://info.ceo.hc360.com/2012/08/170835209480.shtml，编者略有删改。）

（四）未来折扣补贴

未来折扣补贴经常被竞争性市场上诸如航空公司、酒店和汽车租赁公司等广泛用来刺激那些频繁外出旅行的消费者保持品牌忠诚。他们首先与加入某一个特定的常客计划的消费者进行签约。这类折扣采取一系列分阶段奖励的形式，如提供免费的服务升级（如提供头等舱标准的服务、房间更大、汽车更好、免费的陪同票等）。

（五）礼品赠送

礼品赠送常常用于为存在时间较为短暂的服务增加有形的要素和为赞助企业提供一种独特的形象。这种促销尤其在银行和保险行业提供的服务当中很难进行差别化。银行定期会向储户提供金额大小逐步累进的礼品，从厨房用品到床上用品、手机等，作为对不同的最初存款额的回报。如果消费者能在较长的时间中把他们的存款放在银行里，这种方法可能比提供存款利率成本更低。为了鼓励储户增加信用购买额或把其应付款项集中在一个账户中,银行会尝试另一种方式的促销活动,即提供不同种类的奖品给那些在一个给定时段内应付款超过一定金额的储户。

(六)有奖促销

有奖促销引入了机会这个要素。像抽签中奖,这种方式可以有效地增加消费者对服务经历的参与感和兴奋感,以至于可进一步鼓励顾客增加对服务的使用。例如每当重大节日或者大型活动(奥运会、世博会等)举办期间,很多快餐店会开展与此相关的抽签中奖的促销活动,给所有的消费者一张或多张兑奖券(取决于订单的大小),刮去兑奖券上的覆盖层,就可以知道中奖的种类。

市场竞争越是激烈,就越是需要采取有力有效的促销活动促使消费者理解、接受服务企业的服务。促销能够刺激销售增长,加快新服务的创新,加速人们接受新服务的过程。

本章小结

定价目标是指企业通过价格制定以求达到的企业目标。它既是定价决策的首要内容,又在某种程度上决定了价格决策其他内容的考虑和选择。由于每个企业所处的内部条件和外部经营环境不同,针对不同的时期、不同的目标市场,各企业价格决策的具体目标是多种多样的。综合来看,定价目标主要分为两大类:利润导向目标和数量导向目标。

当今市场营销活动中,越来越多的企业认识到服务定价是服务营销组合中的重要因素之一。定价是否合理直接关系到企业的发展前景。影响服务产品定价的因素主要有三个方面,即成本、需求和竞争。其中,服务产品的成本可以分为三种,即固定成本、变动成本和准变动成本。需求因素中的需求弹性分为需求的收入弹性、价格弹性和交叉弹性。而服务的无形性迫使顾客在消费时采用各种各样的参照系,其中竞争者的同类服务就是最佳参照物之一;服务的同质性使这种参照更加容易导致激烈的价格竞争。

服务促销是指企业通过各种营销手段,向消费者传递服务产品的有关信息,以实现服务产品生产市场与目标市场的有效沟通,从而影响消费者购买行为和消费方式的活动。服务营销的主要促销目标是:建立对该服务产品及服务公司的认知和兴趣;使服务内容和服务公司本身与竞争者产生差异;沟通并描述所提供服务的种种利益;建立并维持服务公司的整体形象和信誉;说服顾客购买或使用该项服务。服务促销与产品促销在很多方面也是存在差异的。

服务企业可以通过一系列的营销手段向顾客提供各种信息,将其服务有形化,从而让顾客了解,而促销是达成此目的的最直接方法。促销能够帮助服务企业进行顾客服务的定位,建立企业与顾客之间的联系。促销组合包括广告促销、人员推销、公关宣传和销售促进。

思考题

1. 简述服务定价的目标是什么。
2. 列举影响服务定价的因素有什么。
3. 试述服务促销的目标。
4. 服务促销与产品促销的差异有哪些?
5. 论述服务企业可采取的促销组合,并举例说明。

第五章　服务业的经济核算

服务的特点决定了服务业核算的特殊性。根据服务业生产活动的性质，其产出分为市场产出、自给性产出和非市场产出等三种。服务业核算分类的理论依据比较具有代表性的主要有两种：一是卡托坚（M. A. Katouzi-an）的"三分法"，二是辛格曼（Singelmann）的"四分法"。按照国际产业标准分类的原则，服务业的四大门类分别是消费者服务业、生产者服务业、分配服务业和公共服务业。服务业核算中，克服服务业价格指数模糊性的问题已十分重要。目前服务业统计工作相对薄弱，对服务业的发展规模、活动成果的反映有很大的局限性，不能完整反映服务业发展的全貌，已明显不适应服务业发展的需要。因此，通盘考虑服务业统计制度方法改革，改进服务业核算方法，建立健全服务业基础统计，已日益成为摆在各级政府统计和部门统计面前的紧迫任务。

第一节　服务业的核算方法

一、国民经济核算与服务业核算

（一）中国国民经济核算模式的演变

国民经济核算简称国民核算（National Accounting），是指通过一系列的科学核算原则和方法，把描述国民经济运行过程的部门、行业等收集整理的基本指标有机结合起来，反映整个国民经济运行状况的系统而详细的数据。我国国民经济核算原来实行的基本上是计划经济条件下的物质产品平衡表体系 MPS（System of Material Product Balances）。经过一系列改革，我国于1992年提出了国民经济核算体系的试行方案，标志着我国国民经济核算体系步入了国际一体化的国民账户体系 SNA（System of National Accounts）。1998年国家统计局在总结多年实践的基础上，制定了新的国民经济核算体系；2002年又进一步完善了国民经济核算体系方案，取得了新的发展。其演变过程可以划分为以下三个阶段。

(1) 恢复期：沿袭物质产品平衡表体系，即 MPS。我国改革开放之初，世界上还存在两种不同的国民经济核算体系，即 MPS 和 SNA。二者在生产范围、指标概念、定义和编制方法上，都有明显差异。文革之后，我国刚开始恢复国民经济核算初期，仍沿用 MPS 作为基本核算模式。当时计算的国民收入实际上是五大物质生产部门的净产值。由于 SNA 为市场经济体制国家采用，MPS 为计划经济体制国家所采用，而我国当时尚未明确提出要建设社会主义的市场经济，因此仍采用 MPS 核算模式。

(2) 改革期：研制混合体系。随着我国经济体制改革的不断深入和社会经济的发展，MPS 存在的一些局限性日益显现。因此如何学习与借鉴国际上的先进经验，探索建立符合我国国情的国民经济核算模式被提到了议事日程。1980年底，国家统计局举办了国民经济核算学习班。1984年国务院成立了国民经济核算统一标准领导小组，明确提出要建立统一科学的国民经济核算制度。1985年，国家统计局开始计算国内生产总值。1991年，国家统计局提出了——《中国国民经济核算体系（试行方案）》，经国务院批准，从1992年起在全国推行。《中国国民经济核算体系（试行方案）》借鉴了 MPS 和 SNA 的优点，采用板块式、积木式的结构，既能满足中国经济核算的需要，又可实现 MPS 和 SNA 之间的对比。

(3) 成熟期：向 SNA 全面转型。1992年党的十四大确立了建立社会主义市场经济体制的改革目标，预示着我国经济体制由计划经济向市场经济转变的改革拉开帷幕。另外，随着整个国际形势的变化，原计划经济体制的大多数国家向市场经济体制转变。1993年联合国统计委员会第 27 届会议通过决议，取消 MPS，在全球范围内通用 SNA。1993年，国家统计局停止了对 MPS 国民收入指标的核算，并对国民核算方案进行了重大调整。经过数年的实践，在总结经验的基础上，2002年国家统计局颁布了《中国国民经济核算体系（2002）》。至此，中国国民经济核算的模式实现了向 SNA 的全面转型。[①]

（二）服务业统计核算的历史变迁及现状

服务业统计核算是国民经济核算体系的重要组成部分，它所反映的信息是宏观经济决策和分析研究的重要依据，因此，服务业核算体系的建立及发展，不仅与经济形势的发展变化密切相关，而且与政治形势的发展变化密切相关，它是随着我国经济体制由计划经济体制到有计划的商品经济体制，再到社会主义市场经济体制的转变而变化的。服务业统计核算迄今为止已经历了三个阶段。

第一阶段为1952年至1984年。我国在此阶段采用的是 MPS 体系，是从

---

① 曾五一，许永洪.中国国民经济核算研究30年回顾[J].统计研究.2010年1月

物质生产领域来核算的，服务业中只反映交通运输邮电业和商业，是当时高度集中的计划经济管理体制下的历史产物，而没有反映包括大量服务业在内的非物质生产部门发展的情况，但是与当时社会的经济基础和生产力发展水平的需要是相适应的。

第二阶段为1984年至1992年。这一阶段是MPS和SNA两种核算体系共存阶段。1979年，我国开始实行经济体制改革和对外开放政策，经济体制和经济结构随之发生了明显变化，人们的思想观念也有了较大改变。此前的MPS及其总量指标体系越来越难以反映经济运行情况，难以满足国家宏观经济管理的需要，也不利于国际间进行对比。1992年我国各级政府统计部门按国家统计局制订的《中国国民经济核算体系（试行方案）》要求，顺应经济发展需要，正式建立服务业统计核算。在这一阶段，我国同时公布MPS体系的国民收入和SNA体系的国内生产总值，但仍然以MPS体系物质生产部门的国民收入指标为主。由于当时国民经济核算基础比较薄弱，服务业的行业划分还不能适应经济形势发展的需求。

第三阶段为1992年至今。随着国际政治经济环境变化和我国社会主义市场经济体制的不断发展，MPS在反映国民经济发展变化方面的缺陷和不足越来越明显，因此国家统计局于1993年取消了MPS体系，建立与联合国新SNA接轨的中国国民经济核算体系新版本。服务业行业分为批发零售餐饮业、交通运输业、金融保险业、房地产业和其他服务业等共十二个行业，但尚未建立系统的服务业统计报表制度。随着社会主义市场经济的不断深化，服务业的规模、结构和发展水平已发生了深刻的变化，服务业在国民经济中的地位也逐渐提高，传统的服务业统计方法已难以适应经济社会发展的需要，建立规范完善的服务业统计制度势在必行。

我国现行服务业统计主要采取常规统计和周期性普查这两种形式，其中以常规统计为主。常规统计分为两类：第一类是传统服务业，主要以部门统计为主，即除部分服务业统计（批发和零售业、餐饮业、房地产开发业等）由国家统计局负责外，其他如金融保险业、邮政电信业、交通运输业、文化、体育、教育、卫生等服务行业统计由有关业务管理部门负责；第二类是一些新兴服务业（如商务服务业、娱乐业、租赁业和居民服务业等）主要由国家统计局负责抽样调查。周期性普查由国家统计局负责、有关部门参与。迄今为止，服务业普查已进行了两次。第一次第三产业普查，调查了1991年和1992年各类服务业的发展情况；第二次是2004年全国经济普查，将第三产业普查纳入经济普查，对第三产业进行了全面调查。经国务院批准，全国经济普查每10年进行两次，分别在逢3、逢8的年份实施。服务业普查是经济普查的重要组成部分。服务业统计调查由国家统计局审批、国家统计局登记备案、国家统计局与有关部门联合制发等三种管理方式。

二、服务业核算数据的收集

服务业核算同 GDP 核算一样，分为年度核算和季度核算。年度核算和季度核算在基本概念、口径范围、核算原则上是一致的。受资料的限制，季度核算与年度核算相比，在资料来源、计算方法上有所不同。从行业分类来看，年度核算将服务业细分为 14 个门类（未包括国际组织）、47 个行业；季度核算参照新的《国民经济行业分类》将服务业分为 6 大类，包括 5 个国民经济行业门类和一个合并行业（其他服务业）。从资料来源来看，年度服务业增加值核算资料来源有两种渠道，一是统计系统资料，包括运输邮电、商品销售、住宿餐饮、房地产、城乡居民收支、价格等各专业年度资料以及经济普查年度 GDP 核算资料、投入产出资料等。二是部门资料，包括交通、税务、工商、财政、旅游、金融（包括人行、银监会、证监会、保监会）等部门年度收支决算、资产负债资料等。季度服务业增加值核算资料同样来自统计系统和各部门，有所不同的是，计算增加值所需要的是相关资料的季度累计数据，如批发和零售业增加值的计算，依据限额以上批发和零售业社会消费品零售总额季度累计数作为间接依据进行计算。从核算方法来看，年度服务业现价增加值核算按生产法和收入法两种方法计算，以收入法计算结果为准，不变价增加值核算采用物量指数外推法和价格指数缩减法（单缩法）计算；季度服务业增加值核算以生产法核算为主，即只核算季度各行业增加值总量，现价增加值核算主要采用增加值率法和相关指标推算法，不变价增加值核算主要采用缩减法和不变价增加值速度推算法。如季度批发和零售业现价增加值=上年同期本行业现价增加值×当期零售额现价发展速度×调整系数（上年年度本行业现价增加值发展速度/上年年度零售额发展速度），季度批发和零售业不变价增加值=现价增加值/商品零售价格指数（即缩减法）。

从理论上看，服务业核算数据的详细程度取决于分类的详细程度。从实践中看，则取决于统计局的资料来源状况和填报单位的填报管理负担。事实上，这两个因素决定了任何国家的服务业核算数据的好坏程度。统计部门通过使用尽可能多的管理信息以及更有效的调查技术（通常需要在重要的行业构造更多的样本），来努力克服资料来源与填报负担这两个问题。在估算短期相关服务业相关统计数据时，往往借助常规企业调查的补充资料。例如，英国统计局大量使用增值税数据来估算季度增加值总量。这些补充信息通常与比较全面但时效性较差的基准年份的企业调查数据配套使用。这意味着对于短期统计而言，速度数据要好于总量数据,尤其是在补充数据不全面的情况下更是如此。由于对于经济统计数据的用户而言,他们所关心的往往是速度,因此,这么做应该是可以接受的。

对于经济分析而言,最重要的是要统计数据确定出哪一特定的服务行业增长最快,特别是那些在 ICT(信息与通信技术)部门内的成分,以及服务业内政策关注的焦点部门。因此,服务业异质性给核算数据收集所带来的问题首先就体现在如何缩减不变价。服务业价格指数的测算往往比农业和工业更加困难,因为服务产品是无形的,其数量很难被观察到。其次,很多服务活动本身是一次性的,缺少历史数据参考分析,如研究与开发(R&D)服务等。再次,服务业的质量、服务提供过程中的生产率、服务活动自身等都变化非常快,市场上出售的服务的特性以及销售项目也随实践经常变动。更为困难的是,服务质量很难量化。例如,有人认为,广泛使用的自动提款机意味着服务质量提高了,在他们看来服务的速度提高了。有人却持相反观点,自动提款机的出现是部分替代了面对面形式的客户界面,但服务质量是下降了。最后,一些复杂的定价方式以及供应商将不同的产品捆绑在一起的销售计划,也使服务的定价更加复杂化。

克服服务业价格指数模糊性的问题固然十分重要,但此处的关键因素是要确保服务业价格指数在国内、国际都是一致的。欧洲统计局国民核算中的《价格与物量测算手册》为服务业价格与物量的测算提供了重要的参考。联合国城市小组(Voorburg 小组)近年来为某些特别服务行业复杂的定价问题提供讨论的论坛,以促进相关问题的解决。其中,服务业质量变化是 Voorburg 小组会议讨论的一个主要问题。Voorburg 小组的一项主要成果是形成了一个主文件,它描述了某个行业内最现实的定价技术,其中总结了目前各国是如何使用可行的并且是最适合他们国家情况的方法,来确定某行业价格指数。该文献以及各国通过 Voorburg 小组进行的国家间的交流,对各国形成新的 PPI(生产者价格指数)或是对现存的 PPI 进行评价都很有帮助。近些年,渥太华(Ottawa)价格指数小组特别致力于研究金融与电信服务、健康与社会服务以及其他一些与服务供应商越来越喜欢使用的复杂定价有关的价格指数问题。在21世纪初,OECD 与欧洲统计局联合成立了服务业价格短期统计工作小组,主要研究生产者价格指数。此工作小组一项询问显示,有 20 多个国家和地区在对服务业收集 PPI(生产者价格指数)。其中,中国是唯一不属于 OECD 而进行此工作的国家。需要注意的是,各国收集国内服务业生产者价格指数的方法差异很大。澳大利亚、日本、新西兰、英国和美国在此方面的统计最为成熟,覆盖了大量的产业,而绝大多数欧洲国家只在最近才刚刚开始编制服务业 PPI 的工作。大部分编制服务业生产者价格指数的国家设立了电信业、旅馆业、海运与航空运输业的生产者价格指数。许多国家将力量集中在计算机服务业 PPI 的编制，因为计算机服务对 GDP 的贡献很大而且会越来越大。由于商业服务业包含大量的产品，其统计口径也存在较大的问题。在这些国家中，英国在服务业 PPI 编制方面做得很好。它公布了汽车维修、旅馆、餐饮业、铁路商务旅费、铁路货运、公交车及大轿车租赁、公路货运、商用渡船等 31 个价格指数。另外，它还非常积极地在开发非市场产出的物量指数。在英国，如今超过半数以上的一般政府产出（与消费）都可以用物量指数进行测算。

最常用的构造价格指数的方法有：投入法、小时酬金法、收费率法、模型定价法、奢侈品价格指数法、物量指标法、产出价格指数法等。下面介绍几种常用构造价格指数的方法：

（一）投入法

投入法是根据生产过程中投入的价格变动来代替产出价格的指数。一个极端的例子是将缩减后的中消耗与最初投入之和作为不变价的总产出，通常被用来计算非市场产出。更常见的情况是，只就某一中间投入的价格进行测算。几乎在所有情况下，该指数都用服务业中相关行业的平均报酬率或是工资率来估算。另外，还有一些不涉及价格变动的投入法。这些方法与下面将要介绍的物量指标非常类似，旨在测算产出或支出的物量。但当物量指标法试图直接测算产出的物量时，基于物量指标的投入法却并不直接。产出是根据基年的产出和当年的投入指数来进行计算的；通过隐含的产出缩减指数来计算得到不变价的产品支出。在服务业中几乎所有的指数都是雇员人数。

投入法的最大优点就在于资料相对便于收集，其一个明显的缺点是无法测度生产率或（与产品相关的）质量的变化，特别是在就业指数或工资指数不能反映劳动力构成变化时更是如此。对于产品变化快的产业，以及产品同质性弱的产业，这些缺点更为明显。

（二）收费率法

收费率法反映的是标准类型的工作每小时或每天的支付率。如一个会计师或律师每小时的收费。收费率法可以在计时（计天）付酬的情况下使用，收费率法与小时酬金法的区别正如同单位价值指数与价格指数的区别。对小时酬金法而言其质量受产品同质性的影响，而对收费率法而言其质量则受产品代表性的影响。值得注意的是，收费率法并不是对产出进行报价，而是对每小时劳动投入进行报价，每小时劳动投入对应产出的不同是无法在收费率法中得到体现的。如果是对标准或非标准工作进行定价，不管完成其使用的时间，也不管完成的件数，那么，这种价格就是产出价格。

使用收费率法也比较容易收集资料,但它也无法反映生产率或质量变化。从缩减的角度来看,收费率法要优于小时酬金法,因为其隐含的同质性假设要求较弱,即只要求价格运动的同质性。从理论上讲,当产品分类到最细的时候,收费率法与小时酬金法得出的价格指数应该是相同的。在实际中,收费率法可能存在的问题是记录的支付率可能无法反映利润或中间使用。在这种情况下,收费率法与工资率法有近似之处。另外,收费率法存在着"目录价格"问题,即实际支付的价格由于折扣等原因与报价单中的价格相去甚远。

(三)模型定价法

模型定价法要求取得各价格指数典型产品(实际存在的或假设的)的报价。当产品同质性很差时一般使用模型价格,即产品今年与明年相差很远,特别是在某些领域产品几乎总是特有的。模型定价与收费率法的不同在于,前者是针对最终产品收集报价,后者是针对最终产品收集成本。从理论上,模型定价严格定义为产出价格的测量。但是,在实际情况中并不总是如此,有些国家将一些价格收集方法都定义为模型定价法,即只要对模型的一个或所有特性收集生产,事先定义产品所需的劳动投入时数的方法,都称为模型定价法。在这种情况下,如果模型不定期更新,就无法反映生产率的变动。事实上,当定义的特征完全建立在投入之上时,区分模型定价法与收费率法的意义不大。因此,此处定义的模型价格只应与产出的特征相联系,而不应与生产过程中的要素相联系。

与收费率法相比,模型定价法最大的优点就在于具有内在的一致性。因为模型定价法是对同一个项目或同一个产品定价,因此,理论上讲服务质量是不变的。同样,因为模型定价给出的是产品价格,故在理论上也不受生产率变动的影响。模型定价法的首要缺点是要定期更新。模型价格内在的稳定性,使其随着时间的推移对同一种产品进行定价,这就产生了代表性问题,特别是在产品变化迅速的领域。于是,为保持模型的代表性,模型需要定期的重新估计。模型定价法另一个不利表现在方法的复杂性往往使得填报单位很难提供模型定价中所需的资料。

(四)物量指标法

物量指标法试图直接来测算某一特定产品的产出或支出,于是对应的价格指数等于现价产出除以不变价产出。但这种方法对产品同质性的要求超过了任何其他一种方法,而且也不太可能考虑到产品质量变化的问题。

物量指标法的优点在于数据相对容易收集(如果可能定义的话),也考虑了生产率变动的影响。该方法的缺点表现在使用面比较狭窄。物量指标法比较适用于标准服务类型,因为其很难反映质量的变动,而且应该在可以接受的并有代表性的详细水平上进行。

(五) 产出价格指数法

产出价格指数测算实际合同价格的变动。理想的价格指数是实际服务价格扣除了所有的折扣、税收,不包括工厂内交易的出厂价。为了获取产出价格指数,统计部门首先需要与填报单位确定服务种类,并组织定期的特别调查来跟踪这些服务的价格。还要注意应该选取连续提供几年的服务,以确保价格不受质量变动的影响,在时间序列上是可比的。因此,这种方法对那些大多提供特有服务的部门来讲是有困难的。在实际采价时,可能会遇到多种价格。这时选取的价格必须能够反映实际的交易情况,必须把任何给予购买者的折扣考虑进去。产出价格指数法被认为是最好的方法,因为它直接测度产品价格。其缺点是需要借助特别的调查,这样做成本很高且很不容易组织。[①]

第二节 服务业的核算范围

一、服务业核算分类的理论依据

服务业这个大产业包括了各种类别的行业,其中许多行业在生产技术、功能、产业性质以及与经济发展的关系方面千差万别,所以对服务业进行分类是一个相当复杂的问题。国外经济学家、国际组织以及各国政府部门出于不同的需要,在服务业分类方面存在着较大的差异。从对服务业分类的各种理论研究来看,比较具有代表性的理论主要有两种:一是卡托坚(M. A. Katouzi-an)的"三分法";二是辛格曼(Singelmann)的"四分法"。[②]

(一) 卡托坚的"三分法"

1970年卡托坚根据罗斯托的经济发展阶段理论,根据在不同经济发展阶段的特点将服务业划分为新兴服务业、补充服务业、传统服务业等三种类型(俗称"三分法")。

1. 新兴服务业

"新兴"的概念是相对工业化后期来讲的,即罗斯托所谓工业产品的大规模消费阶段。新兴服务业是指工业产品大规模消费阶段以后出现的加速增长的服务业,包括医疗、娱乐、教育、文化和公共服务。这里的"新兴"不是指"新生",并不是说这些服务业之前不存在,相反它们在人类的各个发展阶段都存在,只是在工业化后期它们才出现加速增长的态势,成为具有普遍性消费需求的行业。

[①] 何德旭,夏杰长.服务经济学[M].北京:中国社会科学出版社,2009年2月
[②] 晁钢令.服务业分类统计核算研究[J].科学发展.2010年第10期

2. 补充服务业

补充服务业是相对于制造业而言的。这类服务与工业化有关，可以说它们是为工业生产和工业文明服务的，或者说它们是工业化过程的"随生物"。补充服务业的需求来自两个方面，一是与经济发展过程中城市化的进程有关，二是与生产分工的发展相关。主要包括金融、交通、通讯和商业；此外包括政府部门中与工业化过程有关的制度性安排所引起的服务，如法律服务、行政性服务等。

3. 传统服务业

传统服务业的含义有两种：其一是指服务的需求是传统的，即其需求在工业化以前就广泛存在；其二是指服务的生产方式是传统的，即"前资本主义生产方式"。而随着资本主义生产方式的深入发展，传统服务业的重要性也在不断降低。家仆服务和传统商业就是这类服务的代表部门。值得注意的是，在发达国家传统服务业比重下降的同时，发展中国家却出现了传统服务业就业超过工业就业增长的情况。

卡托坚的分类方法主要强调服务业发展与经济发展之间的关联性，指出了服务业内涵与外延是随着经济发展的水平而不断变化和延伸的，同经济发展的需要相适应，又对经济发展起着重要的推动作用。

（二）辛格曼（Singelmann）的"四分法"

1975年，经济学家布朗宁（Browning）和辛格曼（Singelmann）在国际标准产业分类（ISIC）的基础上，根据各服务行业的服务对象及其服务需求，将服务业分为"消费者服务业"（包含招待与食品服务、私人服务、娱乐与消遣服务、杂项服务），"生产者服务业"（包含企业管理服务、金融服务、保险服务、房地产服务），"分配服务业"（包含运输与储藏、交通与邮电、批发与零售）等三种类型。1978年，辛格曼在1975年分类的基础上，又将服务业进一步细分为流通服务、生产者服务、社会服务和个人服务等四种类型（俗称"四分法"）。

1. 流通服务

流通服务是指与第一产业和第二产业连接起来，也即商品从原始自然资源经过提炼、加工、制造，最后销售到消费者的一个生产、流通和消费的完整过程。由于这种联系可以预见，流通服务必然随商品规模的扩大而增长。

2. 生产者服务

生产者服务业的服务中大部分是作为商品生产的中间投入，另外有一些是为最终消费者服务的，但其重要性和规模远不及作为中间投入的成分。作为商品生产中间投入的这类部门一方面会随商品生产规模的扩大而发展；另一方面，它们也会随着专业化程度的加深和产业组织的复杂化而不断由商品生产企业中"外部化"出来而扩大。

3. 社会服务

对社会服务和个人服务的需求主要来自消费者对它们的直接需要，它们的发展主要为最终需求所推动。社会服务具有公共需求的特性，这种需求是物质文明高度发展的产物，由此可见，社会服务的发展是在一定生产力发展水平上的产物。

4. 个人服务

个人服务主要来自最终需求，它们大多是传统服务业，一般特点是规模小、分散经营、人力资本和物质资本投入少、技术含量低。在由工业社会向"后工业社会"转型的过程中，有个人服务不断下降、社会服务不断上升的趋势。

布朗宁和辛格曼的分类方法主要是依据服务业不同行业的功能与性质，而且是以其主要服务对象的需求来确定其功能性质的，同实际运作中的行业系统划分最为接近。后来，西方学者将布朗宁和辛格曼的分类法进行综合，提出了生产者服务业、分配性服务业、消费性服务业和社会性服务业等服务业的四分法，其内容大体上与辛格曼的分类法相同，但在二级分类中存在细微差别。这种分类方法因其有较强的应用价值而被普遍接受和采用。

二、国际服务业核算范围

国外服务业在实际运作中的分类方法有很多，例如：联合国的《全部经济活动的国际标准产业分类（ISIC）》、《产品总分类》、《扩大国际收支服务分类》和《国际商品贸易分类》；国际货币基金组织的《国民帐户体系》和《国际收支手册》；经济合作组织和欧洲统计局联合颁布的《联合贸易分类》；世界贸易组织的《关税及贸易总协定》中制定的"国际贸易服务分类表"；国际标准化组织（ISO）制定的 ISO9004—2 国际标准中的服务分类；美国、加拿大、墨西哥联合制定的《北美产业分类体系（NAICS）》；以及美国普查局 2002 年颁布的《北美标准产业分类》等等。这些分类方法基于不同的时代与环境条件，适应于不同的国家、地区及国际组织的需要。其中《全部经济活动的国际标准产业分类（ISIC）》和《北美产业分类体系（NAICS）》相对影响较大，是目前国际上比较权威的两个服务业分类标准。

（一）联合国的国际标准产业分类（ISIC）

1958 年，联合国制定了第一版的《全部经济活动的国际标准产业分类（ISIC）》，其中有关服务业的一级分类有四类，包括：商业，交通，仓储和通讯业服务业，其他；以下涵盖 14 个二级分类。1968 年联合国对《国际标准产业分类（ISIC）》进行了一次修正，但基本框架不变。1989 年又进行了一次修正，产生了第三版的 ISIC。在这次修正中，对服务业的分类结构有了很大的变动。

服务业的大类增加为 11 类，包括：商业及零售业，酒店旅游业，交通、仓储和通讯业，金融中介，房地产、租赁和经济活动，公共行政与国防，教育，医疗及相关社会服务，其他社会社区服务，家庭雇佣服务，国际及跨国组织；以下还涵盖 19 个小类。这次修正反映了服务业迅速发展及其在经济活动中重要性增强的国际背景。

21 世纪以来，随着网络与信息技术的发展，服务业的功能与性质又发生了很大的变化，联合国在 2007 年重新发布新修订的第四版《国际标准产业分类（ISIC）》，并要求于 2015 年前正式应用于各国的国民统计核算。在第四版的 ISIC 中新增了信息和通讯业、行政管理及相关支持服务、科学研究和技术服务、艺术和娱乐，以及其他服务业等五个大类，使服务业的大类增加至 15 个。标准产业分类法是一种典型的行业分类方法，其侧重于行业的功能性质与组织基础，是最适合于统计数据采集与行业管理的一种分类方法，因此成为各国在服务业统计分类中所普遍采用的一种方法。

（二）北美产业分类体系（NAICS）

1997 年，以美国为首，包括加拿大、墨西哥等国开始使用一种新的产业分类法，称"北美产业分类体系"（简称 NAICS）。这种分类方法与联合国的 ISIC 有很大的不同，它反映了 20 世纪 80 年代以来服务经济理论的一些新研究成果：首先，该分类法完全从生产（供给）角度依据生产技术分类，如将计算机软件的大规模制造划入制造业而不是服务业；其次，该分类方法将信息业的重要性空前地提高了，同时也将通讯业的范围进行了扩展；最后，该分类法充分反映了技术变革与分工在发达国家和信息化时代的深化。北美产业分类体系中一级产业部门由原来的 10 个扩展到 20 个，其中重要的变化是：一是将信息产业的硬件部分在制造业中建立了一个部门，原在制造业中的出版业划入新设立的信息业，原在服务业中的弹性生产（Custom-manufacturing）划入制造业；二是建立了"信息业"这一独立的一级产业，具体包括报纸、书籍、期刊、计算机软件、广播、电视、通讯业和影印制造业；三是将原先的"服务业"分解为 11 个一级部门，即信息业、金融保险业、房地产及其租赁业、专业和科学技术服务、企业管理、行政管理及废物处理和修理服务业、教育、医疗、娱乐、居住和食品服务，以及其他服务业。

表 5.1 NAICS 与 ISIC 产业分类对比

新编号	NAICS 分类	ISIC 分类
22	公用设施	交通通讯与公用设施
48~49	交通与仓储	
42	批发业	批发业

续表

新编号	NAICS 分类	ISIC 分类
44~45	零售业 居住和视频服务	零售业
52 53	金融和保险 房地产及其租赁	金融保险和地产
51 54 56 61 62 71 81	信息业 专业、科学和技术服务 行政管理、废物处理和修理服务 教育 医疗及相关社会服务 艺术与娱乐 其他服务	服务业
92	公共行政（政府）	公共行政（政府）
55	企业管理	

资料来源：美国国家统计局。晁刚令. 服务业分类统计核算研究[J]. 科学发展. 2010年第10期

通过比较可以发现，在 NAICS 体系中，主要的新增产业部门为：

（1）信息业。信息业是指生产、传播和提供信息的部门，还包括提供数据处理服务的部门。具体有书报期刊、广播、电影音像制造与出版、数据处理和信息服务等等。

（2）房地产及其租赁业。这个部门从原来的金融服务业分出，由于租赁业包括机器设备以及其他资本品的租赁，所以它还包括原属于保险、交通和公用设施等部门的经济活动。

（3）专业科技服务。按照"生产导向"原则，这个部门包括"主要投入是人力资本"的经济活动。包括法律服务、会计服务、建筑工程服务、广告服务、专业设计服务、计算机系统设计、管理咨询服务、R&D、兽医服务等。

（4）行政、支持和废物处理。这个部门是原社会服务的一个部分，属于较为新兴的辅助性行业。包括办公行政服务、设备支持服务、就业服务、经营支持服务、旅游服务、投资服务、保安服务和废物处理等。

（三）对国际上服务业分类方法的评价

从国际上对服务业的各种分类方法及其演进来看，我们可以得到这样一些印象：不同的服务业分类方法实际上是出于制定（或提出）者的不同需要或目的，或是为了进行经济统计和行业指导（如"国际标准产业分类"），或是为了

反映服务产业的发展与演进（如 M. A. Katouzian 的"三分法"），或是为了调整观念和进行市场细分（如辛格曼的服务业"四分法"）。因此相互之间并无可比性，也不存在取舍问题，主要取决于使用者自身的需要和目的。基于服务业的功能性质及组织形式的产业分类法应当是服务业分类的基本方法，任何分类方法都必须以产业分类法为基础，所不同的只是各服务产业功能性质或内部结构的变化与发展，以及服务产业种类的增加与减少。其他分类方法只是对服务产业从不同角度所进行的不同解释而已。服务业按行业的分类（一般为二级分类或三级分类）是服务业分类中最为基础的部分，也是最为活跃的部分。因为服务行业的功能性质与组织形式会随着经济活动、科学技术以及社会环境的发展而发生相应的变化，其分类也就必然要发生相应变化。而出于不同需要和基于不同视角的理论分类方法（如"四分法"或"三分法"等）则会相对稳定，因为其体现了理论上的高度抽象。[①]

三、国际服务业分类体系

经过第三次修订后的 ISIC，其统计单位为活动类型（kind of activity），采用四级结构：一级为 17 个类别（categories），以一位字母 A～Q 编码；二级为 60 个类（divisions），以二位数字编码；三级为 159 组（groups），以三位数字编码；四级为 292 个小类（classes），以四位数字编码。国际标准产业分类最细层次上小类的类别，是根据大多数国家统计单位中所习惯的活动组合来描述的，而在组和类的层次上，即在相继更宽的分类层次上，则是根据生产的特征、技术组织及财务来合并统计单位。目前，ISIC 包括一项派生分类，即欧洲共同体内部经济活动的一般产业分类（NACE）；以及两项相关分类，即澳大利亚及新西兰产业分类（ANZSIC）和北美产业分类体系（NAICS）。ISIC 与联合国的中心产品分类（CPC）、国际贸易标准分类（SITC）、商品统一分类及编码系统（HS）一一对应。国民账户体系（SNA）也是采用 ISIC 来描述经济活动的细目分类。

按照国际产业标准分类的原则，服务业的四大门类分别是：消费者服务业（在我国称为消费性服务业），即消费者在市场上购买的、满足其最终需求的服务，主要包括娱乐、休闲、旅馆等；生产者服务业（在我国称为生产性服务业），即生产者在市场上购买的、被企业用于生产商品与其他服务的中间服务，主要包括金融、保险、房地产等；分配服务业，即消费者和生产者都需要的、为获得商品和供应商品而购买的服务，主要包括批发零售、交通运输、仓储等；公共服务业，即由政府和非政府组织提供的以非营利性质为主的公共服务。

---

① 晁钢令.服务业分类统计核算研究[J].科学发展.2010 年第 10 期

随着新产品的不断出现以及某些服务业部门的重要性不断增强，特别是信息通信技术业（ICT 行业），国际产业标准分类系统也在随之进行更新与修订。很多修订都集中在对 ISIC 中服务业的修订上。此外，由于世界各国的经济、技术发展等存在极大差异，各国在 ISIC 的应用与更新方面，同样也存在着很大的差异。就世界范围来讲，对 ISIC 的修订还只是处于酝酿讨论阶段。但是在欧盟、北美对标准产业分类的修订已经迈出了极大的一步，特别是北美产业分类体系（NAICS-1997）的完成，提供了测度北美三个国家经济中所发生的结构和技术变革的手段。美国统计机构不仅首次公布了信息部门的数据，而且对以往在 SIC（美国标准产业分类）中从未做过鉴别确认的服务产业也进行了测度。同时，NAICS-1997 采取了六位数系统，即在第五位数上三个国家采用了标准化的编码，而在第六位数上允许美国、加拿大、墨西哥的编码各不相同。NAICS 不仅为北美三个国家提供了五位数层次上的可比性，在第六位数上对 NAICS 产业的再分类也满足了使用者在各自国内的需要，提高了整个系统的灵活性。

第三节　中国服务业核算实践

一、服务业的范围、生产核算分类的变化以及核算现状

（一）服务业的范围

中国从 1985 年开始国内生产总值生产核算，服务业生产核算作为国内生产总值生产核算的重要组成部分，也从那时开始。中国从 1989 年开始试行，1993 年正式开始国内生产总值使用核算，服务业使用核算作为国内生产总值使用核算的重要组成部分，也从此开始。1985 年 3 月 19 日，国家统计局向国务院提交了《关于建立第三产业统计的报告》（李成瑞，1986），提出了三次产业分类和建立第三产业统计及国内生产总值核算的必要性。国务院批准了这个报告。报告对三次产业作了如下划分[①]：

第一产业：农业（包括农业、林业、牧业和渔业）。

第二产业：工业（包括采掘业、制造业、自来水、电力蒸汽、热水、煤气）和建筑业。

第三产业：除上述第一、第二产业以外的其他各业。

报告认为，第三产业包括的行业多、范围广，可划分为两大部分：一是流

---

① 许宪春.中国服务业核算及其存在的问题研究[J].经济研究.2004 年第 3 期

通部门,二是服务部门,具体又可分为四个层次。

第一层次:流通部门,包括交通运输业、邮电通讯业、商业饮食业、物资供销和仓储业。

第二层次:为生产和生活服务的部门,包括金融保险业、地质普查业、房地产业、公用事业、居民服务业、旅游业、咨询信息服务业和各类技术服务业等。

第三层次:为提高科学文化水平和居民素质服务的部门,包括教育、文化、广播电视事业、科学研究事业、卫生、体育和社会福利事业等。

第四层次:为社会公共需要服务的部门,包括国家机关、政党机关、社会团体以及军队和警察等。

在这种分类中,各种类型服务业都划入了第三产业,所以从1985年起,在中国国民经济核算中,第三产业一直是服务业的同义语。

2003年,国家统计局废止了上述划分,根据2002年新颁布的《国民经济行业分类》(国家质量监督检验检疫总局,2002),对三次产业进行了重新规定(国家统计局,2003)。新规定的三次产业划分范围如下:

第一产业是指农、林、牧、渔业。

第二产业是指采矿业、制造业、电力、燃气及水的生产和供应业、建筑业。

第三产业是指除第一、二产业以外的其他行业。它包括:①交通运输、仓储和邮政业;②信息传输、计算机服务和软件业;③批发和零售业;④住宿和餐饮业;⑤金融业;⑥房地产业;⑦租赁和商务服务业;⑧科学研究、技术服务和地质勘探业;⑨水利、环境和公共设施管理业;⑩居民服务和其他服务业;⑪教育;⑫卫生、社会保障和社会福利业;⑬文化、体育和娱乐业;⑭公共管理和社会组织;⑮国际组织。这15个服务行业均为新《国民经济行业分类》中的门类。在这一规定中,国际组织不属于我国的常住单位,不应纳入服务业的范围。同时这一规定的附件把农、林、牧、渔等的服务业明确列入第一产业。从而服务业与第三产业在这两个方面出现了差别,但两者在基本范围方面是一致的。同时,由于农林牧渔服务业增加值的规模不大,如果不考虑在国际组织方面的差异,两者间在数量上的差别也不明显。

(二)服务业生产核算分类及其变化

历史上,受资料来源的限制,服务业生产核算的分类与国民经济行业分类标准一直存在着一定的差距,目前也仍然如此。服务业分类及其变化,也就是指服务业生产核算的分类及其变化。

1985年至1993年,服务业生产核算的基本分类如下:①运输邮电业;②商业饮食业、物资供销和仓储业;③金融保险业;④房地产业;⑤服务业;⑥公用事业;⑦科教文卫体育福利事业;⑧国家机关、政党机关和社会团体;⑨其他行业。其中的"服务业"是一个窄口径的服务业，它包括居民服务业、咨询服务业、农林牧渔服务业、地质勘察业、水利管理业和综合技术服务业。这一分类是以我国于1984年颁布的《国民经济行业分类和代码》（国家计划委员会等四委局，1984）为基础，并结合我国当时的实际资料来源情况制定的。

1994年以后，根据国家技术监督局颁布的《国民经济行业分类和代码》（国家技术监督局，1994）和我国资料来源的实际情况，国家统计局对服务业生产核算的分类进行了调整。调整后的产业部门包括12个一级分类和18个二级分类（国家统计局，1994）。这12个一级分类是：①农林牧渔服务业；②地质勘察业、水利管理业；③交通运输、仓储及邮电通信业；④批发和零售贸易、餐饮业；⑤金融保险业；⑥房地产业；⑦社会服务业；⑧卫生、体育和社会福利业；⑨教育、文化艺术及广播电影电视业；⑩科学研究和综合技术服务业；⑪国家机关、政党机关和社会团体；⑫其他行业。目前仍在采用这一分类。下面是1994年前后服务业生产核算一级分类对照表。

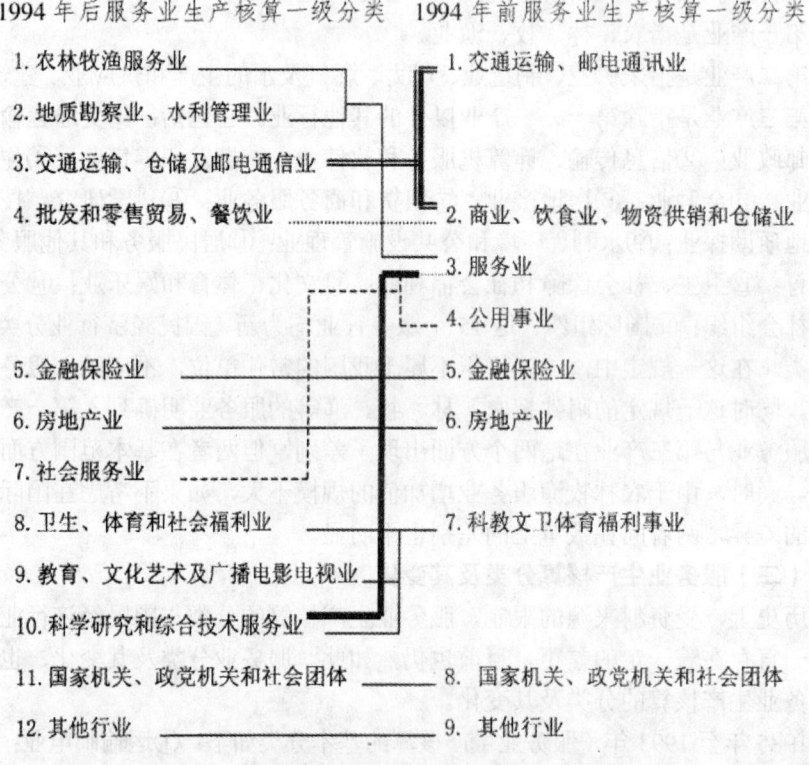

图5.1　1994年前后服务业生产核算一级分类对照图

资料来源：许宪春.中国服务业核算及其存在的问题研究[J].经济研究.2004年第3期

从表中可以看出，1994年前后服务业生产核算一级分类之间的主要区别表现在以下几个方面：

（1）1994年后的行业分类单列了农林牧渔服务业和地质勘察业、水利管理业，1994年前的行业分类没有单列这两个行业，它们包括在"服务业"中。

（2）1994年后的行业分类把仓储业与交通运输和邮电通信业放在一起，1994年前的行业分类则把仓储业与商业、饮食业、物资供销业放在一起。但是，这种区别实际上只是名义上的区别，在实际核算中，受资料来源的限制，同交通运输业有关的仓储业与交通运输和邮电通信业放在了一起，同商业、饮食业、物资供销业（批发和零售贸易、餐饮业）有关的仓储业则与商业、饮食业、物资供销业放在一起了。

（3）1994年后的行业分类设立了社会服务业，它包括1994年前的行业分类中的公用事业以及"服务业"中的居民服务业和咨询服务业。

（4）1994年后的行业分类单独设立了卫生、体育和社会福利业，教育、文化艺术及广播电影电视业，科学研究和综合技术服务业。1994年前的行业分类是把前两个行业和第三个行业中的科学研究合并为一个行业，即科教文卫体育福利事业；而把第三个行业中的综合技术服务业并入了"服务业"。

（5）1994年前后的行业分类在名称上有所不同。如1994年后的行业分类中的批发和零售贸易、餐饮业，在旧行业分类中称为商业、饮食业、物资供销业。此外，1994年后的行业分类中的某些行业增加了新兴活动，这些新兴活动在1994年前的行业分类中并没有反映。例如，1994年后的行业分类在房地产业中增加了房地产经纪与代理业，在社会服务业中增加了自然保护区管理业、市场管理服务业，等等。①

1994年前后的行业分类中的金融保险业、国家机关、政党机关和社会团体及其他行业基本上是相互对应的。

经国务院批准，我国于2004年开展了第一次全国经济普查。这次普查之后，我国国内生产总值生产核算开始采用2002年颁布的《国民经济行业分类》，其中的服务业生产核算的一级分类将采用其中的14个服务业门类。根据国家统计局2003年制定的三次产业分类标准，农林牧渔服务业作为农林牧渔业生产核算的次级分类，不再体现在生产核算的一级分类中。

（三）服务业核算的现状

与联合国1993年SNA推荐的方法相类似，根据服务业生产活动的营利性

---

① 许宪春.中国服务业核算及其存在的问题研究[J].经济研究.2004年第3期

和非营利性，中国服务业增加值核算分市场产出、自给性产出和非市场产出三部分。

1. 市场产出

市场产出是对营利性的企业进行核算，这些企业包括金融保险业，批发零售贸易、餐饮业，交通运输业，房地产业，居民服务业等。计算方法是以企业的年度财务报表作为基础资料来源，以营业收入作为总产出（批发零售贸易企业以销售毛利、金融保险企业以利息收支差和手续费收入）。

用生产法计算增加值的方法如下：计算出总产出和中间消耗，从总产出中扣除中间消耗，得到增加值。用收入法计算增加值的方法如下：首先计算增加值的四个构成项目即劳动者报酬、固定资产折旧、生产税净额和营业盈余，以四项构成相加，得到增加值。

2. 自给性产出

自给性产出包括企业或居民自产自用的产品和拥有自有房屋的住户自己生产自己使用的住房服务。企业自产自用的固定资产，如自营施工企业自行完成的为本企业使用的厂房或其他基础设施，和工业企业自产自用的固定资产，其产出都统一按照市场价格进行估价。农民自产自用的农副产品，在农业总产出的计算过程中，也都统一按照市场价格进行了估价。自产自用的住房服务，按照房屋的虚拟折旧计算。

3. 非市场产出

服务业中非市场产出占有很大的比重，包括的行业有水利管理业和地质勘探业、教育文艺广播电影电视业、卫生体育社会福利保障业、科学研究和综合技术服务业、国家政党机关和社会团体。由于这部分行业的基础数据不很健全，没有详细的企业会计财务数据，因此，除第三产业普查年份以外，常规年份没有直接计算总产出，而是根据第三产业普查年份的增加值推算。增加值核算主要是按照收入法，根据劳动工资统计的就业人数和工资总额、固定资产投资完成额统计的当年完成的固定资产投资额计算劳动者报酬和虚拟固定资产折旧，以两项相加得到增加值。

二、现行服务业核算存在的基本问题及其影响

（一）现行服务业核算存在的基本问题

目前，中国服务业增加值核算，主要存在三个大的问题：一是资料来源问题；二是核算方法落后；三是部分服务业计价过低。

1. 资料来源问题

核算范围不全是服务业核算中存在的重要问题。核算范围不全是指本应统

计的东西却在核算过程中漏掉了，因此核算结果只能包括整个服务活动的一部分，最终导致服务业增加值的低估。导致服务业增加值绝对水平低估的因素主要有两个：核算范围的不全和部分服务业计价过低。World Bank（1992）列举的统计范围不全或者没有被统计的服务主要有农村服务（尤其是由农村个人提供的运输服务）和城市中大量农村人口提供的服务（如鞋匠、保姆、饮食摊贩等）。但是，服务业统计范围不全绝不限于这些零散的和主要由个人提供的服务。统计范围上的缺陷几乎存在于所有的服务，尤其是那些改革开放后新兴的服务，如律师和会计师服务、上网服务、证券服务、私人提供的教育服务等等。这并不是说这些新兴服务业增加值的全部都被统计遗漏了，而是说由于没有系统和完整的统计，统计范围不全问题的严重存在是不可否认的。桑拿、歌厅以及摊贩等服务，具有零散、甚至某种非法性等特征，被称为未观察经济（non-observed economy），目前统计没有计算其增加值，或者只计算了其中很小的一部分。联合国统计署修订的 1993 年 SNA（System of National Accounts）要求对该类未观察经济也要计算其增加值。因此，中国国民经济核算未来的一个重要课题是如何计算未观察经济的增加值。

　　造成服务业核算范围不全的原因，除了以上因素外，还在于以下两方面原因。①资料来源缺口问题。主要体现在两个方面：一是许多服务行业的企业和个体经营单位没有建立起经常性的统计调查制度，特别是私营企业和个体经营单位从事的物业管理、计算机服务、租赁服务、信息咨询、会计师服务、律师服务等新兴服务行业，其经常性资料来源基本上处于空白状态。二是有关管理部门的服务业统计一般仅限于本系统，范围过窄，而且重实物量统计，轻价值量统计，满足不了服务业核算的需要。另外，由于人手严重不足，有些已有的部门统计资料没有得到充分的挖掘和利用。②资料来源口径问题。主要体现为从业人员劳动报酬统计。从业人员劳动报酬统计是计算服务业部分行业收入法增加值的主要资料来源之一，而它的统计口径不包括乡镇企业、私营单位和个体工商户（国家统计局，2001），因此会影响到服务业增加值中的劳动者报酬计算的准确性。同时，从业人员劳动报酬统计很难包括从业人员所获得的全部收入。对于服务业企业和营利性事业单位来说，这将影响到增加值的结构；对于行政单位和非营利性事业单位来说，不仅会影响到增加值的结构，而且会影响到增加值的总量。①

---

① 岳希明，张曙光.我国服务业增加值的核算问题[J].经济研究.2002 年第 12 期

2. 核算方法落后

（1）服务业核算方法制度不完善。首先表现为统计标准与经济发展存在一定差距，比如物业、家政等新兴社会服务业不断涌现，现行的服务业统计核算制度虽然包括了这些行业，但缺乏可操作的方法；其次是服务业统计调查制度滞后，应根据变化了的情况改革调查制度，废除一些过时的计划经济时期的指标统计；三是服务业主要采用收入法计算增加值，资料来源主要是财务资料，而用会计指标来核算增加值时，需要进行适当的加工整理，而不能直接照搬，现行的会计统计资料衔接不够；四是地区核算中存在较大难度，对流动性强的服务业行业的核算，地区很难掌握合理的计算尺度，存在"经济越开放、服务越细化、统计越困难"的问题。

（2）调查统计方法单一。虽然我国建立了以普查为基础，以抽样调查为主体，重点调查、科学推算，多种调查方法相结合的统计方法体系，但是在实际工作中，服务业统计仍然处于全面调查不放手、抽样调查不规范、科学推算不科学的传统阶段，以行政隶属关系为主的层层上报、层层汇总仍然是最主要的方法。而我国目前服务业具有规模小、单位多、行业广的特点，采用层层上报的全面调查远不能适应服务业统计工作的发展需要。

（3）新经营方式的产出反映不全面。服务业主管部门掌握的数据大多是系统内的行政记录，而对于系统外或者是个体私营企业往往缺乏数据。比如私立学校、私立医院、体育俱乐部等。这些新的经营活动方式往往与其行业原来意义上的非营利性有很大的不同，完全是市场运作。因此在计算方法上也应有所不同，但是由于信息不全面，其产出很难完全得到反映，不得不辅助于一些推算。

3. 服务业计价过低

在中国，部分服务业存在着计价过低的严重问题。其最典型的例子是单位提供给职工的住房的房租过低，接近免费。这也是房地产业增加值严重低估最主要的原因。在中国服务业增加值的估计多采用收入法的情况下，服务业计价过低对该行业增加值低估的影响主要表现在对劳动力价格——工资的低估导致了对服务业增加值的低估。按收入法计算的增加值包括劳动者报酬、营业盈余、固定资本折旧和生产税净额等四个部分，其中工资是最大的一部分。不仅如此，服务业大多是劳动密集型产业，劳动者报酬在增加值中所占的比重较其他行业更高。显而易见，如果劳动者报酬被低估的话，整个增加值也会被低估。

表 5.2 中国服务业所属 12 个行业产出、增加值核算方法以及实质化方法

号码	行业	生产法	收入法	实质化方法
1	农、林、牧、渔服务业		#	单缩法。价格指数使用居民消费价格指数中服务项目总指数。
2	地质勘查水利管理业		#	单缩法。价格指数使用居民消费价格指数中服务项目总指数。
3	交通运输、仓储及邮电通信业	#	#	外推法。使用的物量指数如下:
	交通运输和仓储业	#	#	客货换算总周转量指数。
	邮电通信业	#	#	邮电通信业务总量指数。
4	批发和零售贸易餐饮业	#	#	单缩法。价格指数使用全国商品零售价格指数。
5	金融、保险业	#	#	单缩法。价格指数使用居民消费价格指数和固定资产投资价格指数的加权平均数,权数分别是支出法国内生产总值中的居民消费和固定资产形成总额的比重。
6	房地产	#	#	房地产增加值所含四部分实质化方法分别是:房地产开发业增加值使用房地产价格指数中的房屋销售价格指数缩减;房地产管理业增加值使用居民消费价格指数缩减;新增居民自有住房折旧利用固定资产投资价格指数缩减;原有居民自有住房折旧的不变价等于前期不变价折旧扣除退役的自有住房折旧。
7	社会服务业		#	单缩法。价格指数使用居民消费价格指数中服务项目所包含的交通费、洗理美容费、修理及其他服务费三项价格指数。
8	卫生体育和社会福利业		#	单缩法。价格指数使用居民消费价格指数中服务项目所包含的的医疗保健服务费价格指数。

续表

号码	行业	生产法	收入法	实质化方法
9	教育、文化艺术及广播电影电视业		#	单缩法。价格指数使用居民消费价格指数中服务项目所包含的文娱费、学杂保育费价格指数。
10	科学研究和综合技术服务业		#	单缩法。价格指数使用居民消费价格指数中的服务项目总指数。
11	国家机关、政党机关和社会团体		#	单缩法。价格指数使用居民消费价格指数中的服务项目总指数。
12	其他行业		#	单缩法。价格指数使用居民消费价格指数中的服务项目总指数。

注：该表根据许宪春（2000b）第二章和第四章作成。生产法中"#"表示该行业使用生产法计算增加值，收入法中"#"表示该行业的增加值是用收入法计算的。

资料来源：岳希明，张曙光.我国服务业增加值的核算问题[J].经济研究.2002年第12期

在增加值的计算上，医疗行业和教育行业的情况可以说是完全相同。与一些先进国家不同，我国医生与其他职业相比较，工资明显偏低。这种相对偏低的工资收入通过各种各样的方式得到了一定程度的补偿，"红包"是其中之一。正常的入院费、手术费对患者来说只是医疗费的一部分，而另外支付给手术医生、麻醉医生等的费用是患者支付费用的重要组成部分。患者的这部分支出是医生收入来源的一部分，而对这一部分收入的核算，我们却很难获得精确的数据，统计也感到无能为力。

（二）中国服务业核算问题的影响

从国家统计局公布的数据来看，20世纪60年代初期以前，按现价计算的第三产业增加值在整个国内生产总值中的比重略有上升，此后持续下降，直到20世纪80年代初为止。从20世纪80年代初开始逐渐上升，到1990年前后恢复到建立新中国初期的水平，之后基本处于停滞的状态，直到现在。按不变价计算的第三产业比重的变化趋势略有不同。整个计划经济时期，除20世纪50年代末和60年代初偏高以外，基本在22%~23%的范围内波动。改革开放后，第三产业比重开始上升，1989年达到最高点的30.3%，其后连年下降，降至1995年的26%左右之后基本维持不变，直到21世纪初期。至"十一五"期间，中国服务业比重才出现较大幅度的攀升，基本上稳定在40%左右。这一比例上升既有服务业快速发展的原因，也有2004年经济普查的原因，在这次经济普查

中有2万多亿元的服务业增加值被"挖掘"出来。

经验显示，第三产业在整个经济中的比重，无论用国内生产总值还是用从业者人数来衡量，都有随人均收入的增长而上升的趋势。这个一般性规律不仅在一国的长期经济发展过程中观测到，在不同人均收入国家进行比较也可以发现。如果我们把这种趋势看成一般规律的话，那么上面的结果很可能是由于数据的问题所导致，而不是我国产业结构的实际变化，或者至少可以说，我国第三产业的比重在过去近半个世纪基本保持不变的结论部分地受到该产业增加值低估的影响。

与同等收入的其他发展中国家相比，我国第三产业比重过低的现象是我国服务业增加值低估的另一体现。世界银行按人均国内生产总值的高低把各国划分成低收入国、中等偏下收入国、中等偏上收入国和高收入国等四种类型，中国属于低收入国家，1996年低收入国家第三产业增加值占整个国内生产总值比重的平均值，包括中国和印度在内是37%，不包括中国和印度在内为42%，中国和印度的比重分别为31%和43%（World Bank，1998，第180~183页），中国比印度低12个百分点。

从表5.3可以看出，2008年，中国的服务业比重仅高于蒙古、印度尼西亚，而这两国的人均国民总收入分别仅为中国的54.6%和65.7%。人均国民总收入低于中国的斯里兰卡、菲律宾、印度、孟加拉国、巴基斯坦，服务业的比重均明显高于中国。由图5.2可以看出，主要国家经济发展水平和服务业比重基本呈现正相关的关系，代表中国的散点位于曲线下方，表明中国服务业比重落后于其经济发展水平。

表5.3 2008年主要国家经济发展水平和服务业比重

国别	人均国民总收入（美元）	服务业增加值比重（%）	国别	人均国民总收入（美元）	服务业增加值比重（%）
美国	48190	77.4	巴西	7490	65.3
英国	46150	75.7	阿根廷	7190	57.9
德国	42800	69	南非	5870	65.9
法国	42190	77.5	伊朗	4120	45
澳大利亚	41890	68.4	泰国	3670	44.2
日本	37930	70.5	乌克兰	3210	54.8
新加坡	37650	72.2	中国	3060	40.1
意大利	35230	70.9	印度尼西亚	2010	37.5

续表

国别	人均国民总收入（美元）	服务业增加值比重（%）	国别	人均国民总收入（美元）	服务业增加值比重（%）
韩国	21570	60.3	斯里兰卡	1780	57.3
捷克	16670	60.1	菲律宾	1700	53.5
波兰	11820	65.5	蒙古	1670	39.2
墨西哥	10000	59.1	印度	1080	53.4
俄罗斯联邦	9650	57.8	巴基斯坦	950	53
土耳其	8890	62.4	孟加拉国	520	52.3

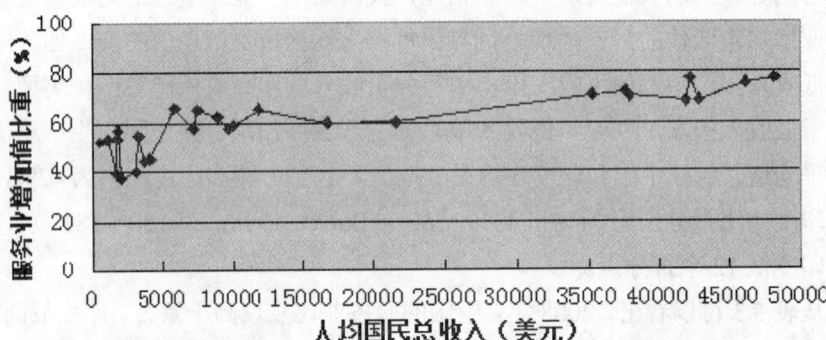

图 5.2　2008 年世界主要国家经济发展水平和服务业比重曲线图

按不变价增加值计算的第三产业比重在 20 世纪 90 年代前半期呈现明显的下降趋势。这一结果主要由数据问题造成。我们知道，工业不变价增加值是通过"不变价"计算得到，而第三产业中多数小行业的增加值是通过价格指数缩减法计算的。工业增加值的现行计算方法高估了工业增加值的增长速度，在其他条件不变的情况下，工业在整个不变价增加值中的比重也不可避免地被高估。伍晓鹰（Wu，2002）对工业不变价增加值的重新估计被认为基本纠正了官方统计对工业增加值增长速度的高估，在此我们用伍晓鹰的估计值重新计算了国内生产总值中第一、二、三产业的比重。其结果是，第三产业的比重虽然在 1995 年出现明显的下降，但在 1990 年到 1997 年之间基本维持在 31% 左右不变。

在中国，服务业增加值低估问题很早以前已经被意识到，至少在一些专家之间早已有共识。但是对该问题进行了全面、系统讨论的是 World Bank（1992）。该报告是世界银行考察团在中国进行实地考察以后写成的，它对中国统计制度的现状和问题作了全面的介绍和论述，其中包括对服务业增加值低估及其原因的讨论。核算范围不全和部分服务定价过低导致了中国服务业增加值低估的假说,第一次在这里得到了全面的论述。但是此项研究没有对中国服务业增加值进行重新估计。对中国服务业增加值第一次进行重新估计的是 Keidel(1992),他把 1987 年中国国内生产总值上调 55%,其后,Keidel(1994)把上调幅度降低到 34%。34%的上调包括 1.6%的一致性调整、11.7%的范围调整和 18.3%的估价调整。这里的估价调整不是直接针对上面提到的部分服务定价过低所作的调整,而是针对我国不合理的相对价格(各行业间的相对比价)而进行的调整。调整的行业也不仅仅限于第三产业。服务业增加值进行大幅度调整的另一个研究是 Maddison(1998)。该研究的调整对象是整个非物质生产部门。在缺少精确调整所需要的原始数据的条件下,他采用了比较简单的调整方法。首先将国家统计局公布的 1987 年非物质生产部门增加值上调 1/3,然后用非物质生产部门从业者人数的增长率外推出 1987 年以外年份该行业的增加值。Maddison 对非物质生产部门增加值调整使用的是外推法,该种方法只是估算非物质生产部门不变价增加值,而不涉及现价增加值。另外,用从业者人数的变化外推 1987 年以外的不变价增加值,实际上从定义上否定了非物质生产部门劳动生产率的变化。其结果是,如果我国非物质生产部门的劳动生产率是一直上升的话,Maddison 的估计将高估 1987 年以前的增加值、低估 1987 年之后的增加值。在其他条件一定的情况下,第三产业在整个国内生产总值中的比重在 1987 年以前被高估,而之后被低估。相反,如果我国非物质生产部门的劳动生产率是一直下降的,将会得到相反的结果。Maddison 拒绝接受国家统计局估计数据所显示的第三产业劳动生产率较高增长率的结果(Maddison,1998,第 151 页)。根据国家统计局公布数据所计算的第三产业中各行业劳动生产率,除"其他"行业以外,20 世纪 90 年代均呈现正增长的趋势,有些行业的增长率很高。我们不能说此结果完全不受数据准确性的影响,但是从中找出使劳动生产率高估的因素也是不容易的。

目前,中国服务业增加值核算存在的问题所造成的影响并未就此结束。按不变价计算的服务业增加值及其增长速度也不可避免地受到影响。因为我国第三产业的多数行业采用缩减指数法计算不变价增加值,也就是说,不变价增加值是由现价增加值除以价格指数得到的。因此,现价增加值的低估直接导致不变价增加值的低估,而服务业增加值的增长速度是被低估了还是被高估了,则完全取决于低估部分对现价增加值的比例是上升了还是下降了。如果该比例逐年增加的话,那么增长速度会低估;反之,如果服务业的统计范围逐年得到改善的话,那么增长速度会被高估。而被低估的服务业增加值对已经统计上来的增加值的比例是逐年增加、还是逐年降低的呢?现有的资料和研究结果还不足以让我们准确地作出判断。因此,我们也无法知道目前官方公布的数字是高估了还是低估了服务业的增长速度。

（三）中国服务业核算问题的成因

核算范围不完整、部分服务计价过低以及劳动者工资收入低估是造成我国服务业增加值低估的统计因素,那么,这些统计上的缺陷又来源于何处呢?服务业统计上的缺陷部分来源于服务本身所具有的特性,部分来源于我国长期的统计实践。服务业本身包括众多非同质行业,规模小,家庭经营比重大,政府和民间非营利组织参与程度高（如教育、医疗等）。服务业所具有的这些性质不仅使得在统计上全面地把握该行业相对困难,同时由于大量服务不通过市场进行提供,导致增加值计算不可避免地包含复杂的甚至不切合实际的虚拟计算（imputation）。同一服务只是因为提供者不同,增加值的计算范围和计价方式也不完全相同。

导致服务业统计存在严重缺陷的另外一个原因是我国统计调查制度对服务业统计的相对忽视。应当说,对服务业统计的忽视在世界各国是个普遍现象。这一点主要根源于现行的统计调查制度是在服务业占整个国民经济的比重尚低的早期建立起来的。经济发展早期,农业在整个经济中占绝对的地位。其后,以工业的迅速发展为标志的工业化是现代经济增长最重要的特征,而服务业被看成是随着经济发展自然而然增加其在国民经济中比重的行业,把服务业误认为从属于其他行业的观念无疑加剧了统计调查中对服务业的忽视。但是,我国对服务业统计的忽视达到了极端的地步,其直接原因是我国长期使用物质平衡表体系（MPS）来进行国民经济核算。在物质产品体系下,服务业的绝大部分被认为是非生产性的,从而被排除在核算对象以外。由于我国建立新中国以来长期使用 MPS 计算总产值和国民收入,对服务业没有系统和定期的统计,服务业增加值的估算缺少最小限度的数据资料。为了改善服务业统计,我国在1993~1994年实行了建立新中国以来第一次第三产业普查,并决定每10年进行一次。这无疑将对改善我国服务业统计起到重大的作用,但是由于普查的频度低,两次普查之间间隔时间长,服务业核算中存在的基础数据缺乏的问题并没有得到根本的解决。①

中国服务业统计进行了一系列的改革,统计内容日渐丰富,统计调查方法

---

① 岳希明,张曙光.我国服务业增加值的核算问题[J].经济研究.2002年第12期

逐步科学，统计制度也有所改进，但从满足 GDP 核算需要的角度讲，仍不尽完善，还存在一些需要解决的问题，表现为：

（1）部门统计缺乏系统性和规范性。在现有统计管理体制下，部门统计一般根据部门管理需要和所属系统特点设置统计指标，常忽视服务业统计之间的相互衔接，各个部门统计制度缺乏规范性和系统性，统计内容也存在较大差异。从 GDP 核算角度讲，部门统计的主要目的是为了满足本部门管理需要，其统计范围也仅限于部门管理系统，并没有根据《国民经济行业分类》建立全行业经济活动统计，因此无法反映各服务行业总体情况。

（2）统计内容存在缺陷。从部门统计制度看，只有少数部门统计内容比较全面，既有实物量指标，又有比较详细的价值量指标，有的部门统计甚至设置了增加值指标。而绝大部分部门统计内容比较简单，只有一些实物量指标，基本上没有价值量指标，难以满足 GDP 核算的需要。

（3）统计资料时效性差。现行部门统计主要为了满足部门管理的需要，统计资料时效性较差，难以满足 GDP 季度核算的需要。

（4）统计制度衔接性不强。在现行统计管理体制下，国家统计局和有关管理部门各司其职，独立地开展服务业统计工作，致使统计范围、指标设置、数据结果等方面衔接性较差。

（5）统计部门协调力度较弱。从服务业基础资料情况看，一些服务业主要核算资料本来可以从有关经济管理部门（如财政、银行、保险、证券等部门）直接获取，但由于缺乏协调或协调力度不够，资料收集困难，资料渠道不畅，难以实现有效利用。

（6）服务业价格统计有待完善。目前，价格统计主要由国家统计局负责。从我国价格统计现状看，服务业价格统计缺口较大，除已建立了商品零售价格指数、交通运输业价格指数（试行）、房地产价格指数外，其他服务业价格指数仍是价格统计的空白。

三、完善服务业核算的方法

针对服务业核算存在的主要问题，为了进一步规范服务业统计制度，更好地满足 GDP 核算的需要，客观、准确地反映中国服务业发展情况，综合国内外学者有关服务业核算与统计的研究，对他们提出的改进和完善服务业统计核算的方法归纳如下：

（一）通盘考虑服务业统计制度方法改革

服务业涉及部门多、行业广、活动复杂、统计基础薄弱。为此，服务业统计制度方法改革应立足于服务业统计现状，进行通盘考虑。结合服务业统计基础和服务业活动范围，区别情况，合理分工，分别落实。部门已承担且数据基础较好的服务行业，仍由业务管理部门负责统计；国家统计局专业司已承担的服务业统计，仍由国家统计局专业司负责统计；业务管理部门未开展统计或根本没有业务管理部门的服务行业，由国家统计局建立经常性统计制度；可以直接从综合经济部门（如财政部门、银行、保险、证券等）获取资料的服务行业，没有必要建立统计调查制度。

（二）改进服务业核算方法

1. 完善部门服务业统计方法

为了解决教育、文化、医疗卫生、广播电影电视等事业行政单位服务活动增加值核算的资料来源缺口问题，国家统计局将同有关部门合作，逐步建立和完善部门服务业统计制度，特别是建立和完善价值量统计制度，为相应服务业行业增加值核算提供经常性的数据基础。完善服务业统计制度之后，可以改变目前服务业增加值核算资料来源的缺口问题对有关服务业增加值核算造成的影响。

2. 改革金融媒介服务的处理方法

针对金融媒介服务处理方法存在的问题，应当调整现行的金融媒介服务产出的计算方法及其使用的处理方法，从而能够比较恰当地反映金融媒介服务产出的规模及其使用去向。调整金融媒介服务产出的计算方法，就是要采用1993年SNA的建议，即在利用金融机构的应收财产总收入与应付的总利息之差计算金融媒介服务产出时，扣除金融机构利用自有资金获得的财产收入。调整金融媒介服务使用的处理方法，就是要采用1993年SNA的参考利率的方法，或者采用一种近似的替代方法，比如利用各部门贷款利息支出与存款利息收入之和占金融机构贷款利息收入与存款利息支出之和的比重分摊金融媒介服务产出，分摊给中间使用部门的部分作为中间消耗，分摊给最终使用部门的部分作为最终使用。

3. 改革房地产业增加值核算方法

针对我国房地产业增加值核算存在的问题，为了准确地反映该行业的发展情况，应当改革现有房地产业增加值核算方法，特别是城镇居民住房服务增加值的核算方法。城镇居民住房服务增加值核算有两种方法可供选择：一种是市场房租估算法，一种是成本估算法。前一种方法是利用城镇居民住房每平方米的市场房租价格的平均值乘以所有城镇居民住房的使用面积，得到所有城镇居民住房按市场价格计算的房租收入；以此收入作为城镇居民住房服务总产出，再确定合适的增加值率，计算出城镇居民住房服务增加值。在房屋出租市场比较健全的情况下，这是一种可供优先选择的方法。后一种方法是用每平方米平均造价乘以全国城镇居民住房总的建筑面积，计算出全国城镇居民住房的固定资产价值；再按适当的折旧率计算出全国城镇居民住房的虚拟固定资本折旧，然后考虑居民住房服务的其他最初成本，计算出城镇居民住房服务增加值。在房屋出租市场尚不健全的情况下，这是一种可供考虑的方法。

4. 把保姆纳入服务业生产和使用核算

按照 1993 年 SNA 的建议，把保姆提供的家庭服务纳入服务业的生产和使用核算。目前应当在住户调查中单列这项支出，或者通过典型调查取得相应的资料，为保姆提供的家庭服务的生产和使用核算提供基础资料。

5. 建立计算机软件统计制度

按照 1993 年 SNA 的建议，把企业从市场上购买的或自产自用的期望在生产中使用一年以上的计算机软件和大型数据库的支出作为固定资本形成处理。为此需要在有关统计制度中设立相应的调查指标，提供相应的基础资料，在服务业生产和使用核算中建立相应的估算方法。

6. 调整进口税的处理方法

进口税不是针对批发零售贸易活动征收的税，所以应当对现行的处理方法进行调整，即应当采纳 1993 年 SNA 的建议，把进口税作为独立的部分，在计算国内生产总值时，在各产业部门增加值合计的基础上，加上进口税。

7. 建立服务业生产者价格指数和服务贸易价格指数

为完善有关服务业不变价生产和使用核算，要研究建立服务业生产者价格指数和服务贸易价格指数。

8. 完善金融保险业不变价增加值计算方法

由于其服务的特殊性，科学地计算金融保险业不变价增加值是不容易的，这在国际上都是一个有争议的问题。需要我们研究和借鉴国外该行业不变价增加值的计算方法，在实践中逐步加以完善。

此外，我们也要借鉴 OECD 国家开展未观测经济核算的有益经验和方法，对我国的未观测经济活动进行深入研究，并且在条件成熟时，将其正式纳入国内生产总值，从而使我国国内生产总值数据更加全面准确地反映我国国民经济发展的规模和结构。

（三）建立健全服务业基础统计

1. 建立周期性经济普查制度

中国于 2004 年开展第一次全国经济普查，主要普查第二、三产业的发展变化情况。以后每 10 年进行两次，在逢 3、8 的年度实施。经济普查制度的建立将为服务业核算提供一个较好的数据基准。

第一次经济普查中,由于第三产业中工商个体经济普查指标设置了经营收入,各地数据填报存在很大差异,难以真实全面反映工商个体经济经营情况,给第三产业统计核算工作造成一定困难。第二次经济普查中,工商个体经济增加值核算方法应更多考虑政府行政记录,统一核算标准,增强地区间可比性。进一步完善支出法地区生产总值核算,扩大居民和政府消费核算范围。

2. 建立服务业经常性调查制度

为了解决部分服务业企业和个体经营单位的经常性的资料来源缺口问题,国家统计局就计算机服务、租赁服务、商务服务、物业管理等部分服务业开展抽样调查。今后将在经济普查的基础上,建立起服务业企业和个体经营单位的经常性抽样调查制度,为相应服务业行业增加值核算提供经常性的数据基础。

3. 健全和完善非普查年度第三产业增加值核算制度

目前,全国执行的非普查年度第三产业增加值核算制度,无论是年度核算制度、还是季度核算制度,均有不够完善的地方,直接造成年度数据与季度数据难以衔接。如用季度第三产业营业税增速和电信业务总量增速计算的第三产业有关行业增加值总量和增速,与用年度财务报表核算的有关行业收入法增加值总量和增速差距非常大。

4. 改进和完善部门统计制度

根据目前部门统计存在的问题,国家统计局应加强与有关部门协商,逐步改进和完善部门统计制度。部门统计主要解决两方面问题:一是改进和规范部门统计调查内容,研究设计各部门通用的财务统计指标体系,以满足 GDP 核算的需要;二是扩大部门统计调查范围,以反映各服务行业总体情况。

5. 建立部门统计资料定期交流制度

对于由国家统计局专业司已承担的服务业统计,应根据 GDP 核算要求进一步完善统计制度。同时,建立部门统计资料定期交流制度。财政、银行、保险、证券等部门掌握着大量的服务业信息资料,有些信息可以直接满足 GDP 核算的需要,统计部门就没有必要再建立统计调查制度。国家统计局应加强与财政、银行、保险、证券等部门协商,建立信息资料定期交流制度,实现基础资料的有效利用。对没有业务管理部门或业务管理部门没有或无条件开展统计工作的服务业领域,国家统计局应大力推广抽样调查方法。已建立抽样调查制度的服务行业,应完善调查制度,以满足及时反映这些服务业发展情况的需要。

本章小结

服务的特点决定了服务业核算的特殊性。根据服务业生产活动的性质,服务的特征主要有:服务的所有权无法独立的确定;服务有使用价值和交换价值,可以买卖;服务具有不可分性;服务具有异质性;服务生产的成果是消费单位个人或物品状态的变化。根据服务业生产活动的性质,服务业产出分为市场产出、自给性产出和非市场产出等三种。服务业核算分类的理论依据比较具有代表性的理论主要有两种:一是卡托坚(M. A. Katouzi-an)的"三分法";二是辛格曼(Singelmann)的"四分法"。按照国际产业标准分类的原则,服务业的四大门类分别是消费者服务业、生产者服务业、分配服务业、公共服务业。

服务业核算体系的建立及发展,不仅与经济形势的发展变化密切相关,而且与政治形势的发展变化密切相关,它是随我国经济体制由计划经济体制、有计划的商品经济体制,向社会主义市场经济体制转变而变化的。服务业统计核算迄今为止已经经历了 MPS 体系、MPS 和 SNA 两种核算体系共存、中国国民经济核算体系新版本等三个阶段。从理论上看,服务业核算数据的详细程度取决于分类的详细程度;从实践中看,则取决于统计局的资料来源状况和填报单位的填报管理负担。统计部门通过使用尽可能多的管理信息以及更有效的调查技术,来努力克服资料来源与填报负担这两个问题。在估算短期相关服务业相关统计数据时,往往借助常规企业调查的补充资料。服务业核算中,克服服务业价格指数模糊性的问题已十分重要。最常用的构造价格指数的方法有投入法、小时酬金法、收费率法、模型定价法、奢侈品价格指数法、物量指标法、产出价格指数法等。

2003 年国家统计局根据《国民经济行业分类》(2002)对三次产业进行了重新规定,这一规定的附件把农、林、牧、渔等的服务业明确列入第一产业,从而服务业与第三产业在这方面出现了差别,但两者在基本范围方面是一致的。根据服务业生产活动的营利性和非营利性,中国服务业增加值核算分市场产出、自给性产出和非市场产出等三部分。目前中国服务业统计工作相对薄弱,主要存在核算范围不全、核算方法落后、部分服务业计价过低等问题,已明显不适应服务业发展的需要。因此,通盘考虑服务业统计制度方法改革,改进服务业核算方法,建立健全服务业基础统计,已日益成为摆在各级政府统计和部门统计面前的紧迫任务。

附表：

国民经济行业分类（GB/T 4754-2011）中的服务业

F			批发和零售业	本门类包括 51 和 52 大类，指商品在流通环节中的批发活动和零售活动
	51		批发业	指向其他批发或零售单位（含个体经营者）及其他企事业单位、机关团体等批量销售生活用品、生产资料的活动，以及从事进出口贸易和贸易经纪与代理的活动，包括拥有货物所有权，并以本单位（公司）的名义进行交易活动，也包括不拥有货物的所有权，收取佣金的商品代理、商品代售活动；本类还包括各类商品批发市场中固定摊位的批发活动，以及以销售为目的的收购活动
		511	农、林、牧产品批发	指未经过加工的农作物、林产品及牲畜、畜产品、鱼苗的批发和进出口活动，但不包括蔬菜、水果、肉、禽、蛋、奶及水产品的批发和进出口活动，包括以批发为目的的农副产品收购活动
			5111	谷物、豆及薯类批发
			5112	种子批发
			5113	饲料批发
			5114	棉、麻批发
			5115	林业产品批发	指林木种苗、采伐产品及采集产品等的批发和进出口活动
			5116	牲畜批发
			5119	其他农牧产品批发
		512	食品、饮料及烟草制品批发	指经过加工和制造的食品、饮料及烟草制品的批发和进出口活动，以及蔬菜、水果、肉、禽、蛋、奶及水产品的批发和进出口活动
			5121	米、面制品及食用油批发
			5122	糕点、糖果及糖批发
			5123	果品、蔬菜批发
			5124	肉、禽、蛋、奶及水产品批发
			5125	盐及调味品批发

		5126	营养和保健品批发	
		5127	酒、饮料及茶叶批发	指可直接饮用或稀释、冲泡后饮用的饮料、酒及茶叶的批发和进出口活动
		5128	烟草制品批发	指经过加工、生产的烟草制品的批发和进出口活动
		5129	其他食品批发	
	513		纺织、服装及家庭用品批发	指纺织面料、纺织品、服装、鞋、帽及日杂品、家用电器、家具等生活日用品的批发和进出口活动
		5131	纺织品、针织品及原料批发	
		5132	服装批发	
		5133	鞋帽批发	
		5134	化妆品及卫生用品批发	
		5135	厨房、卫生间用具及日用杂货批发	指灶具、炊具、厨具、餐具及各种容器、器皿等的批发和进出口活动；卫生间的用品用具和生活用清洁、清扫用品、用具等的批发和进出口活动
		5136	灯具、装饰物品批发	
		5137	家用电器批发	
		5139	其他家庭用品批发	指上述未列明的其他生活日用品的批发和进出口活动
	514		文化、体育用品及器材批发	指各类文具用品、体育用品、图书、报刊、音像、电子出版物、首饰、工艺美术品、收藏品及其他文化用品、器材的批发和进出口活动
		5141	文具用品批发	
		5142	体育用品及器材批发	
		5143	图书批发	
		5144	报刊批发	
		5145	音像制品及电子出版物批发	
		5146	首饰、工艺品及收藏品批发	
		5149	其他文化用品批发	
	515		医药及医疗器材批发	指各种化学药品、生物药品、中药及医疗器材的批发和进出口活动；包括兽用药的批发和进出口活动
		5151	西药批发	

		5152	中药批发	指中成药、中药材的批发和进出口活动
		5153	医疗用品及器材批发	
	516		矿产品、建材及化工产品批发	指煤及煤制品、石油制品、矿产品及矿物制品、金属材料、建筑和装饰装修材料以及化工产品的批发和进出口活动
		5161	煤炭及制品批发	
		5162	石油及制品批发	
		5163	非金属矿及制品批发	
		5164	金属及金属矿批发	
		5165	建材批发	指建筑用材料和装饰装修材料的批发和进出口活动
		5166	化肥批发	
		5167	农药批发	
		5168	农用薄膜批发	
		5169	其他化工产品批发	
	517		机械设备、五金产品及电子产品批发	提供通用机械、专用设备、交通运输设备、电气机械、五金、交通器材、电料、计算机设备、通讯设备、电子产品、仪器仪表及办公用机械的批发和进出口活动
		5171	农业机械批发	
		5172	汽车批发	
		5173	汽车零配件批发	
		5174	摩托车及零配件批发	
		5175	五金产品批发	指小五金、工具、水暖部件及材料的批发和进出口活动
		5176	电气设备批发	
		5177	计算机、软件及辅助设备批发	
		5178	通讯及广播电视设备批发	指电信设备、广播电视设备的批发和进出口活动
		5179	其他机械设备及电子产品批发	
	518		贸易经纪与代理	指代办商、商品经纪人、拍卖商的活动；专门为某一生产企业做销售代理的活动；为买卖双方提供贸易机会或代表委托人进行商品交易代理活动

		5181	贸易代理	指不拥有货物的所有权，为实现供求双方达成交易，按协议收取佣金的贸易代理
		5182	拍卖	
		5189	其他贸易经纪与代理	
	519		其他批发业	指上述未包括的批发和进出口活动
		5191	再生物资回收与批发	指将可再生的废旧物资回收，并批发给制造企业作初级原料的活动
		5199	其他未列明批发业	
52			零售业	指百货商店、超级市场、专门零售商店、品牌专卖店、售货摊等主要面向最终消费者（如居民等）的销售活动，以互联网、邮政、电话、售货机等方式的销售活动，还包括在同一地点，后面加工生产，前面销售的店铺（如面包房）；谷物、种子、饲料、牲畜、矿产品、生产用原料、化工原料、农用化工产品、机械设备（乘用车、计算机及通信设备除外）等生产资料的销售不作为零售活动；多数零售商对其销售的货物拥有所有权，但有些则是充当委托人的代理人，进行委托销售或以收取佣金的方式进行销售
	521		综合零售	
		5211	百货零售	指经营的商品品种较齐全，经营规模较大的综合零售活动
		5212	超级市场零售	指经营食品、日用品等的超级市场的综合零售活动
		5219	其他综合零售	指日用杂品综合零售活动；在街道、社区、乡镇、农村、工矿区、校区、交通要道口、车站、码头、机场等人口稠密地区开办的小型综合零售店的活动；以小超市形式开办的便利店活动；农村供销社的零售活动
	522		食品、饮料及烟草制品专门零售	指专门经营粮油、食品、饮料及烟草制品的店铺零售活动
		5221	粮油零售	
		5222	糕点、面包零售	
		5223	果品、蔬菜零售	
		5224	肉、禽、蛋、奶及水产品零售	

		5225	营养和保健品零售	
		5226	酒、饮料及茶叶零售	指专门经营酒、茶叶及各种饮料的店铺零售活动
		5227	烟草制品零售	
		5229	其他食品零售	指上述未列明的店铺食品零售活动
	523		纺织、服装及日用品专门零售	指专门经营纺织面料、纺织品、服装、鞋、帽及各种生活日用品的店铺零售活动
		5231	纺织品及针织品零售	
		5232	服装零售	
		5233	鞋帽零售	
		5234	化妆品及卫生用品零售	
		5235	钟表、眼镜零售	
		5236	箱、包零售	
		5237	厨房用具及日用杂品零售	指专门经营炊具、厨具、餐具、日用陶瓷、日用玻璃器皿、塑料器皿、清洁用具和用品的店铺零售活动,以及各种材质其他日用杂品的零售活动
		5238	自行车零售	
		5239	其他日用品零售	指专门经营小饰物、礼品花卉及其他未列明日用品的店铺零售活动
	524		文化、体育用品及器材专门零售	指专门经营文具、体育用品、图书、报刊、音像制品、首饰、工艺美术品、收藏品、照相器材及其他文化用品的店铺零售活动
		5241	文具用品零售	
		5242	体育用品及器材零售	
		5243	图书、报刊零售	
		5244	音像制品及电子出版物零售	
		5245	珠宝首饰零售	
		5246	工艺美术品及收藏品零售	指专门经营具有收藏价值和艺术价值的工艺品、艺术品、古玩、字画、邮票等的店铺零售活动
		5247	乐器零售	
		5248	照相器材零售	
		5249	其他文化用品零售	指专门经营游艺用品及其他未列明文化用品的店铺零售活动

		525	医药及医疗器材专门零售	指专门经营各种化学药品、生物药品、中药、医疗用品及器材的店铺零售活动
			5251	药品零售	
			5252	医疗用品及器材零售	
		526	汽车、摩托车、燃料及零配件专门零售	指专门经营汽车、摩托车、汽车部件、汽车零配件及燃料的店铺零售活动
			5261	汽车零售	指乘用车的零售
			5262	汽车零配件零售	
			5263	摩托车及零配件零售	
			5264	机动车燃料零售	指专门经营机动车燃料及相关产品（润滑油）的店铺零售活动
		527	家用电器及电子产品专门零售	指专门经营家用电器和计算机、软件及辅助设备、电子通信设备、电子元器件及办公设备的店铺零售活动
			5271	家用视听设备零售	指专门经营电视、音响设备、摄录像设备等的店铺零售活动
			5272	日用家电设备零售	指专门经营冰箱、洗衣机、空调、吸尘器及其他家用电器设备的店铺零售活动
			5273	计算机、软件及辅助设备零售	
			5274	通信设备零售	不包括专业通信设备的销售
			5279	其他电子产品零售	
		528	五金、家具及室内装饰材料专门零售	指专门经营五金用品、家具和装修材料的店铺零售活动，以及在家具、家居装饰、建材城（中心）及展销会上设摊位的销售活动
			5281	五金零售	
			5282	灯具零售	
			5283	家具零售	
			5284	涂料零售	
			5285	卫生洁具零售	
			5286	木质装饰材料零售	指专门经营木质地板、门、窗等店铺零售活动，不包括板材销售活动
			5287	陶瓷、石材装饰材料零售	指专门经营陶瓷、石材制地板砖、壁砖等店铺零售活动

		5289	其他室内装饰材料零售	
	529		货摊、无店铺及其他零售业	
		5291	货摊食品零售	指流动货摊的食品零售活动
		5292	货摊纺织、服装及鞋零售	指流动货摊的纺织、服装及鞋的零售活动
		5293	货摊日用品零售	指流动货摊的日用品零售活动
		5294	互联网零售	不包括在网络销售中，仅提供网络支付的活动，以及仅建立或提供网络交易平台和接入的活动
		5295	邮购及电视、电话零售	指通过邮政及电视、电话等通讯工具进行销售，并送货上门的零售活动
		5296	旧货零售	
		5297	生活用燃料零售	指从事生活用煤、煤油、酒精、薪柴、木炭以及罐装液化石油气等专门零售活动
		5299	其他未列明零售业	
G			交通运输、仓储和邮政业	本门类包括53~60大类
	53		铁路运输业	指铁路客运、货运及相关的调度、信号、机车、车辆、检修、工务等活动；不包括铁路系统所属的机车、车辆及信号通信设备的制造厂（公司）、建筑工程公司、商店、学校、科研所、医院等
		531	5310	铁路旅客运输
		532	5320	铁路货物运输
		533		铁路运输辅助活动
			5331	客运火车站
			5332	货运火车站
			5339	其他铁路运输辅助活动	指除铁路旅客、货物运输及为其服务的客、货运火车站以外的运输网、信号、调度及铁路设施的管理和养护等活动
	54		道路运输业	
		541		城市公共交通运输	指城市旅客运输活动
			5411	公共电汽车客运
			5412	城市轨道交通	指城市地铁、轻轨、有轨电车等活动
			5413	出租车客运
			5419	其他城市公共交通运输	指其他未列明的城市旅客运输活动

		542	5420	公路旅客运输	指城市以外道路的旅客运输活动
		543	5430	道路货物运输	指所有道路的货物运输活动
		544		道路运输辅助活动	指与道路运输相关的运输辅助活动
			5441	客运汽车站	指长途旅客运输汽车站的服务
			5442	公路管理与养护	
			5449	其他道路运输辅助活动	
55				水上运输业	
	551			水上旅客运输	
			5511	海洋旅客运输	
			5512	内河旅客运输	指江、河、湖泊、水库的水上旅客运输活动
			5513	客运轮渡运输	指城市及其他水域旅客轮渡运输活动
	552			水上货物运输	
			5521	远洋货物运输	
			5522	沿海货物运输	
			5523	内河货物运输	指江、河、湖泊、水库的水上货物运输活动
	553			水上运输辅助活动	
			5531	客运港口	
			5532	货运港口	
			5539	其他水上运输辅助活动	指其他未列明的水上运输辅助活动
56				航空运输业	
	561			航空客货运输	
			5611	航空旅客运输	指以旅客运输为主的航空运输活动
			5612	航空货物运输	指以货物或邮件为主的航空运输活动
	562		5620	通用航空服务	指使用民用航空器从事除公共航空运输以外的民用航空活动
	563			航空运输辅助活动	
			5631	机场	
			5632	空中交通管理	
			5639	其他航空运输辅助活动	指其他未列明的航空运输辅助活动
57				管道运输业	
		570	5700	管道运输业	指通过管道对气体、液体等的运输活动
58				装卸搬运和运输代理业	

	581	5810	装卸搬运	
	582		运输代理业	指与运输有关的代理及服务活动
		5821	货物运输代理	
		5822	旅客票务代理	
		5829	其他运输代理业	
59			仓储业	指专门从事货物仓储、货物运输中转仓储，以及以仓储为主的货物送配活动，还包括以仓储为目的的收购活动
	591		谷物、棉花等农产品仓储	
		5911	谷物仓储	指国家储备及其他谷物仓储活动
		5912	棉花仓储	指棉花加工厂仓储、中转仓储、棉花专业仓储、棉花物流配送活动，还包括在棉花仓储、物流配送过程中的棉花信息化管理活动
		5919	其他农产品仓储	指未列明的其他农产品仓储活动
	599	5990	其他仓储业	
60			邮政业	
	601	6010	邮政基本服务	指邮政企业提供的信件、印刷品、包裹、汇兑等邮政服务，以及国家规定的其他邮政服务；不包括邮政快递服务
	602	6020	快递服务	指在承诺的时限内快速完成的寄递服务
H			住宿和餐饮业	本门类包括61和62大类
	61		住宿业	指为旅行者提供短期留宿场所的活动，有些单位只提供住宿，也有些单位提供住宿、饮食、商务、娱乐一体的服务，本类不包括主要按月或按年长期出租房屋住所的活动
		6110	旅游饭店	指按照国家有关规定评定的旅游饭店和具有同等质量、水平的饭店活动
	611			
	612	6120	一般旅馆	指不具备评定旅游饭店和同等水平饭店的一般旅馆的活动
	619	6190	其他住宿业	指上述未列明的住宿服务
	62		餐饮业	指通过即时制作加工、商业销售和服务性劳动等，向消费者提供食品和消费场所及设施的服务
	621	6210	正餐服务	指在一定场所内提供以中餐、晚餐为主的各种中西式炒菜和主食，并由服务员送餐上桌的餐饮活动
	622	6220	快餐服务	指在一定场所内提供快捷、便利的就餐服务
	623		饮料及冷饮服务	指在一定场所内以提供饮料和冷饮为主的服务

		6231	茶馆服务	
		6232	咖啡馆服务	
		6233	酒吧服务	
		6239	其他饮料及冷饮服务	
	629		其他餐饮业	
		6291	小吃服务	指提供全天就餐的简便餐饮服务，包括路边小饭馆、农家饭馆、流动餐饮和单一小吃等餐饮服务
		6292	餐饮配送服务	
		6299	其他未列明餐饮业	
I			信息传输、软件和信息技术服务业	本门类包括63~65大类
	63		电信、广播电视和卫星传输服务	
		631	电信	指利用有线、无线的电磁系统或者光电系统，传送、发射或者接收语音、文字、数据、图像以及其他任何形式信息的活动
		6311	固定电信服务	指从事固定通信业务活动
		6312	移动电信服务	指从事移动通信业务活动
		6319	其他电信服务	指除固定电信服务、移动电信服务外，利用固定、移动通信网从事的信息服务
		632	广播电视传输服务	
		6321	有线广播电视传输服务	指有线广播电视网和信号的传输服务
		6322	无线广播电视传输服务	指无线广播电视信号的传输服务
		633	6330 卫星传输服务	指人造卫星的电信传输和广播电视传输服务
	64		互联网和相关服务	
		641	6410 互联网接入及相关服务	指除基础电信运营商外，基于基础传输网络为存储数据、数据处理及相关活动，提供接入互联网的有关应用设施的服务
		642	6420 互联网信息服务	指除基础电信运营商外，通过互联网提供在线信息、电子邮箱、数据检索、网络游戏等信息服务
		649	6490 其他互联网服务	指除基础电信运营商服务、互联网接入及相关服务、互联网信息服务以外的其他未列明互联网服务
	65		软件和信息技术服务业	指对信息传输、信息制作、信息提供和信息接收过程中产生的技术问题或技术需求所提供的服务

	651	6510	软件开发	指为用户提供计算机软件、信息系统或者设备中嵌入的软件，或者在系统集成、应用服务等技术服务时提供软件的开发和经营活动；包括基础软件、支撑软件、应用软件、嵌入式软件、信息安全软件、计算机（应用）系统、工业软件以及其他软件的开发和经营活动
	652	6520	信息系统集成服务	指基于需方业务需求进行的信息系统需求分析和系统设计，并通过结构化的综合布缆系统、计算机网络技术和软件技术，将各个分离的设备、功能和信息等集成到相互关联的、统一和协调的系统之中，以及为信息系统的正常运行提供支持的服务；包括信息系统设计、集成实施、运行维护等服务
	653	6530	信息技术咨询服务	指在信息资源开发利用、工程建设、人员培训、管理体系建设、技术支撑等方面向需方提供的管理或技术咨询评估服务；包括信息化规划、信息技术管理咨询、信息系统工程监理、测试评估、信息技术培训等
	654	6540	数据处理和存储服务	指供方向需方提供的信息和数据的分析、整理、计算、编辑、存储等加工处理服务，以及应用软件、业务运营平台、信息系统基础设施等的租用服务；包括各种数据库活动、网站内容更新、数据备份服务、数据存储服务、在线企业资源规划（ERP）、在线杀毒、电子商务平台、物流信息服务平台、服务器托管、虚拟主机等
	655	6550	集成电路设计	指 IC 设计服务，即企业开展的集成电路功能研发、设计等服务
	659		其他信息技术服务业	
		6591	数字内容服务	指数字内容的加工处理，即将图片、文字、视频、音频等信息内容运用数字化技术进行加工处理并整合应用的服务
		6592	呼叫中心	指受企事业单位委托,利用与公用电话网或因特网连接的呼叫中心系统和数据库技术，经过信息采集、加工、存储等建立信息库，通过固定网、移动网或因特网等公众通信网络向用户提供有关该企事业单位的业务咨询、信息咨询和数据查询等服务
		6599	其他未列明信息技术服务业	

J			金融业	本门类包括66~69大类
	66		货币金融服务	
		661	6610 中央银行服务	指代表政府管理金融活动,并制定和执行货币政策,维护金融稳定,管理金融市场的特殊金融机构的活动
		662	6620 货币银行服务	指除中央银行以外的各类银行所从事存款、贷款和信用卡等货币媒介活动,还包括在中国开展货币业务的外资银行及分支机构的活动
		663	非货币银行服务	指主要与非货币媒介机构以各种方式发放贷款有关的金融服务
			6631 金融租赁服务	指经中国人民银行批准以经营融资租赁业务为主的非银行金融机构的活动
			6632 财务公司	指经中国人民银行批准,为企业融资提供的金融活动
			6633 典当	指以实物、财产权利质押或抵押的放款活动
			6639 其他非货币银行服务	指上述未包括的从事融资、抵押等非货币银行的服务,包括小额贷款公司、农村合作基金会等融资活动,以及各种消费信贷、国际贸易融资、公积金房屋信贷、抵押顾问和经纪人的活动
		664	6640 银行监管服务	指代表政府管理银行业活动,制定并发布对银行业金融机构及其业务活动监督管理的规章、规则
	67		资本市场服务	
		671	证券市场服务	
			6711 证券市场管理服务	指非政府机关进行的证券市场经营和监管,包括证券交易所、登记结算机构的活动
			6712 证券经纪交易服务	指在金融市场上代他人进行交易、代理发行证券和其他有关活动,包括证券经纪、证券承销与保荐、融资融券业务、客户资产管理业务等活动
			6713 基金管理服务	指在收费或合同基础上为个人、企业及其他客户进行的资产组合和基金管理活动,包括证券投资基金、企业年金、社保基金、专户理财、国内资本境外投资管理(QDII)等活动
		672	期货市场服务	
			6721 期货市场管理服务	指非政府机关进行的期货市场经营和监管,包括商品期货交易所、金融期货交易所、期货保证金监控中心的活动
			6729 其他期货市场服务	指商品合约经纪及其他未列明的期货市场的服务

		673	6730	证券期货监管服务	指由政府或行业自律组织进行的对证券期货市场的监管活动
		674	6740	资本投资服务	指经批准的证券投资机构的自营投资、直接投资活动，以及风险投资和其他投资活动
		679	6790	其他资本市场服务	指投资咨询服务、财务咨询服务、资信评级服务，以及其他未列明的资本市场的服务
	68			保险业	
		681		人身保险	指以人的寿命和身体为保险标的的保险活动，包括人寿保险、健康保险和意外伤害保险
			6811	人寿保险	指普通寿险、分红寿险、万能寿险、投资连结保险等活动(不论是否带有实质性的储蓄成分)
			6812	健康和意外保险	指疾病保险、医疗保险、失能收入损失保险、护理保险以及意外伤害保险的活动
		682	6820	财产保险	指除人身保险外的保险活动，包括财产损失保险、责任保险、信用保险、保证保险等
		683	6830	再保险	指承担与其他保险公司承保的现有保单相关的所有或部分风险的活动
		684	6840	养老金	指专为单位雇员或成员提供退休金补贴而设立的法定实体的活动(如基金、计划和/或项目等)，包括养老金定额补贴计划以及完全根据成员贡献确定补贴数额的个人养老金计划等
		685	6850	保险经纪与代理服务	指保险代理人和经纪人进行的年金、保单和分保单的销售、谈判或促合活动
		686	6860	保险监管服务	指根据国务院授权及相关法律、法规规定所履行的对保险市场的监督、管理活动
		689		其他保险活动	
			6891	风险和损失评估	指保险标的或保险事故的评估、鉴定、勘验、估损或理算等活动，包括索赔处理、风险评估、风险和损失核定、海损理算和损失理算，以及保险理赔等活动
			6899	其他未列明保险活动	指与保险和养老金相关或密切相关的活动(理赔和保险代理人、经纪人的活动除外)，包括救助管理、保险精算等活动
	69			其他金融业	
		691	6910	金融信托与管理服务	指根据委托书、遗嘱或代理协议代表受益人管理的信托基金、房地产账户或代理账户等活动，还包括单位投资信托管理

		692	6920	控股公司服务	指通过一定比例股份，控制某个公司或多个公司的集团，控股公司仅控制股权，不直接参与经营管理，以及其他类似的活动
		693	6930	非金融机构支付服务	指非金融机构在收付款人之间作为中介机构提供下列部分或全部货币资金转移服务，包括网络支付、预付卡的发行与受理、银行卡收单及中国人民银行确定的其他支付等服务
		694	6940	金融信息服务	指向从事金融分析、金融交易、金融决策或者其他金融活动的用户提供可能影响金融市场的信息（或者金融数据）的服务
		699	6990	其他未列明金融业	指主要与除提供贷款以外的资金分配有关的其他金融媒介活动，包括保理活动、掉期、期权和其他套期保值安排、保单贴现公司的活动、金融资产的管理、金融交易处理与结算等活动，还包括信用卡交易的处理与结算、外币兑换等活动
K				房地产业	本门类包含70大类
	70			房地产业	
		701	7010	房地产开发经营	指房地产开发企业进行的房屋、基础设施建设等开发，以及转让房地产开发项目或者销售、出租房屋等活动
		702	7020	物业管理	指物业服务企业按照合同约定，对房屋及配套的设施设备和相关场地进行维修、养护、管理，维护环境卫生和相关秩序的活动
		703	7030	房地产中介服务	指房地产咨询、房地产价格评估、房地产经纪等活动
		704	7040	自有房地产经营活动	指除房地产开发商、房地产中介、物业公司以外的单位和居民住户对自有房地产（土地、住房、生产经营用房和办公用房）的买卖和以营利为目的的租赁活动，以及房地产管理部门和企事业、机关提供的非营利租赁服务，还包括居民居住自有住房所形成的住房服务
		709	7090	其他房地产业	
L				租赁和商务服务业	本门类包含71和72大类
	71			租赁业	
		711		机械设备租赁	指不配备操作人员的机械设备的租赁服务
			7111	汽车租赁	
			7112	农业机械租赁	

		7113	建筑工程机械与设备租赁	
		7114	计算机及通信设备租赁	
		7119	其他机械与设备租赁	
	712		文化及日用品出租	
		7121	娱乐及体育设备出租	
		7122	图书出租	
		7123	音像制品出租	
		7129	其他文化及日用品出租	
72			商务服务业	
	721		企业管理服务	
		7211	企业总部管理	指不具体从事对外经营业务,只负责企业的重大决策、资产管理,协调管理下属各机构和内部日常工作的企业总部的活动,其对外经营业务由下属的独立核算单位或单独核算单位承担,还包括派出机构的活动(如办事处等)
		7212	投资与资产管理	指政府主管部门转变职能后,成立的国有资产管理机构和行业管理机构的活动;不包括资本活动的投资
		7213	单位后勤管理服务	指为企事业、机关提供综合后勤服务的活动
		7219	其他企业管理服务	指其他各类企业、行业管理机构的活动
	722		法律服务	指律师、公证、仲裁、调解等活动
		7221	律师及相关法律服务	指在民事案件、刑事案件和其他案件中,为原被告双方提供法律代理服务,以及为一般民事行为提供的法律咨询服务
		7222	公证服务	
		7229	其他法律服务	
	723		咨询与调查	
		7231	会计、审计及税务服务	
		7232	市场调查	
		7233	社会经济咨询	
		7239	其他专业咨询	指社会经济咨询以外的其他专业咨询活动

		724	7240	广告业	指在报纸、期刊、路牌、灯箱、橱窗、互联网、通信设备及广播电影电视等媒介上为客户策划、制作的有偿宣传活动
		725	7250	知识产权服务	指对专利、商标、版权、著作权、软件、集成电路布图设计等的代理、转让、登记、鉴定、评估、认证、咨询、检索等活动
		726		人力资源服务	指提供公共就业、职业中介、劳务派遣、职业技能鉴定、劳动力外包等服务
			7261	公共就业服务	指向劳动者提供公益性的就业服务
			7262	职业中介服务	指为求职者寻找、选择、介绍工作,为用人单位提供劳动力的服务
			7263	劳务派遣服务	指劳务派遣单位招用劳动力后,将其派到用工单位从事劳动的行为
			7269	其他人力资源服务	指职业技能鉴定、人力资源外包及其他未列明的人力资源服务
		727		旅行社及相关服务	指为社会各界提供商务、组团和散客旅游的服务,包括向顾客提供咨询、旅游计划和建议、日程安排、导游、食宿和交通等服务
			7271	旅行社服务	
			7272	旅游管理服务	
			7279	其他旅行社相关服务	
		728		安全保护服务	指为社会提供的专业化、有偿安全防范服务
			7281	安全服务	指保安公司及类似单位提供的安全保护活动
			7282	安全系统监控服务	
			7289	其他安全保护服务	
		729		其他商务服务业	
			7291	市场管理	指各种交易市场的管理活动
			7292	会议及展览服务	指为商品流通、促销、展示、经贸洽谈、民间交流、企业沟通、国际往来而举办的展览和会议等活动
			7293	包装服务	指有偿或按协议为客户提供包装服务
			7294	办公服务	指为商务、公务及个人提供的各种办公服务
			7295	信用服务	指专门从事信用信息采集、整理和加工,并提供相关信用产品和信用服务的活动,包括信用评级、商账管理等活动
			7296	担保服务	指保证人和债权人约定,当债务人不履行债务时,保证人按照约定履行债务或者承担责任的行为活动;本类别特指专业担保机构的活动

			7299	其他未列明商务服务业	指上述未列明的商务、代理等活动
M				科学研究和技术服务业	本门类包括73~75大类
	73			研究和试验发展	指为了增加知识（包括有关自然、工程、人类、文化和社会的知识），以及运用这些知识创造新的应用，所进行的系统的、创造性的活动；该活动仅限于对新发现、新理论的研究，新技术、新产品、新工艺的研制研究与试验发展，包括基础研究、应用研究和试验发展
		731	7310	自然科学研究和试验发展	
		732	7320	工程和技术研究和试验发展	
		733	7330	农业科学研究和试验发展	
		734	7340	医学研究和试验发展	
		735	7350	社会人文科学研究	
	74			专业技术服务业	
		741	7410	气象服务	指从事气象探测、预报、服务和气象灾害防御、气候资源利用等活动
		742	7420	地震服务	指地震监测预报、震灾预防和紧急救援等防震减灾活动
		743	7430	海洋服务	
		744	7440	测绘服务	
		745	7450	质检技术服务	指通过专业技术手段对动植物、工业产品、商品、专项技术、成果及其他需要鉴定的物品所进行的检测、检验、测试、鉴定等活动，还包括产品质量、计量、认证和标准的管理活动
		746		环境与生态监测	
			7461	环境保护监测	指对环境各要素，对生产与生活等各类污染源排放的液体、气体、固体、辐射等污染物或污染因子指标进行的测试和监测活动
			7462	生态监测	指对森林资源、湿地资源、荒漠化、珍稀濒危野生动植物资源的调查与监测活动；野生动物疫源疫病与防控以及对生态工程的监测活动

	747		地质勘查	指对矿产资源、工程地质、科学研究进行的地质勘查、测试、监测、评估等活动
		7471	能源矿产地质勘查	
		7472	固体矿产地质勘查	
		7473	水、二氧化碳等矿产地质勘查	
		7474	基础地质勘查	指区域、海洋、环境和水文地质勘查活动
		7475	地质勘查技术服务	指除矿产地质勘查、基础地质勘查以外的其他勘查和相关的技术服务
	748		工程技术	
		7481	工程管理服务	指工程项目建设中的项目策划、投资与造价咨询、招标代理、工程监理、项目管理等服务
		7482	工程勘察设计	指建筑工程施工前的工程测量、工程地质勘察和工程设计等活动
		7483	规划管理	指对区域和城镇、乡村的规划，以及其他规划
	749		其他专业技术服务业	
		7491	专业化设计服务	指除工程规划设计、软件设计、集成电路设计以外的独立的专业化设计活动
		7492	摄影扩印服务	
		7493	兽医服务	
		7499	其他未列明专业技术服务业	
75			科技推广和应用服务业	
	751		技术推广服务	指将新技术、新产品、新工艺直接推向市场而进行的相关技术活动，以及技术推广和转让活动
		7511	农业技术推广服务	
		7512	生物技术推广服务	
		7513	新材料技术推广服务	
		7514	节能技术推广服务	
		7519	其他技术推广服务	
	752	7520	科技中介服务	指为科技活动提供社会化服务与管理，在政府、各类科技活动主体与市场之间提供居间服务的组织，主要开展信息交流、技术咨询、技术孵化、科技评估和科技鉴证等活动

		759	7590	其他科技推广和应用服务业	指除技术推广、科技中介以外的其他科技服务，但不包括短期的日常业务活动
N				水利、环境和公共设施管理业	本门类包括 76~78 大类
	76			水利管理业	
		761	7610	防洪除涝设施管理	指对江河湖泊开展的河道、堤防、岸线整治等活动及对河流、湖泊、行蓄洪区和沿海的防洪设施的管理活动，包括防洪工程设施的管理及运行维护等
		762	7620	水资源管理	指对水资源的开发、利用、配置、节约等活动
		763	7630	天然水收集与分配	指通过各种方式收集、分配天然水资源的活动，包括通过蓄水（水库、塘堰等）、提水、引水和井等水源工程，收集和分配各类地表和地下淡水资源的活动
		764	7640	水文服务	指通过布设水文站网，对水的时空分布规律进行监测、收集和分析处理的活动
		769	7690	其他水利管理业	
	77			生态保护和环境治理业	
		771		生态保护	
			7711	自然保护区管理	指对有代表性的自然生态系统、珍稀濒危野生动植物物种和有特殊意义的自然遗迹等予以特殊保护和管理的活动
			7712	野生动物保护	指对野生及濒危动物的饲养、繁殖等保护活动，以及对栖息地的管理活动
			7713	野生植物保护	指对野生及濒危植物的培育等保护活动
			7719	其他自然保护	指除自然保护区管理、野生动植物保护以外的其他自然保护活动
		772		环境治理业	
			7721	水污染治理	指对江、河、湖泊、水库及地下水、地表水的污染综合治理活动，不包括排放污水的收集和治理活动
			7722	大气污染治理	指对大气污染的综合治理以及对工业废气的治理活动
			7723	固体废物治理	指除城乡居民生活垃圾以外的固体废物治理及其他非危险废物的治理
			7724	危险废物治理	指对制造、维修、医疗等活动产生的危险废物进行收集、贮存、利用、处理和处置等活动

		7725	放射性废物治理	指对生产及其他活动过程产生的放射性废物进行收集、贮存、利用、处理和处置等活动
		7729	其他污染治理	指除水污染、大气污染、固体废物、危险废物、放射性废物治理以外的其他环境治理活动
	78		公共设施管理业	
		781	7810	市政设施管理	指污水排放、雨水排放、路灯、道路、桥梁、隧道、广场、涵洞、防空等城乡公共设施的抢险、紧急处理、管理等活动
		782	7820	环境卫生管理	指城乡生活垃圾的清扫、收集、运输、处理和处置、管理等活动，以及对公共厕所、化粪池的清扫、收集、运输、处理和处置、管理等活动
		783	7830	城乡市容管理	指城市户外标志、外景照明、公共建筑物、施工围挡、材料堆放、渣土清运、竣工清理等管理活动；乡、村户外标志、村容镇貌、柴草堆放、树木花草养护等管理活动
		784	7840	绿化管理	指城市绿地和生产绿地、防护绿地、附属绿地等的管理活动
		785		公园和游览景区管理	
			7851	公园管理	指主要为人们提供休闲、观赏、游览以及开展科普活动的城市各类公园管理活动
			7852	游览景区管理	指对具有一定规模的自然景观、人文景物的管理和保护活动，以及对环境优美，具有观赏、文化或科学价值的风景名胜区的保护和管理活动；包括风景名胜和其他类似的自然景区管理
O				居民服务、修理和其他服务业	本门类包括79～81大类
	79			居民服务业	
		791	7910	家庭服务	指雇佣家庭雇工的家庭住户和家庭户的自营活动，以及在雇主家庭从事有报酬的家庭雇工的活动，包括钟点工和居住在雇主家里的家政劳动者的活动
		792	7920	托儿所服务	指社会、街道、个人办的面向不足三岁幼儿的看护活动，可分为全托、日托、半托，或计时的服务
		793	7930	洗染服务	指专营的洗染店以及在宾馆、饭店内常设的独立（或相对独立）洗染服务

		794	7940	理发及美容服务	指专业理发、美容保健服务，以及在宾馆、饭店或娱乐场所常设的独立（或相对独立）理发、美容保健服务

		794	7940	理发及美容服务	指专业理发、美容保健服务，以及在宾馆、饭店或娱乐场所常设的独立（或相对独立）理发、美容保健服务
		795	7950	洗浴服务	指专业洗浴室以及在宾馆、饭店或娱乐场所常设的独立（或相对独立）洗浴、温泉、SPA等服务
		796	7960	保健服务	指专业保健场所以及在宾馆、饭店或娱乐场所开设的独立（或相对独立）保健按摩、足疗等服务
		797	7970	婚姻服务	指婚姻介绍、婚庆典礼等服务
		798	7980	殡葬服务	指与殡葬有关的各类服务
		799	7990	其他居民服务业	指上述未包括的居民服务
	80			机动车、电子产品和日用产品修理业	
		801		汽车、摩托车修理与维护	
			8011	汽车修理与维护	指汽车修理厂及路边门店的专业修理服务，包括为汽车提供上油、充气、打蜡、抛光、喷漆、清洗、换零配件、出售零部件等服务，不包括汽车回厂拆卸、改装、大修的活动
			8012	摩托车修理与维护	
		802		计算机和办公设备维修	指对计算机硬件及系统环境的维护和修理活动
			8021	计算机和辅助设备修理	
			8022	通信设备修理	
			8029	其他办公设备维修	指其他未列明的各种办公设备的修理公司（中心）、修理门市部和修理网点的修理活动
		803		家用电器修理	
			8031	家用电子产品修理	指电视、音响等家用视频、音频产品的修理活动
			8032	日用电器修理	指洗衣机、电冰箱、空调等日用电器维修门市部，以及生产企业驻各地的维修网点和维修公司（中心）的修理活动
		809		其他日用产品修理业	
			8091	自行车修理	
			8092	鞋和皮革修理	
			8093	家具和相关物品修理	

			8099	其他未列明日用产品修理业	指其他日用产品维修门市部、修理摊点的活动，以及生产企业驻各地的维修网点和维修中心的修理活动
	81			其他服务业	
		811		清洁服务	指对建筑物、办公用品、家庭用品的清洗和消毒服务；包括专业公司和个人提供的清洗服务
			8111	建筑物清洁服务	指对建筑物内外墙、玻璃幕墙、地面、天花板及烟囱的清洗活动
			8119	其他清洁服务	指专业清洗人员为企业的机器、办公设备的清洗活动，以及为居民的日用品、器具及设备的清洗活动，包括清扫、消毒等服务
		819	8190	其他未列明服务业	
P				教育	本门类包括 82 大类
	82			教育	
		821	8210	学前教育	指经教育行政部门批准举办的对学龄前幼儿进行保育和教育的活动
		822		初等教育	指《义务教育法》规定的小学教育以及成人小学教育（含扫盲）的活动
			8221	普通小学教育	
			8222	成人小学教育	
		823		中等教育	
			8231	普通初中教育	指《义务教育法》规定的对小学毕业生进行初级中等教育的活动
			8232	职业初中教育	
			8233	成人初中教育	
			8234	普通高中教育	指非义务教育阶段，通过考试招收初中毕业生进行普通高中教育的活动
			8235	成人高中教育	
			8236	中等职业学校教育	指经教育行政部门或劳动就业行政部门批准举办的中等技术学校、中等师范学校、成人中等专业学校、职业高中学校、技工学校等教育活动
		824		高等教育	
			8241	普通高等教育	指经教育行政部门批准，由国家、地方、社会办的在完成高级中等教育基础上实施的获取学历的高等教育活动
			8242	成人高等教育	指经教育主管部门批准办的成人高等教育活动
		825	8250	特殊教育	指为残障儿童提供的特殊教育活动

			829	技能培训、教育辅助及其他教育	指我国学校教育制度以外，经教育主管部门、劳动部门或有关主管部门批准，由政府部门、企业、社会办的职业培训、就业培训和各种知识、技能的培训活动，以及教育辅助和其他教育活动
			8291	职业技能培训	指由教育部门、劳动部门或其他政府部门批准举办，或由社会机构举办的为提高就业人员就业技能的就业前的培训和其他技能培训活动，不包括社会上办的各类培训班、速成班、讲座等
			8292	体校及体育培训	指各类、各级体校培训，以及其他各类体育运动培训活动，不包括学校教育制度范围内的体育大学、学院、学校的体育专业教育
			8293	文化艺术培训	指国家学校教育制度以外，由正规学校或社会各界办的文化艺术培训活动，不包括少年儿童的课外艺术辅导班
			8294	教育辅助服务	指专门从事教育检测、评价、考试、招生等辅助活动
			8299	其他未列明教育	指经批准的宗教院校教育及上述未列明的教育活动
Q				卫生和社会工作	本门类包括83和84大类
	83			卫生	
		831		医院	
			8311	综合医院	
			8312	中医医院	
			8313	中西医结合医院	
			8314	民族医院	
			8315	专科医院	
			8316	疗养院	指以疗养、康复为主，治疗为辅的医疗服务活动
		832		社区医疗与卫生院	
			8321	社区卫生服务中心（站）	
			8322	街道卫生院	
			8323	乡镇卫生院	
		833	8330	门诊部（所）	指门诊部、诊所、医务室、卫生站、护理院等卫生机构的活动
		834	8340	计划生育技术服务活动	指各地区计划生育技术服务机构的活动
		835	8350	妇幼保健院（所、站）	指非医院的妇女及婴幼儿保健活动

		836	8360	专科疾病防治院（所、站）	指对各种专科疾病进行预防及群众预防的活动

		837	8370	疾病预防控制中心	指卫生防疫站、卫生防病中心、预防保健中心等活动
		839	8390	其他卫生活动	指急救中心及其他未列明的卫生机构的活动
	84			社会工作	指提供慈善、救助、福利、护理、帮助等社会工作的活动
		841		提供住宿社会工作	指提供临时、长期住宿的福利和救济活动
			8411	干部休养所	
			8412	护理机构服务	指各级政府、企业和社会力量兴办的主要面向老年人、残疾人提供的专业化护理的服务机构的活动
			8413	精神康复服务	指智障、精神疾病、吸毒、酗酒等人员的住宿康复治疗活动
			8414	老年人、残疾人养护服务	指各级政府、企业和社会力量兴办的主要面向老年人和残疾人提供的长期照料、养护、关爱等服务机构的活动
			8415	孤残儿童收养和庇护服务	指对孤残儿童、生活无着流浪儿童等人员的收养救助活动
			8419	其他提供住宿社会救助	指对生活无着流浪等其他人员的收养救助等活动
		842		不提供住宿社会工作	指为孤儿、老人、残疾人、智障、军烈属、五保户、低保户、受灾群众及其他弱势群体提供不住宿的看护、帮助活动，以及慈善、募捐等其他社会工作的活动
			8421	社会看护与帮助服务	指为老人、残疾人、五保户及其他弱势群体提供不住宿的看护、帮助活动
			8429	其他不提供住宿社会工作	指慈善、募捐等其他社会工作的活动
R				文化、体育和娱乐业	本门类包括85~89大类
	85			新闻和出版业	
		851	8510	新闻业	
		852		出版业	
			8521	图书出版	
			8522	报纸出版	
			8523	期刊出版	
			8524	音像制品出版	

		8525	电子出版物出版	
		8529	其他出版业	
86			广播、电视、电影和影视录音制作业	指对广播、电视、电影、影视录音内容的制作、编导、主持、播出、放映等活动；不包括广播电视信号的传输和接收活动
	861	8610	广播	指广播节目的现场制作、播放及其他相关活动，还包括互联网广播
	862	8620	电视	指有线和无线电视节目的现场制作、播放及其他相关活动，还包括互联网电视
	863	8630	电影和影视节目制作	指电影、电视和录像（含以磁带、光盘为载体）节目的制作活动，该节目可以作为电视、电影播出、放映，也可以作为出版、销售的原版录像带（或光盘），还可以在其他场合宣传播放，还包括影视节目的后期制作，但不包括电视台制作节目的活动
	864	8640	电影和影视节目发行	不含录像制品（以磁带、光盘为载体）的发行
	865	8650	电影放映	指专业电影院以及设在娱乐场所独立（或相对独立）的电影放映等活动
	866	8660	录音制作	指从事录音节目、音乐作品的制作活动，其节目或作品可以在广播电台播放，也可以制作成出版、销售的原版录音带（磁带或光盘），还可以在其他宣传场合播放，但不包括广播电台制作节目的活动
87			文化艺术业	
	871	8710	文艺创作与表演	指文学、美术创造和表演艺术（如戏曲、歌舞、话剧、音乐、杂技、马戏、木偶等表演艺术）等活动
	872	8720	艺术表演场馆	指有观众席、舞台、灯光设备，专供文艺团体演出的场所管理活动
	873		图书馆与档案馆	
		8731	图书馆	
		8732	档案馆	
	874	8740	文物及非物质文化遗产保护	指对具有历史、文化、艺术、科学价值，并经有关部门鉴定，列入文物保护范围的不可移动文物的保护和管理活动；对我国口头传统和表现形式，传统表演艺术，社会实践、意识、节庆活动，有关的自然界和宇宙的知识和实践，传统手工艺等非物质文化遗产的保护和管理活动

		875	8750	博物馆	指收藏、研究、展示文物和标本的博物馆的活动，以及展示人类文化、艺术、科技、文明的美术馆、艺术馆、展览馆、科技馆、天文馆等管理活动
		876	8760	烈士陵园、纪念馆	
		877	8770	群众文化活动	指对各种主要由城乡群众参与的文艺类演出、比赛、展览等公益性文化活动的管理活动
		879	8790	其他文化艺术业	
	88			体育	
		881	8810	体育组织	指专业从事体育比赛、训练、辅导和管理的组织的活动
		882	8820	体育场馆	指可供观赏比赛的场馆和专供运动员训练用的场地管理活动
		883	8830	休闲健身活动	指主要面向社会开放的休闲健身场所和其他体育娱乐场所的管理活动
		889	8890	其他体育	指上述未包括的体育活动
	89			娱乐业	
		891		室内娱乐活动	指室内各种娱乐活动和以娱乐为主的活动
			8911	歌舞厅娱乐活动	
			8912	电子游艺厅娱乐活动	
			8913	网吧活动	指通过计算机等装置向公众提供互联网上网服务的网吧、电脑休闲室等营业性场所的服务
			8919	其他室内娱乐活动	
		892	8920	游乐园	指配有大型娱乐设施的室外娱乐活动及以娱乐为主的活动
		893	8930	彩票活动	指各种形式的彩票活动
		894		文化、娱乐、体育经纪代理	
			8941	文化娱乐经纪人	
			8942	体育经纪人	
			8949	其他文化艺术经纪代理	
		899	8990	其他娱乐业	指公园、海滩和旅游景点内小型设施的娱乐活动及其他娱乐活动
S				公共管理、社会保障和社会组织	本类包括 90~95 大类
	90			中国共产党机关	

	900	9000	中国共产党机关	
91			国家机构	
	911	9110	国家权力机构	指宪法规定的全国和地方各级人民代表大会及常委会机关的活动
	912		国家行政机构	指国务院及所属行政主管部门的活动；县以上地方各级人民政府及所属各工作部门的活动；乡（镇）级地方人民政府的活动；行政管理部门下属的监督、检查机构的活动
		9121	综合事务管理机构	指中央和地方人民政府的活动，以及依法管理全国或地方综合事务的政府主管部门的活动，还包括政府事务管理
		9122	对外事务管理机构	
		9123	公共安全管理机构	
		9124	社会事务管理机构	
		9125	经济事务管理机构	
		9126	行政监督检查机构	指依法对社会经济活动进行监督、稽查、检查、查处等活动，包括独立（或相对独立）于各级行政管理机构的执法检查大队的活动
	913		人民法院和人民检察院	指宪法规定的人民法院和人民检察院的活动
		9131	人民法院	指各级人民法院的活动
		9132	人民检察院	指各级人民检察院的活动
	919	9190	其他国家机构	指其他未另列明的国家机构的活动
92			人民政协、民主党派	
	921	9210	人民政协	指全国人民政治协商会议及各级人民政协的活动
	922	9220	民主党派	
93			社会保障	
	930	9300	社会保障	指依据国家有关规定开展的各种社会保障活动
94			群众团体、社会团体和其他成员组织	
	941		群众团体	指不在社会团体登记管理机关登记的群众团体的活动
		9411	工会	
		9412	妇联	
		9413	共青团	
		9419	其他群众团体	
	942		社会团体	指依法在社会团体登记管理机关登记的单位的活动

		9421	专业性团体	指由同一领域的成员、专家组成的社会团体（如学科、学术、文化、艺术、教育、卫生等）的活动
		9422	行业性团体	指由一个行业，或某一类企业，或不同企业的雇主（经理、厂长）组成的社会团体的活动
		9429	其他社会团体	指未列明的其他社会团体的活动
	943	9430	基金会	指利用自然人、法人或者其他组织捐赠的财产，以从事公益事业为目的，按照国务院颁布的《基金会管理条例》的规定成立的非营利性法人的活动
	944	9440	宗教组织	指在民政部门登记的宗教团体的活动和在政府宗教事务部门登记的宗教活动场所的活动
95			基层群众自治组织	指通过选举产生的社区性组织，该组织为本地区提供一般性管理、调解、治安、优抚、计划生育等服务
	951	9510	社区自治组织	指城市、镇的居民通过选举产生的群众性自治组织的管理活动
	952	9520	村民自治组织	指农村村民通过选举产生的群众性自治组织的管理活动
T			国际组织	本门类包括96大类
	96		国际组织	
	960	9600	国际组织	指联合国和其他国际组织驻我国境内机构等的活动

思考题

1. 简述服务业的基本特征。
2. 分析1994年前后，中国服务业生产核算一级分类之间有哪些主要区别。
3. 中国服务业核算经历了怎样的历史变迁，现状如何？
4. 当前中国服务业核算中存在哪些基本问题，这些问题对服务业的核算带来了怎样的影响，今后应如何进一步改进服务业的核算？

第六章 服务业的创新与发展

迄今为止，无论在国内还是国外，服务业创新研究都处于刚刚起步的阶段。作为创新研究的一个全新领域，服务业创新是目前该领域的一个研究热点。在相当长的时期内，创新研究一直是以制造业为对象展开的，而对服务业创新的研究并未得到足够的重视。本章在分析服务业创新与制造业创新区别的基础上，着重探讨服务业创新的内涵和创新模式。

第一节 服务业创新内涵

服务业创新不等于服务创新。所谓服务创新是关于服务的创新，其发生的范畴不仅局限在服务业本身，也包括制造业、农业以及非营利性公共部门。而服务业创新则是指发生在服务业部门的各类创新活动，它不仅包括发生在服务业内的服务创新，也包括发生在服务业内的技术创新、产品创新、流程创新、制度创新等其他各种创新活动。

一、服务业创新的特性

服务业创新同制造业创新类似，但由于服务本身是一个过程，是为客户提供的解决方案，其本身是一种无形的产品，因而服务业创新又有许多特殊性。

1. 强调客户参与性，客户和员工在创新中的作用远高于制造业

在制造业，客户不参与产品的生产过程，企业与客户的接触机会较少。而服务业的产品是制造与消费同时完成的，整个过程需要客户的参与，这就为企业获得创新思想提供了一个制造业所没有的途径。由于客户直接参与整个服务过程，因此客户的需求以及企业所提供的服务能否满足客户需求等信息就可以直接通过员工与顾客的直接接触而获取。

2. 创新活动往往缺少与之相应的正式研究部门

在制造业创新过程中，产品、工艺设备、原材料的设计和研发往往发生在企业专门的研究部门，然后才会在实际环境中进行实验和实施，并且绝大多数

的设计和研发活动是在相对独立的部门中进行的，市场部门、营销部门一般不参与产品的设计和研发。而发生在服务业部门的各类创新活动中，往往并没有与之相应的的正式的研究部门。由于服务本身是一个在客户参与的情形下才能完成的过程，所有的创新活动要在实际环境下操作才能实现，而在企业内部建设一个类似于实际环境的研发部门对许多服务企业来说几乎是不可能的。实际上，服务业一般是通过开设样本店的方式进行创新服务的实验，即使实验没有得到预期的效果，也不会将样本店改造成类似于制造业的研发部门一样继续下一个新服务的实验，而往往选择放弃或调整。

3. 以过程、程序及软技术创新为主，创新的发生难以准确表述

传统的技术主义的研究开发指标无法准确地表述服务业所发生的创新，但这并不意味着服务业自身不能进行研发和创新，事实上，在服务业发生更多的是过程、程序以及软技术的创新。这些创新都是无形的，它们由方法、参与者的行动共同组成。所谓软技术，是指组织、管理、行为、决策等方面的技术，主要体现为人的经验等知识，如商业规划、营销策划、企业选址和渠道选择等。而制造业的创新更多的是自然科学和工程类技术上的创新。由于受产业特性的影响，服务产业中软技术的重要性要高于制造业，创新更多的是以过程、程序及软技术创新的形式出现。

4. 服务业创新具有互动性

首先，是与外部客户的互动，没有客户的参与，或客户不满意，创新很难完成；其次，服务业创新也需要企业内部的互动，职工和经理应以正式或非正式的形式参与到创新的过程中。

二、服务业创新与制造业创新

相关研究表明，在有关创新的文献中，99%以上是以制造业为对象的，绝大多数重要的创新模型和规律都是以制造业为蓝本提出来的，甚至当创新被认为对国家国际竞争力和经济增长起关键作用的时候，服务业却被看做是创新的落伍者。在很长时间里，研究者对服务业创新的研究并不重视，认为创新是制造业的事。尤其是信息技术在服务业的应用中，把服务业创新看做是简单的技术创新。这势必影响对于服务业创新的理解，导致服务业的创新性很低。然而在近十年来国外学者通过大量的理论和实证研究得出一致的结论：服务业有自己的创新，这种创新是根本性的或渐进性的，并在创新系统中起着积极作用，只不过服务业创新的模式和内容与人们习惯的制造业创新有着很大的区别。

服务业与制造业的不同，本质上是服务与产品的不同。首先，服务业行业众多、性质各异，客户需求千差万别，这种服务产品的异质性大大增加了服务

业创新的研究难度。其次，服务业提供给客户的是无形的产品，这种产品是制造与消费同时完成且需客户的参与，并且无法储存；而制造业提供的一般是有形的产品，其制造和消费是两个不同的阶段，通常可以储存。

服务业与制造业在创新成果保护上也有所差别。知识产权体系是对创新成果进行保护的重要法律措施。目前的知识产权保护系统主要是面向制造业产品，还没有将服务作为主要的保护对象，对于服务业创新成果的保护力度相对于制造业创新产品要弱。由于外界对服务业创新的认可程度较低，并且服务业产品具有无形性以及容易被复制，这就造成知识产权对于服务业创新活动的保护相对制造业要弱得多。创新本身是一种高风险的投资，创新成果如果得不到有效的保护，将会极大地挫伤创新的积极性，影响服务业创新的驱动力。

制造业与服务业的创新路径也存在着很大差异。制造业创新技术的发展路径是非连续性、跳跃式的发展路径，创新技术与现有技术之间关联程度较低，与旧技术之间不要求具有很高的协同发展。而服务业的创新发展轨迹是连续性的、持续提高的，创新技术是在现有技术的基础上的提高和发展，因此创新技术与现有技术存在着天然的联系，创新技术必须与旧技术之间建立无缝连接才能正常开展工作。

在对创新投入及产出的衡量方面，二者也存在较大差异。前文谈到，制造业的创新主要依托专门的研发部门，技术创新是其主要的创新方式，创新的成果主要是产品或工艺创新，是有形的、看得见的，因而比较容易用创新投入（如资金、人员等），创新产出（专利申请、专利授权等）指标来评价；并且这种创新成果的有形性、可测性等特点使得制造业创新一旦成功，技术风险会相对较小。然而由于服务业创新自身的特性，这些传统的技术主义的研究开发指标难以准确表达服务业所发生的创新活动。从创新投入看，由于服务业的创新形式更加多样，技术创新只是其中的一个维度，非技术形式的创新在服务业中更为重要，如过程创新、市场创新、组织创新等。而除了一些技术创新需要依靠专门的传统研发部门，大多数的服务业创新是以业务流程优化、商业模式创新等方式，与实际业务紧密结合在一起的，是难以分离的，从而使大量的服务业创新投入被归入经营成本而难以统计。如果仅仅统计服务业技术研发部门投入，显然大大低估了服务业的创新投入。从创新产出看，服务业的创新更多是无形的、看不见的。而目前我们衡量创新产出的指标主要是专利数量，而专利数量主要评价的是有形的创新产出，虽然包括我国在内的许多国家如美国、日本，已将商业模式列入专利申请范围，但仍难以有效体现服务业所发生的创新。并且由于服务业的技术创新产品一般是服务产品或者工艺流程，可测性较差，技术风险相对制造业就会很大。这种创新技术测试能力的不同，也会造成两种产业所采取的风险降低策略的差异。

三、服务业创新的分类

早在2002年，外国学者Wietze和Elfring就将服务创新分为技术创新和组织创新两大类。这种将服务创新简单地一分为二的分类方法，可以反映出由于长期受制造业中技术创新的影响，人们更多地习惯从技术维度对服务创新进行分析，并将技术创新作为服务创新的主要形式。事实上，技术革新只是引起创新的一个因素（而且不是必要因素），技术创新也只是服务创新的一种形式，实际上由非技术因素引起的创新在服务业中更为普遍和频繁。另一方面，学者们已经认识到组织创新在服务业中的重要作用，并进行了进一步的研究。Normann将服务创新分为四种类型，即社会创新、技术创新、网络创新和复制创新，社会创新主要包括四种类型，其中客户参与创新和组合创新为以后的研究提供了思路。但这一分类的不足之处在于Normann定义的客户参与的概念过于狭隘，仅仅指的是客户自我服务的活动。Sundbo在其基础上将概念进行扩展，进一步从创新对象的角度将服务创新分为四类，即产品创新、过程创新、组织创新和市场创新。Miles依据服务部门的特性将服务创新分为三类，即产品创新、过程创新和传递创新。

随着研究的深入，学者们的关注视角从创新对象回归到服务业本身所特有的创新形式，并发现了许多用技术维度无法解释但又相当重要的创新形式，这些非技术性创新在服务业中更为普遍和重要。

下面着重讨论几种服务业特有的创新形式。

（1）产品创新。产品创新是指对市场和客户而言的全新服务产品的开发和引入。虽然概念上与制造业中产品创新相类似，但就创新内涵、性质和驱动力上二者依然存在较大差异。这种创新包含的范围最为狭窄，对创新对象的描述也最为准确，与制造业中的产品创新不同之处在于服务业中产品创新的结果并不表现为一个有形物品，而是以一种全新的服务概念、过程或方法来呈现。例如，某保险公司设计和开发了一个全新的险种，就属于典型的产品创新。

（2）管理组织创新。管理组织创新是指服务组织要素的增减，组织形式或结构的变化，管理方法的革新和完善，以更好地为客户提供服务。如在企业中引入一个激励系统或某种柔性组织结构，在组织中设置自我管理团队等都是组织创新的典型例子。

（3）市场创新。市场创新是指服务企业在市场中的创新行为。例如开辟全新的市场，在原有市场基础上开发新的细分市场，进入另一个行业及市场，以及在市场上与其他行为主体间关系的变化等。如某服务企业加入一个新的市场战略联盟就可以看作是市场创新。

（4）技术创新。技术创新是指因新技术在服务组织中的采用而产生的增值性创新行为，通过采用技术或者其他附加元素，对原有服务内容、形式或质量进行改进，使之更加完善，如ATM。

（5）过程创新。服务过程创新是指在向客户提供服务过程中的创新。从广义上讲，服务的过程创新就是产品创新。这是因为服务的产生和传递过程本身就属于服务产品的一部分，服务的产生和消费往往是同时发生的，或者说服务在本质上就是一种过程，服务产品在很大程度上就是服务过程，因此很难在产品创新和过程创新这二者间进行明确区分，往往说服务的产品创新包含着过程创新和传递创新。从狭义上讲，过程创新是指服务生产、传递的程序或规程变化，包括生产过程的创新及传递过程的创新。例如一项新洗涤程序的引入就属于过程创新。

（6）传递创新。传递创新是指在服务传递过程中，服务企业与客户沟通以及交互作用界面的创新。传递创新充分反映出服务创新的顾客参与和交互作用特性。服务传递方式的优劣和效率的高低直接影响服务提供的结果和顾客感知的服务质量。交通运输部门当前采用的户对户服务方式就是传递创新的典型例子。

（7）专门化创新。专门化创新是指针对某一顾客的特定需求构建并提出解决方法的创新模式。这种创新形式在知识密集型服务业中广泛存在并占据相当重要的地位，如咨询业最主要的服务形式及创新模式就是专门化服务。专门化创新是一种非计划性的创新，它是在服务的交互作用过程中的创新，因此无法在开始之前进行某种计划和安排。

（8）结构创新。结构创新是指将已有服务要素进行系统性的重新组合或重新利用而产生的创新。创新的重组模式可以包含很多服务要素的组合，如知识、特性、产品、服务、人力资源和制度等。这种创新通过几种具体方式得到实现：新服务要素的增加；两种或两种以上已有服务要素的组合；已有服务要素的分解。结构创新可能发生在产业水平上，即若干最初独立的服务部门相互关联和集结形成一个系统化的创新体。如由超级市场、保险公司、银行和咨询服务等形成的系统就是产业层次上的创新体。

（9）形式化创新。形式化创新是指各种服务要素并不发生定量或定性的变化，而是"可视性"和标准化程度发生变化。例如将服务要素变得更加有序；对服务要素进行详细说明以此减少服务要素的模糊性，使其更加具体有形；赋予无形服务要素以具体形式等。在很多知识密集型服务业中都会发现形式化创新的存在。形式化创新过程会使服务要素的标准化程度提高，为结构创新提供条件，因此一般在形式化创新之后紧跟着结构创新。

第二节 服务业创新模式

近十年来国外学者通过大量的理论和实证研究,得出的一致结论是:服务业不仅在创新系统中起着积极作用,其自身也存在着大量的根本性或渐进性的创新,只不过与制造业相比,其创新模式有着很大的区别。但是由于在一些基础性的问题上并没有实质性的突破,服务业创新研究对于创新模式等深层次问题的研究仍停留在非常初级的阶段,多数研究主要还是对现象的表面化描述、归纳和总结,缺乏深层次的分析和实证研究。

一、服务业创新研究的三个学派

服务业创新研究中的一个核心问题是探讨服务业的创新与制造业的创新二者之间的区别和联系。针对这一问题,学术界存在三种不同的观点:技术导向的观点,服务导向的观点以及服务制造相融合的观点。对应的,服务业的创新存有三种主流的创新模式,分别是以技术为基础的创新模式、服务导向模式及整合模式。

1. 技术导向学派

技术导向学派是服务业创新研究最早出现的一个学派。由于人们对制造业创新的研究已经有了相当长时间的积累,所以在起初研究服务业创新时,人们很自然地会采用这种观点及相应的方法,从发表的论文数量上看,技术导向学派也是迄今为止对服务业创新研究最多的一个学派。以技术为基础的创新模式关注技术在服务创新中扮演的角色,并着重对技术设备和技术系统在服务业中所引起的创新进行分析,其多应用于信息服务等领域。这一学派主要关注服务业采纳技术所产生的创新,并不关心非技术的创新和服务业企业自己形成的创新。他们尤其关心信息技术的采纳对服务业创新的影响。持这一观点的学者认为,服务业的创新与制造业的创新没有本质的区别,他们将以制造业为对象开发的理论应用于服务业,以检验这些理论在服务业是否成立,在研究方法上也是将制造业为对象开发的方法应用于服务业。由于沿袭了创新研究中以技术的创新为核心的传统,学者们对非技术创新的关注较少。在这一领域,Barras的工作是非常值得注意的。他在银行、保险、会计等领域发现了一种与传统产品生命周期理论相反的产品生命周期:首先,服务业采纳了某项信息技术,触发了一个自然的技术轨道,导致了渐进工艺创新的出现,目的是提高服务的效率。之后,出现了一个更加重要的创新,继续导致了服务质量的改进。最后,在产品生命周期的最后，一个产品创新出现了。然而如果从研究方法的角度来看，这一学派的研究存在度量不准确的问题，它只关注了服务业中科学和工程技术的创新，正如在Barras的研究中仅仅研究的是采用信息技术及相应业务流程后服务业领域的创新，如ATM机。而在金融行业，金融工具方面的创新显然具有同样的重要地位。

2．服务导向学派

服务导向学派强调由服务和服务生产本身特性所带来的创新，它关注创新的非技术的方面，即纯的服务领域的创新。持该观点的学者认为服务的无形性和与客户高度的交互性使得服务业的创新与制造业的创新有着本质的区别，因此需要开发全新的理论和方法去研究适应于服务业的创新模式，他们更关注具有服务业特性的创新即纯服务领域的非技术创新，如咨询服务业增加一个服务领域（如技术战略管理、人力资源管理），金融业各种金融工具创新。Belleflamme在研究中发现服务业在为客户提供服务过程中供应商与用户间存在着密切的交互关系，并首次提出服务生产系统（Servuction）的概念，认为这是物质产品生产和服务生产的本质区别，为了更好地揭示服务创新的过程，应该从服务的顾客参与特性为研究出发点。Soundbo认为，服务业创新并不遵循一条技术性的轨道，而是遵循一条服务专业的轨道（service-professional-trajectory），如关于银行管理的一系列思想，其中技术仅仅是一个要素。

3．趋同学派

趋同学派的基本观点认为，制造业与服务业二分法的假设存在问题，产品和服务的区分正在缩小，产品和服务是一个连续体，创新研究应该开发能够同时包容制造业和服务业的统一的理论框架和研究方法，即服务制造相融合的观点。趋同性的观点主要出现在2000年以后，技术导向学派和服务导向学派的学者各自都对服务的创新开展了大量的研究并取得了系列成果，但同时也意识到了各自观点和研究方法的不足与局限性，并提出采用融合的方法来研究服务业创新的思路。尤其在大量的企业实践案例中，大多数服务业企业在提供服务的同时也提供实物产品，而制造业企业在提供实物产品的同时也提供相应的许多服务，服务所占比重呈现趋高趋势，那么，以整合模式对创新进行研究就更加合理。这种创新模式将服务和产品进行统一的创新整合分析，采用整合方法是以产品和服务边界的日益模糊以及两者的相互融合、相互作用和相互增强为背景，并以功能（特性）方法的观点为基础。这种模式正成为服务创新研究的新趋势，也为服务创新的实现提供了丰富的理论思路和实践途径。到目前为止，基于整合观点的服务业创新研究仍处于理论探讨阶段，在研究方法和模型的建立上仍不成熟，较具代表性的是Bilderbeek、Hertog、Marklund、Miles提出的四维度模型，其中包含了四个引发服务创新的关键因素，这四个因素分别是服务概念、客户界面、传递系统以及技术选择。该模型虽然只是一个概念模型，但能较为全面地描绘服务创新并指导实际的创新活动，属于一个典型的有关服务创新的整合概念模型。

二、服务业创新的驱动力

对于技术创新比较重要的驱动力包括技术推动力、需求拉动力、政府行为推动力、企业家创新偏好等。在对技术创新学说的研究中不难发现，技术创新学说一般只强调某一种驱动力的作用，而对于其他的驱动力却有所偏废。在服务创新的现有研究中，人们发现服务创新的不同动力之间存在交互作用。Enkel和Gibbert等指出，服务企业的创新实际上是四处发生的，有关新产品和服务改进的创意和新知识更多地可以来自研发部门以外的其他员工、顾客，甚至是竞争对手。因此对目前服务创新的研究进行总结，可以将服务创新的驱动力归结为以下几类：

1. 技术驱动力

Keegan和Turner认为，推动创新的关键因素之一是和外部技术组织的良好交流。Kuusisto和Meyer的调查结果显示，信息技术是服务创新的关键驱动力，基于数据处理和移动通讯，信息技术使得新服务如远程诊断、远程监控等得以运行。

2. 需求驱动力

VonHippel指出了顾客在客户主导创新过程中的能动作用。他发现，在科学仪器领域大约80%的创新中，都是由用户发现的需要对仪器进行改进，从而完成了创新的第一步。这种通过用户感知对产品的需求，形成解决方案、建立原型的创新范式被称为用户创新。

3. 竞争驱动力

Kuusisto和Meyer发现，反常规的变化增强了竞争，使得新型服务被开发出来并提供给顾客。而行业结构的刚性、竞争的缺乏、生产能力的过剩则导致服务创新驱动力不足，形成服务创新障碍。

4. 政策驱动力

在欧洲SI4S研究项目中发现，政府的一个重要角色就是服务创新的触发器。这个角色非常重要，它可能直接促进某种创新（通过R&D资助等），也可能导致新规则的产生。这两种因素都可能是服务创新的动因。例如，严格的环境控制带来了对测试、诊断和控制服务的需求，同时也需要开发出合乎环境要求的服务产品和服务工艺。

在对欧洲多个服务企业调查研究的基础上，有学者从企业内部和外部两方面出发，提出了服务企业创新的基本动力模型。在这个模型中，服务创新的驱动力分为内部和外部两类。内部动力是指企业内部管理层、R&D部门、员工等行为主体的驱动，而外部动力可以从行为者和轨道这两个维度来分析。内部动力和外部动力之间相互作用。没有外部动力，内部动力无法启动；缺乏内部动力，外部动力难以发挥诱发和促进作用。

1．内部驱动力

服务企业创新过程中的内部动力包含三类。首先是企业的战略和管理。战略作为企业发展的指导原则，对于服务创新的产生有着最直接和最根本的影响。具有创新意识的服务企业会将创新目标纳入正式的战略规划中，并在企业内部自上而下形成一种创新氛围。管理作为内部驱动力之一，指的是企业高层和营销部门的管理活动。因为服务创新通常是市场驱动的，而营销部门作为直接接触客户并掌握市场知识的部门，能够将市场信号和客户需求迅速反馈给企业，从而不断地激励创新。

其次，服务企业的创新过程通常是个松散连续的过程，员工扮演着内部企业家的角色。员工可以根据自己的专业知识、以往的开发经验，通过与顾客的紧密接触而发现新问题、提出创新概念。因此，员工也是重要的内部驱动力之一。

最后一类内部驱动力是R&D部门或其他特定的负责创新的部门。后者是指服务企业中的信息部门，其职能是诱发和收集企业内部的创新思想。服务创新很少是基于自然科学的，因此在服务企业中几乎没有正式的R&D部门。即使存在R&D部门，也主要从事与社会科学有关的概念分析活动，这一点与技术创新相区别。

2．外部驱动力

服务创新的外部驱动力分为轨道和行为者两个维度。轨道是指社会系统（一个国家、一个国际网络、一个专业网络等）中传播的概念和逻辑，它影响着服务企业创新的特征和方向。这些概念和逻辑通常由很多难以识别的行为者进行传播。轨道强调的是与创新有关的概念和逻辑，是关于"我们做什么"和"我们怎么做"的问题，而不是通过哪些行为者来进行传播。

行为者是指那些其行为对服务企业的创新活动产生重要影响的人员、企业和组织。有四类行为者：①顾客是最重要的行为者。他们可能是创新思想的来源，也可能参与整个创新过程。从某种程度上说，服务提供者和客户之间的界面可以看作是合作创新的实验室。②竞争者对于服务企业的创新活动也很重要。服务企业可以通过对竞争企业创新行为和创新产品的观察与分析，从竞争者那里获取创新思想。③供应商特别是知识密集型服务供应商也是服务创新的重要来源。知识密集型服务供应商在与服务企业合作时扮演着创新发起者、推动者和传播者的多重角色。④公共部门对于服务企业的创新也会产生一定影响：一方面公共部门需要服务；另一方面它提供了创新活动所必需的知识和人力资源。但是公共部门很少是服务创新过程中的直接行为者。

三、服务业创新模式

1. R&D模式及其演化

服务业R&D模式与传统制造业中的R&D模式一样，研发部门和生产部门之间存在清晰的界限。在服务企业中这种模式较为少见，一般只会出现在提供大规模、标准化服务的大型服务企业中，例如提供批量信息处理或者维护的企业。这种工业创新模式随着服务业的发展发生了较大的变化，出现了所谓"新工业模式"。在传统的工业创新模式中，创新的驱动力来自于技术轨道，企业主要进行的是技术创新和过程创新。在采用这种模式的企业中存在着专门从事研发和创新的部门，通常由企业中的产品技术部门或者信息科技部门来担任。创新部门同其他部门之间是一种简单的线性关系，不存在任何反馈。顾客在这种模式中只是一个创新的被动接受者，并不参与实际的创新过程。而"新工业模式"在传统工业模式基础上进行了改进和演化。依照传统工业模式创新的大规模信息服务企业逐渐转向新的模式，这是由他们所面临的激烈竞争压力所致（例如银行业、保险业）。在这类企业中创新来源于行为者之间的互动，创新过程不再是一个线性的模式，而是一个采用交互作用的复杂模式。该模式的外部驱动力是技术轨道、服务专业轨道和顾客。技术作为创新过程中的驱动力之一，可能带来服务质量的提高或者服务效率的提高。"新工业模式"是一种顾客导向型创新，它的创新主要是为了满足顾客的未来需求。在这种模式中，跨部门组成的项目团队更容易获得创新的成功。以保险业为例，创新的参与部门可能包括信息技术部、保险精算部、营销部门或者专门的研究室。故相对于传统工业模式的标准化，新工业模式更强调灵活性，更接近于服务活动的交互性本质。

2. 服务专业模式

服务专业模式是在总结专业知识型服务业的创新模式时提到的。采用这种模式的企业一般是中等规模的知识密集型服务业，它们主要提供某个专业领域内问题的解决方案（例如咨询、建筑设计）。在服务专业模式中，创新的主要驱动力来自于服务专业轨道、员工和顾客，组织中不存在专门从事创新的部门。该模式的创新过程通常是集体性活动，所有的专业人员都会参与其中。专业人员在创新时要遵从一定的行业标准和规范，因此该模式具有较强的"纪律性"。此外，企业与顾客的交互界面也是创新的一个重要来源。在所有模式中，服务专业模式中的顾客在创新过程中发挥着最为积极的作用。

从咨询业中发现的专门化创新是服务专业模式的一种重要形式。这种创新通常是为顾客需求量身定制的解决方案，顾客的问题是创新过程的起点。专门化创新过程结束后通常伴随着一个格式化阶段，即将客户问题和创新方案整理、格式化形成组织记忆，便于在以后的创新中重复使用。专门化创新的有效完成也高度依赖于客户企业的专业知识水平。

服务专业模式的优势在于较为灵活，可以对市场动态迅速做出反应，能够收集和融合所有员工的创新思想。但是，该模式也过度依赖作为个体的员工，缺乏企业宏观上的计划和控制，导致整个创新过程存在一定的混乱和低效率。此外，虽然专业人员富有创造性，但这种情况仅仅表现在专业轨迹上。实际情况是，他们往往会被某种特定的方法和模式所束缚，因此在多数专业性服务企业中具有突破性的创新较为少见。

3. 有组织的战略创新模式

有组织的战略创新模式是服务企业最典型的创新模式。这种模式虽然来自于大型服务企业，但中小企业也开始采用这种模式。该模式的创新过程是在企业战略和高层管理的指导下完成的，但是并没有特定的创新部门参与其中。创新项目的开发是由专业的项目团队来完成，通常需要较长的时间，同时这种模式下开发的新产品具有很大的可复制性。由于企业具有明确的促进创新的战略，因此所有的轨道和行为者都有可能成为创新的外部动力。

该模式中的一个特点就是创新活动是自上而下或自下而上发生的。自上而下是指企业管理层提出一项战略并使所有员工都参与到该战略活动中。战略是创新活动的指导框架，它为员工指明了企业的发展方向，激发员工的创新灵感，同时为管理层的科学决策提供决策框架。自下而上则是指具有创新思想的员工充分发挥企业家特征来开发创新。创新过程成为一个和谐的企业家精神创新过程：员工成为内部创新企业家，管理层只是负责协调和控制创新过程。这种模式的创新过程具有较强的系统性，通常由几个不同的阶段构成。首先是自由的企业家创意阶段；随后是更具指导性的开发阶段，并组建了一个项目团队；最后是新服务的测试和市场投放阶段，在这一阶段中营销部门和生产部门扮演着主要角色。

4. 网络模式

网络模式是指很多服务企业共同组建一个网络企业时所采用的创新模式。网络企业实质上是一个专业化创新组织，其作用在于帮助成员企业进行创新或者激发成员企业的创新。旅游业或者金融集团中存在着这种创新模式。

第三节　中国服务业发展实践

一、我国服务业发展历程

建立新中国以来,中国的服务业经历了一个从无到有、从停滞不前到蓬勃发展的过程。建立新中国初期,由于存在指导思想的偏差,对服务业的重要性和战略地位没有给以足够的重视,中国服务业的发展比较缓慢。改革开放以来,中国逐步认识到了加快服务业发展对国计民生的重要意义,服务业的发展也从此进入了一个崭新的阶段。随着改革开放的深入和社会主义市场经济体制的确立,中国服务业的整体水平进一步提高,规模不断扩大,领域不断拓展,在世界服务贸易中的份额和排名也不断上升,中国服务业开始快速的发展。

总的来说,建立新中国以来中国服务业的发展可以分为以下三个阶段:

(一) 1949~1978年起步阶段

中国是一个传统农业国家,长期以来国民经济的发展重心一直放在农业生产上,从思想上就不重视商业的发展。建立新中国以后,中国学习前苏联的经济发展模式,实行计划经济,重视第一、二产业特别是工业的发展,轻视服务业,认为服务业只参加社会价值的分配,并不创造价值。观念的落后和整个国民经济整体发展水平的滞后束缚了国内服务业的发展,同时计划经济体制也严重阻碍了服务贸易的正常进行。因此,在此期间,中国的整个服务业处在一种缓慢发展的状态。我们以第三产业占国内生产总值(GDP)的比重和第三产业从业人员占全社会从业人员的比重作为指标来衡量服务业发展水平,可以看出,从1952年到1978年,第三产业占GDP的比重从28.6%下降为23.7%,第三产业从业人员占全社会从业人员的比重一直在10%以下,到1978年,也只占全社会从业人员的12.2%;分别低于同期的第一产业(28.1%和70.5%)和第二产业(45.2%和17.3%)。同时,中国的对外服务贸易规模很小,贸易范围也局限在旅游、货运等方面,有关服务贸易方面的统计资料几乎是一片空白。开展这些服务贸易的主要目的也是为了满足当时政治和外交的需要。例如,中国1949年12月开办的华侨服务社,主要就是为海外炎黄子孙回国探亲访友、参观游览提供方便。20世纪五六十年代,中国的服务贸易伙伴主要集中于前苏联和东欧等国;70年代,随着中国与西方国家外交关系的改善,中国与西方发达国家的服务贸易才开始有所发展。

(二) 1979~1990年快速发展阶段

自改革开放以来，中国对服务业的发展给予了充分重视，服务业进入全面快速发展时期。目前，在中国第三产业中，交通、运输、邮电、通讯、商业、饮食、旅游、金融等传统行业占据着主导地位，其增加值占全部第三产业增加值的60%以上。随着科学技术的飞速发展和现代化大工业的发展，新兴服务行业如计算机网络、信息、咨询、文化、教育、广告、房地产、快递、社区服务等不断涌现，并得到快速发展。因此，第三产业内部结构开始发生变化，第三产业门类已比较齐全，特别是在国有企业改革不断深化和职工再就业压力增大的情况下，很多新兴服务行业不断产生、发展和壮大。

首先，第三产业占GDP的比重和第三产业劳动力就业人数占全社会总就业人数的比重均不断上升。如表6.1所示，第三产业占GDP的比重从1979年的21.6%上升到1990年的31.6%，而同期第一产业占GDP的比重从1979年的31.3%下降到1990年的27.1%。第三产业在GDP中所占的比重已经超过第一产业，反映出我国第三产业的健康发展势头，以及我国经济从农业经济向工业经济的转变。

表6.1 1979~1990年中国国内生产总值构成

年份	总值（亿元）	国内生产总值构成（%）		
		第一产业	第二产业	第三产业
1979	4062.6	31.3	47.1	21.6
1980	4545.6	30.2	48.2	21.6
1981	4891.6	31.9	46.1	22.0
1982	5323.4	33.4	44.8	21.8
1983	5962.7	33.2	44.4	22.4
1984	7208.1	32.1	43.1	24.8
1985	9016.0	28.4	42.9	28.7
1986	10275.2	27.2	43.7	29.1
1987	12058.6	26.8	43.6	29.6
1988	15042.8	25.7	43.8	30.5
1989	16992.3	25.1	42.8	32.1
1990	18667.8	27.1	41.3	31.6

资料来源：《中国统计年鉴（2011）》

其次，第三产业劳动力就业人数在全社会总就业人数中所占比例从1979年的12.6%上升到1990年的18.5%，而第一产业劳动力就业人数占全社会总就业人数的比例则从1979年的69.8%下降至1990年的60.1%。见表6.2这一时期，国民生产总值的平均增长率为8.9%，而服务业的平均增长率达到了10.9%。

表6.2 1979~1990年中国按三次产业划分的社会劳动就业人数及比例

年份	经济活动人口（万人）	构成（合计=100）		
		第一产业	第二产业	第三产业
1980	42903	68.7	18.2	13.1
1981	44165	68.1	18.3	13.6
1982	45674	68.1	18.4	13.5
1983	46707	67.1	18.7	14.2
1984	48433	64.0	19.9	16.1
1985	50112	62.4	20.8	16.8
1986	51546	60.9	21.9	17.2
1987	53060	60.0	22.2	17.8
1988	54630	59.3	22.4	18.3
1989	55707	60.1	21.6	18.3
1990	65323	60.1	21.4	18.5

资料来源：《中国统计年鉴（2011）》

（三）1991年以后稳步发展阶段

20世纪90年代以来，随着西方发达国家逐步进入"后工业社会"，世界经济结构加速调整，向第三产业倾斜，第三产业对经济发展的贡献超过了第一、二产业。在这种国际大环境下，党中央明确提出了大力发展第三产业的方针。在宏观经济政策的引导和相关法律的保障下，第三产业在第一、二产业不断发展的基础上迅速发展。1991年至今我国第三产业占国内生产总值的比重一直保持在30%以上（见表6.3），对国内生产总值的贡献率基本上也在逐年提高，只是在近几年有所起伏。而且在此期间，除了商业、旅游、建筑等传统服务行业不断发展之外，一些伴随市场经济体制建立相伴而生的新型服务，如信息咨询、会计、广告、法律、房地产、教育服务等也开始发展。整个第三产业结构处于一种传统与新型并存、以传统为主体向以新型为主体过渡的状态。

表6.3 1991~2010年中国国内生产总值构成

年份	总值（亿元）	国内生产总值构成（%）		
		第一产业	第二产业	第三产业
1991	21781.5	24.5	41.8	33.7
1992	26923.5	21.8	43.4	34.8
1993	35333.9	19.7	46.6	33.7
1994	48197.9	19.8	46.6	33.6

续表

年份	总值（亿元）	国内生产总值构成（%）		
		第一产业	第二产业	第三产业
1995	60793.7	19.9	47.2	32.9
1996	71176.6	19.7	47.5	32.8
1997	78973.0	18.3	47.5	34.2
1998	84402.3	17.6	46.2	36.2
1999	89677.1	16.5	45.8	37.7
2000	99214.6	15.1	45.9	39.0
2001	109655.2	14.4	45.1	40.5
2002	120332.7	13.7	44.8	41.5
2003	135822.8	12.8	46.0	41.2
2004	159878.3	13.4	46.2	40.4
2005	184937.4	12.1	47.4	40.5
2006	216314.4	11.1	48.0	40.9
2007	265810.3	10.8	47.3	41.9
2008	314045.4	10.7	47.5	41.8
2009	340902.8	10.3	46.3	43.4
2010	401202.0	10.1	46.8	43.1

资料来源：《中国统计年鉴（2011）》

同时，第三产业就业人数占全社会总就业人数的比重也从1991年的18.9%上升至2010年的34.6%（见表6.4），第三产业创造了大量就业机会，不仅吸收了绝大部分新增劳动力，而且还吸收了一部分从第一、二产业转移出来的劳动力。第三产业对于吸纳就业，稳定社会的作用更加突出。

表6.4 1991~2010年中国按三次产业划分的社会劳动就业人数及比例

年份	经济活动人口（万人）	构成（合计=100）		
		第一产业	第二产业	第三产业
1991	66091	59.7	21.4	18.9
1992	66782	58.5	21.7	19.8
1993	67468	56.4	22.4	21.2
1994	68135	54.3	22.7	23.0
1995	68855	52.2	23.0	24.8
1996	69765	50.5	23.5	26.0

续表

年份	经济活动人口（万人）	构成（合计=100）		
		第一产业	第二产业	第三产业
1997	70800	49.9	23.7	26.4
1998	72087	49.8	23.5	26.7
1999	72791	50.1	23.0	26.9
2000	73992	50.0	22.5	27.5
2001	73884	50.0	22.3	27.7
2002	74492	50.0	21.4	28.6
2003	74911	49.1	21.6	29.3
2004	75290	46.9	22.5	30.6
2005	76120	44.8	23.8	31.4
2006	76315	42.6	25.2	32.2
2007	76531	40.8	26.8	32.4
2008	77046	39.6	27.2	33.2
2009	77510	38.1	27.8	34.1
2010	78388	36.7	28.7	34.6

资料来源：《中国统计年鉴（2011）》

二、我国服务业发展存在的主要问题

尽管我国服务业有了较快发展，但就目前状况而言，其发展还很不充分，远远不能适应经济发展的需要和人民生活水平提高的要求，尤其是同发达国家相比较，存在的差距十分明显。这主要表现在如下一些方面：

1. 服务业总体水平落后，在国民经济中的比例偏小

衡量服务业发展水平的一个重要指标是服务业增加值占GDP的比重。1980年中国GDP构成中第一、第二、第三产业比例分别为30.2%、48.2%和21.6%，2010年分别是10.1%、46.8%、43.1%。虽然第三产业比重有了较大提高，但与发达国家相比还相差甚远，而且明显落后于一些发展中国家的水平。目前发达国家服务业增加值占GDP的比重为60%～80%，发展中国家服务业增加值占GDP的比重为45%～55%。图6.1是1978～2010年我国三次产业国内生产总值的构成。从图上可以看出，农业的比重逐步降低，工业一直是国内生产总值最重要的构成，而服务业自80年代初才开始有了较大发展。虽然中国第一产业在GDP中退居第三位，第三产业位居第二位，但第三产业发展仍然滞后，而工业仍然是GDP的第一来源。

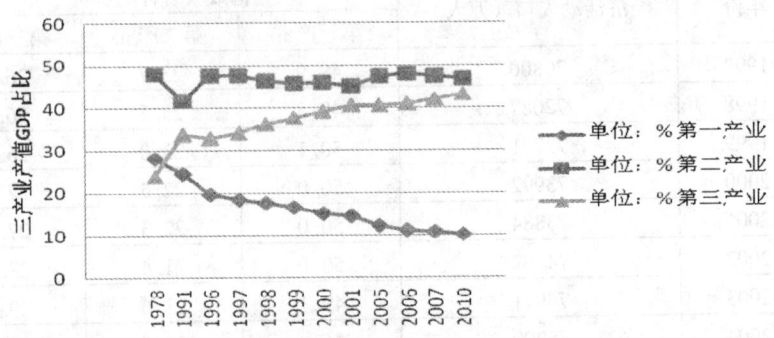

图6.1 1978~2010年我国三次产业国内生产总值的构成

从以上指标来看，我国服务业发展远远落后于一些发达国家。首先我国商品及企业的市场化程度较低，服务行业政府垄断经营的现象严重，市场准入限制多，公共服务、运输邮电、金融保险、房地产等领域长期以来政府定价的成分相当大，市场决定价格机制在服务领域尚未完全建立。第二，服务业的城市化水平较低。城市化水平的提高可以为服务业发展创造需求基础。服务业发展的规模和结构也取决于城市化水平和城市规模结构。长期以来，我国农村人口占绝大多数，同时又采取不鼓励城市化和严格限制大城市发展的政策，这就使得对服务的需求相对缺乏。服务业的内部结构与城市规模结构也有很大关系。一般来讲，为生产服务的服务业如金融保险、信息咨询、会计法律等行业往往是与城市规模联系在一起的，在农村缺乏需求的基础。由于我国的城市化水平低于处于同等发展水平和工业化水平的发展中国家，服务业发展的落后就不足为奇了。第三，服务业的国际化程度低。这在宏观上表现为服务业发展与国际接轨程度低，在微观方面又使服务企业不具备与国际企业竞争的条件，两者的结合制约了我国服务业国际竞争力的提升。

2. 服务业内部结构不合理，发展不均衡

在我国，根据服务业发展的历史进程，可以将服务业大致分为三类，即传统服务业、现代服务业及知识密集型服务业。其中，传统服务业在计划经济时代就已经存在，目前取得了较好的发展，如餐饮旅馆业。我国在改革过程中才出现的如金融保险、会计律师等现代服务业，发达国家早已发展。图6.2为我国2001~2010年第三产业增加值构成图。

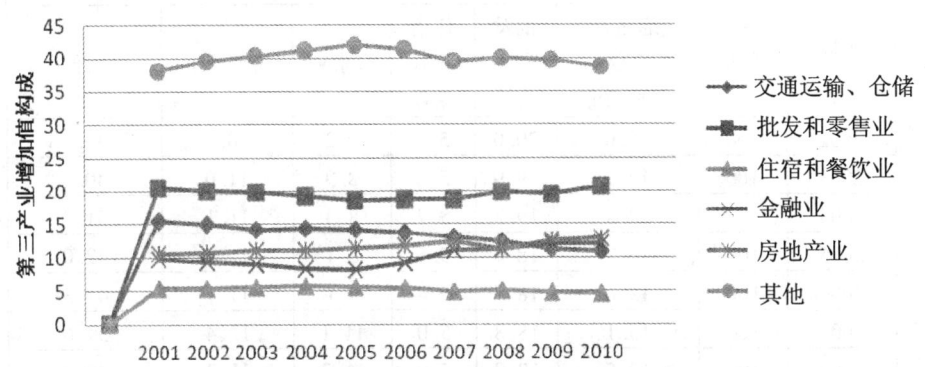

图 6.2 2001 年至 2010 年第三产业增加值构成

其中其他服务业包括租赁和商务服务业，科学研究、技术服务和地质勘查业，水利、环境和公共设施管理业，居民服务和其他服务业，教育，卫生、社会保障和社会福利业，文化、体育和娱乐业，公共管理和社会组织。

从服务业增加值构成来看，传统服务业依然保持基础地位。我国交通运输、仓储、批发和零售业等传统服务行业一直是服务业中占比重最大的，住宿和餐饮业、房地产业没有明显的变化，平稳中有较小的升幅。通过这些数据对比，表明我国传统服务行业所占比重依然偏高，为生产和生活服务的金融、保险、咨询、技术服务等现代服务行业发育不足，因此服务业仍处于低层次结构水平。

从2000～2010年期间我国服务业内部各行业占服务业增加值比重的变动情况看（见表6.5），交通运输、仓储及邮政业，批发和零售业，住宿和餐饮业在服务业中的比重都有所下降，而金融保险业上升了1.5个百分点。虽然如此，交通运输、仓储及邮政业，批发和零售业，住宿和餐饮业仍然是我国服务业的主体行业。交通运输等服务业比重的下降，以及房地产业等服务业比重的上升与服务业内部结构演变的一般规律是相符合的。

表 6.5 2000～2010 年中国第三产业增加值构成

年份	第三产业	构成（合计=100）					
		交通运输、仓储和邮政业	批发和零售业	住宿和餐饮业	金融业	房地产业	其他
2000	100	15.9	21.1	5.5	10.6	10.7	36.2
2001	100	15.5	20.6	5.4	9.8	10.6	38.1

续表

年份	第三产业	构成（合计=100）					
		交通运输、仓储和邮政业	批发和零售业	住宿和餐饮业	金融业	房地产业	其他
2002	100	15.0	20.0	5.5	9.2	10.7	39.5
2003	100	14.1	19.9	5.6	8.9	11.0	40.4
2004	100	14.4	19.3	5.7	8.4	11.1	41.2
2005	100	14.2	18.6	5.6	8.1	11.4	42.0
2006	100	13.8	18.7	5.4	9.1	11.7	41.3
2007	100	13.1	18.8	5.0	11.1	12.4	39.6
2008	100	12.5	19.9	5.0	11.3	11.2	40.0
2009	100	11.3	19.6	4.8	12.0	12.6	39.7
2010	100	11.0	20.7	4.7	12.1	12.9	38.7

3. 服务业发展的区域不平衡

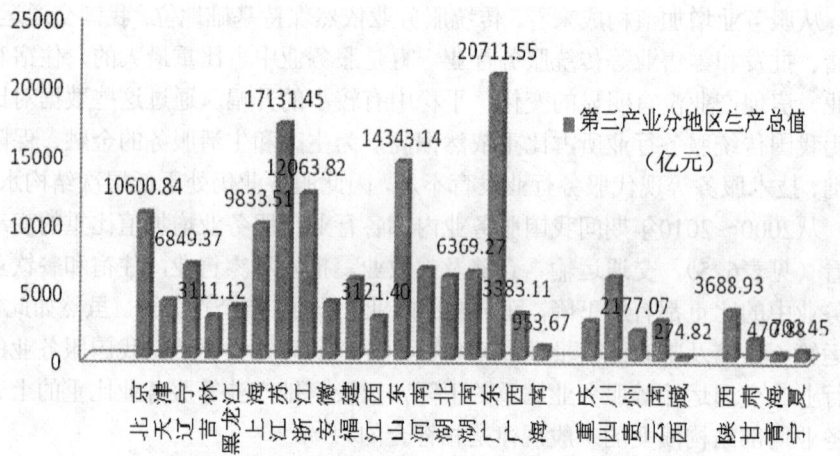

图 6.3 2010 年我国第三产业分地区生产总值

尽管服务业的总体发展水平较低，在区域上呈现不平衡发展态势，但在有些地区服务业已成为当地主导经济。如图 6.3、6.4 所示。2010 年北京地区服务业占地区生产总值 75.1%。上海地区服务业占地区生产总值 57.3%。然而绝大部分地区的服务业比重都在 40% 以下，一些经济较为发达的省市如山东、河南等省份服务业所占当地生产总值的比重仅为 36.6% 和 28.6%。而作为改革前沿的国家级开发区则是以工业为主，服务业比重相当低。

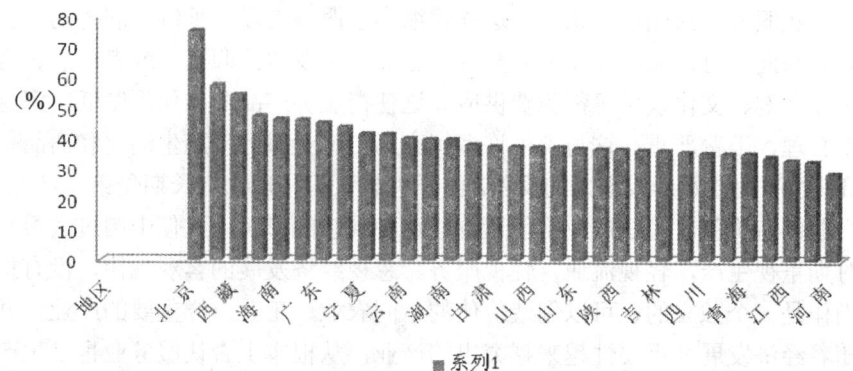

图6.4　2010年我国分地区第三产业生产总值占比

沿海和内陆一些大城市借助优越地理环境和政策优惠使现代服务业发展迅速，占GDP的比重在不断提高。而西北、东北等地区服务业的发展十分滞后，严重影响了整体区域经济的发展。从图6.4可以看出，北京、广东等大城市服务业生产总值远远高于东北和西北地区。2010年服务业生产总值最高的是广东20711.55亿元，江苏次之17131.45亿元，而最低的西藏仅有274.82亿元。不同地区间现代服务业发展失衡严重，一方面是因为基础设施差距大，另一方面是西部地区教育水平低、意识落后。

4. 服务业就业人数比例上升，但市场化程度低且人才缺乏

改革开放初期的1980年，第三产业就业人数为5532万人，占总就业人口的13.1%。而到1995年，服务业从业人员达17000万人，是1980年的3倍，服务业就业人数占全部就业人口的比例上升为24.8%。到2000年，服务业从业人员占总就业人口的27.5%，所占比重比1980年提高了1倍多；2010年则达到27122万人，比重也进一步提高到34.6%。目前，我国现代服务业中除了批发、餐饮和交通运输业及居民服务等传统行业市场化程度比较高、就业人员比例较大外，众多的现代化、新兴服务业的市场化程度还相当低，就业人员较少，如金融、房地产、信息、科技咨询等。数据说明在一些高科技服务业领域从业人员较少，例如咨询及通讯传播业，2005～2009年从业人员仅占3.5%左右，比例很低；而大部分人员集中在批发零售和住宿餐饮业等传统部门，约占40%左右。新兴服务业高科技人才缺乏现象值得重视，国家在发展传统服务业的同时应强调发展新兴现代服务业。

5. 服务业社会化、服务产品商品化程度低，服务质量较差

过去，中国企事业单位兴办服务业的目的大多数是为了改善或增加职工福利、收入，因此第三产业几乎深入到产业内的各个部门，并且有一定的规模，形成了自我服务、封闭运行状态。这样就缩小了服务市场，抑制了服务的社会化发展。与此同时，服务产品大多数作为企业福利发放给职工，或者信息、咨询、医疗保健、文化娱乐等都免费供应。这使得服务产品商品化程度低，资源配置不合理，浪费严重。这与国外许多国家第三产业服务设施生活化和商品化程度高、经济效益好形成很大的反差。由于思想认识和理论上长期受第一产业、第二产业创造价值，第三产业不创造价值这种观念的影响，致使中国过去很长一段时期重视生产，轻视流通，轻视服务。忽视经济发展的客观规律，没有把服务当作是一个独立的、可以创造价值的，同农业、工业一样重要的产业，并且是随着经济发展其重要性越来越突出的产业，从根本上否认服务业也是生产劳动，也创造价值，致使在政策和管理等方面缺乏必要的支持，从而在中国造成服务意识差、服务手段落后、服务人员少的局面。由于服务供给不足而需求大，使得服务行业在数量上求大于供，在质量上无从提高。

三、我国服务业发展的对策与建议

（一）优化产业结构，合理调整服务业与第一、二产业的比例关系

我国经济的可持续增长有赖于三次产业的协调与均衡发展。鉴于我国的国情，在相当长一段时间内，我们没有办法摆脱农业大国的现实，这就迫切要求我们解决好包括农村、农业与农民的"三农"问题。同时，我们又处在工业化初级阶段，尽管我国的工业发展已取得巨大成就，但与世界先进国家以及我国实现四个现代化的要求相比尚有较大差距，建设我国新型工业化道路仍任重而道远。因此，在确保农业与工业稳步发展的同时，保持服务业与其他产业的协调均衡发展、改变服务业发展滞后的局面就具有重要的战略意义。有步骤、有重点地发展占人口优势的服务业，在最终消费型服务业保持稳定的前提下，加快中间型服务业发展的步伐，一方面可以有力促进服务业整体发展，同时也有利于协调三次产业之间的结构关系。

（二）稳定传统服务业发展的同时，大力促进现代服务业的发展

尽管我国服务业内部结构表现出传统服务业向现代服务业转轨的跨越式发展的特点，但整体结构仍表现为传统服务业为主、现代服务业不突出的特征。现阶段，强调发展传统服务业对于缓解我国日益严重的就业问题具有特殊重要的意义，而着眼于久远，中间型消费服务业即现代生产性服务的发展对于保持整个服务业内部结构的升级同样意义重大。当前，应该重点发展那些为生产、商务活动和政府管理而非直接为最终消费提供服务的行业，主要包括金融业、

保险业、不动产业（即房地产业）、咨询业、信息服务、科技开发、商务服务、教育培训等行业，通过继续推进服务业的市场化改革，加快现代服务业的改革与重组进程；消除企业的市场进入和市场退出壁垒，大力发展混合所有制经济，积极推进现代服务业所有制结构的多元化。

（三）在整体平稳快速发展的前提下，兼顾区域服务业的协调发展，减少服务业分布地区差异化

区域服务业发展要立足本地的资源禀赋条件，因地制宜，寻求重点行业、重点地区的突破。第三产业门类广、层次多、内容庞杂，既有基础设施，又有流通部门和各种服务行业；既有传统产业，又有现代产业。因此，区域服务业发展应该注意选取有助于发挥本地资源优势的服务行业，尽快形成本地特色。例如，东部地区产业基础好，服务业发展水平高，在发展过程中应该充分利用本地的各种资源优势，不断提高服务业发展的水平与质量，积极参与国际服务业分工的大格局，努力拓展国际服务贸易，大力发展国际金融保险服务业、通讯业等。而中西部地区拥有独特的自然和人文景观，旅游资源十分丰富，具有发展旅游服务贸易的巨大潜力。同时，中西部地区在国家开展"三线"建设过程中，形成了一批在工程项目设计、建设和管理方面具有较强实力的建设单位和设计院，加之中西部地区劳动力资源丰富，在开拓国际工程市场、发展对外承包工程和劳务合作方面具有相当大的潜力。如果能有效发挥中西部地区这些特殊的优势，选择重点行业、重点地区突破，以点成线、以线成面，最终形成区域服务业发展的良性循环机制，不仅会提高服务业增加值，增进服务贸易出口额，而且可以迅速减少服务业地区差异化程度，推进中国服务业迅速发展。

（四）加快服务业对外开放程度，抓住服务业国际转移新机遇

进入21世纪以来，服务业日益成为国际资本流动和国际产业转移的重点领域，这为我国服务业的对外开放提供了机遇。服务业对外开放具有将大量知识、技术与经营管理理念等向东道国"成套转移"的特征。因此，扩大服务领域内的对外开放，有利于提高东道国服务业的生产效率与国际竞争力，进而带动其他产业部门的发展，形成联动效应。加快中国服务业的对外开放，提高中国服务业利用外资的水平，将势必改善中国服务业发展缓慢、GDP中服务业比重偏低的现象。

（五）增加居民收入，不断提高服务消费水平

我国服务业发展水平的高低从根本上要受服务消费需求的制约。当前，居民服务消费率低是不可忽视的客观现实。收入是消费的来源和基础，是影响消费的重要因素。若要增加居民的服务消费，提高服务消费率，就必须尽快缩小区域发展差距以及城乡居民收入差距，不断提高居民收入水平。

此外，树立正确的服务消费观也很重要。首先要解放思想，树立服务消费有利于提高生活质量、促进身心健康的观念，鼓励中高收入阶层扩大服务消费。其次，扩大服务领域，提高服务质量。只要是符合社会主义先进文化的发展方向，有益于人们身心健康，有利于提高生活质量的服务消费，就应大力鼓励和提倡。

本章小结

当前，服务业创新对世界经济和产业科技创新具有重要的推动作用，已经引起许多国家和地区的高度重视。服务业创新在我国产业和科技创新中的作用在日益增强，但是，服务业创新与我们已经熟悉的制造业创新具有很大的不同，研究二者之间的区别和联系已经成为服务业创新研究的一个核心问题。针对这一问题，学术界存在三种不同的观点，即技术导向的观点、服务导向的观点以及服务制造相融合的观点。对应的，服务业的创新有三种主流的创新模式，分别是以技术为基础的创新模式、服务导向模式及整合模式。

针对以往对服务创新的研究，可以将服务创新的驱动力归结为技术驱动力、竞争驱动力、需求驱动力及政策驱动力。依据企业自身因素可以将服务创新的驱动力分为内部和外部两类。服务业创新模式包括R&D模式、服务专业模式、有组织的战略创新模式及网络模式。

自改革开放以来，中国对服务业即第三产业的发展给了了充分重视，服务业进入了全面快速发展时期。目前，在中国第三产业中，交通、运输、邮电、通讯、商业、饮食、旅游、金融等传统行业占据着主导地位，其增加值占全部第三产业增加值的60%以上。随着科学技术的飞速发展和现代化大工业的发展，新兴服务行业如计算机网络、信息、咨询、文化、教育、广告、房地产、快递、社区服务等不断涌现，并得到快速发展。但我国服务业总体水平落后，内部结构不合理，区域发展不平衡，服务产品商品化程度低，服务质量差等现象依然会长期存在。

思考题

1．如何理解服务业创新与制造业创新之间的关系。
2．如何正确看待我国服务业的发展历程及未来发展方向。

第七章 服务业竞争力

随着服务业在经济增长、社会就业、国际贸易等方面的重要性日趋显著，服务业在国民经济中的地位和作用正日益提高。服务业竞争力关系到服务业的兴盛壮大，因此服务业竞争力问题就显得尤为重要，已经成为服务经济与管理研究的重要方面。

什么是服务业竞争力？服务业竞争力是一系列服务业发展水平和外部环境综合的结果，是直接反映服务业综合竞争能力和发展水平的重要内容。事实上，国内外并没有专门针对服务业竞争力的系统研究，对于服务业竞争力的研究成果尚不多见，因而也没有一个专门的定义。目前，西方学者把服务业和竞争力结合起来作为研究主体的，主要集中在以下方面：一是以制造业作为研究背景，研究制造业的服务竞争力或是关于生产性服务业竞争力水平对制造业的影响的研究，比如国际竞争力中制造业与生产者服务业相互依存关系的研究，关于运用IT技术提高竞争力和顾客服务水平的研究等；二是专门研究某一个服务行业，如关于贸易领域中服务与竞争力关系的研究，关于金融服务业竞争力的研究等；三是关于服务业竞争力的国际比较研究，这也是国外研究的重点。国内对服务业竞争力的研究多是针对某一特定类型服务产业的竞争力研究，例如韩秋林对医院服务竞争力进行了研究，李彦从国际的角度详实地阐述了教育服务业竞争力的相关理论，河惠对我国的电信服务业的竞争力进行了比较研究等。还有一些学者从国家角度对服务贸易竞争力进行研究或是从企业层面对服务企业竞争力进行研究，以及针对不同区域范围研究服务业竞争力。

可见，国内外关于服务业的研究主要集中在宏观上的服务经济研究和微观上的服务营销研究，而关于竞争力的研究又主要是以制造业为基础来进行的。关于服务业竞争力的研究散见于某些专业性服务业竞争力研究领域。本章在研究服务业竞争力的指标体系、影响服务业竞争力因素的基础上，探索性地提出提升服务业竞争力的途径，对服务业竞争力进行系统化的专门研究。

第一节 服务业竞争力指标体系

分析和评价一个国家或地区的服务业发展情况，除了进行定性的描述和分析之外，更重要的是需要对其进行定量分析。那么如何评价服务业竞争力呢？这是一个涉及服务业发展总量、结构、速度、效益等多方面的过程，采用单个或少数几个指标不足以分析和评价一个国家或区域的服务业发展问题，所以需要建立一个综合的、全面的服务业竞争力评价体系对其进行分析和评价。在关于竞争力评价研究中，采用较多的是竞争力评价的模糊综合定性评价方法。尚未有针对服务业竞争力的定量评价体系，因而可以说任何一种定量方法在服务业竞争力评价上的运用，既是该方法应用的创新又是对服务业竞争力定量评价的创新。

一、服务业竞争力评价指标体系的构建原则

1. 科学性原则

指标的选择要科学准确，使之能够较好地反映服务业竞争力的某一个方面；指标的选择、指标权重的确定、数据选取计算与合成必须以公认的科学理论如统计理论、经济理论为依据，以较少的综合性指标与规范准确地反映服务业竞争力的基本内涵。

2. 全面完整系统性原则

服务业是一个包含多要素的复杂系统，在选定指标体系的时候，不仅要注意到影响服务业的直接因素，而且对系统影响较大的间接因素也要尽可能的考虑全面。注意各层次指标与服务业竞争力之间的关系，以及指标之间的系统平衡和指标体系的内部结构，要尽可能使得指标体系符合逻辑关系。

3. 可操作性和可比性原则

任何指标体系是否科学完整需要经过实践的检验，因此要充分考虑指标的可操作性。这就要求各项指标能够有效测度或统计，在保证评价目的可实现的情况下，指标数量要繁简得当；指标的含义必须明确，数据资料应收集方便，与现行的国民经济核算体系及统计标准相衔接，主要以国家公布的指标数据为依据，易于进行同类比较和排序，将难以量化的指标排除在评价模型之外。统计数据要直观，核算和统计方法要一致，计算简单易操作；同时，指标体系内部与外部的同类指标之间要能够比较，同一指标要具有历史可比性。

4. 层次性原则

评价指标体系的设置应能准确反映各层次之间的支配关系；各指标有明确

的内涵；按照层次递进的关系组成层次分明、结构合理、相互关联的整体；考虑指标间的相容性，保证评价的科学性。

5. 定性分析与定量分析相结合的原则

在选择指标时，尽可能使用规范化的定量指标，为采用定量评价方法奠定基础；对于确实无法量化而又非常重要的方面可以采用定性指标的形式纳入指标体系，通过定性分析加以描述。

6. 绝对指标与相对指标相结合的原则

服务业竞争力评价既要考虑现实的竞争力水平，也要考虑竞争力发展潜力和速度。进而在竞争力评价过程中既要防止绝对指标选取过多，影响服务业竞争力发展潜力和速度的客观评价；又要防止相对指标选取过多，淹没了服务业竞争力实际水平。因此我们在指标选用上对体现竞争潜力和发展速度的指标尽可能地用相对指标，而对于反映显性竞争力水平的指标尽可能地选用绝对指标。

二、生产性服务业竞争力评价指标体系

一个地区生产性服务业发展水平体现在总体规模、具体行业状况、发展潜力及成长力等方面。而目前有关生产性服务业竞争力的研究几乎是空白，大多是服务业竞争力的研究，而且研究的角度（基于制造业和区域生产性服务业）和方法都存在差异。由于生产性服务业属于服务业范畴，具有一定的特性，我们不能把制造业等实体经济产业的竞争力作为研究的借鉴，同时，生产性服务业又是一个涵盖多个服务业的产业集合，对生产性服务业竞争力的研究不能简单地等同于某个产业的竞争力。否则会导致：①将生产性服务业的产业生产率等同于制造业生产率。②按照实体产业竞争力的研究办法例如高技术服务业的专业化水平等，可能会导致我们失去部分对生产性服务业的竞争力评价十分重要的指标或偏离服务产业的特性，从而导致整个评价体系无效。③如果只是借助单个服务业的产业竞争力研究方法来进行研究，又会导致我们忽视作为整体的生产性服务业内部各产业结构对竞争力的影响。因此，我们在构建评价生产性服务业竞争力指标体系时，必须在遵从服务业竞争力评价的基础上，重点考虑生产性服务业的产业特性。

根据服务业竞争力评价指标体系构建原则，所选指标要以经济理论为指导，以生产性服务业发展规律为基础，以最具代表性的综合指标准确反映生产性服务业的发展状况和发展水平，揭示各地区生产性服务业发展的差异，从而为合理的行业布局提供理论依据；评价指标体系的建立，最终是为提高一个地区生产性服务业的综合发展水平，其中任何一个指标的设立，在实施过程中都会起引导作用，因此指标的设立要体现出生产性服务业的发展导向。

将总体规模、发展潜力、具体行业状况及成长力这四个方面作为一级指标，按照上述评价指标选取原则，可以从这四个方面共选取13个二级指标构成评价指标体系：

（1）区域生产性服务业的总体规模：主要包括总量规模及比例结构，是需求和供给现状的总体反映，也是竞争力评价的基础。可以选取以下4个指标作为总体规模的二级指标：①人均生产性服务业资产投资总额；②生产性服务业单位专业技术人员所占比例；③生产性服务业产值占地区产值的比重；④人均生产性服务业产值。

（2）区域生产性服务业的发展潜力：由于生产性服务业的发展方向是知识密集、技术密集的行业，因此一个地区的科技实力是决定其发展水平的重要指标，科技水平的提高可以拉动生产性服务业的快速发展。因此，区域生产性服务业发展潜力通过一个地区的科技综合实力来反映。由于科技人员数量和人才储备是一个地区科技实力提升的重要源泉，因此可以选取以下两个指标作为发展潜力的二级指标：①专业技术人员数量；②高等学校在校学生数。

（3）区域主要生产性服务业的现状：这一指标主要反映生产性服务业的内部行业结构，包括4个二级指标：①交通运输、仓储和邮政业增加值；②人均电信业务量；③人均金融保险业增加值；④人均批发和零售业增加值。这四个部门是主要的生产性服务产业，它们的发展对于区域生产性服务业竞争力的提升起着举足轻重的作用。

（4）区域生产性服务业的成长力：在衡量区域生产性服务业竞争力时，不仅要考虑到目前生产性服务业的发展现状，也必须考虑未来一段时期的发展趋势。生产性服务业的成长力可通过3个二级指标来反映：①生产性服务业产值增长率；②生产性服务业从业人员增长率；③生产性服务业占GDP比重增长率。

三、区域服务业竞争力评价指标体系

区域是一个整体的地理范畴。区域服务业竞争力评价体系应该是一个能衡量、监测区域服务业发展水平，反映区域服务业发展各要素的现状、相互关系、所处环境和发展趋势的综合指标体系。因此，对区域服务业竞争力的评价，要从各个方面系统地客观地反映一个区域服务业的具体情况，全面反映评价对象的优劣。

区域服务业竞争力评价指标分为两类：直接体现性指标和影响因素指标，二者为一级指标。按照上述评价指标选取原则，可以从这两个方面选取11个二级指标构成评价指标体系。

（1）直接体现性指标：服务业竞争力最为直接的体现，指的是服务产业在市场竞争中所表现出的满足市场需求、获取市场份额的能力。它可以反映区域服务业发展的总体规模和其在全国的地位。基于配第—克拉克定理和库茨涅兹理论，借鉴国际上通用的评价服务业发展水平的指标，以及竞争力关于占有比例的基本含义，选取两个直接体现性指标来评价服务业竞争力，即服务业增加值占全国服务业增加值的比重和服务业就业人数占全国服务业就业人口的比重。因为服务业所涵盖的行业众多，种类增加值的比重和服务类型复杂，在选取竞争力评价指标体系时，不可能把所有行业的相关指标一一罗列，但最终应归结为某区域服务业为当地经济所做的贡献上，也就是以服务业增加值占全国服务业增加值的比重和吸纳就业人数的多少来衡量。

（2）影响因素指标：与直接体现性指标反映服务业发展和竞争水平的结果不同，影响性指标主要是指产生间接性指标的各种条件和保障，以保证服务产业实现快速发展和竞争力的提升。该影响因素指标由四个模块组成：服务业结构，服务业效益，服务业规模，经济基础。其中服务业结构选取服务业增加值、服务业就业人数、新兴服务业增加值以及新兴服务业就业人数四个指标。服务业效益选取服务业固定资产投资额作为指标。服务业规模选取三个指标，分别是服务业增长程度、新兴服务业增长程度及服务业城镇专业技术人员人数。经济基础选取城镇化规模作为指标。为了更为准确而全面地反应出影响服务业竞争力的因素，这里所设计的每个影响因素指标都选择了绝对数的规模指标和相对数的比重指标，以期望说明对服务业竞争力影响显著的是规模总量还是比重数。

四、服务业国际竞争力评价指标体系

由于对服务业国际竞争力的研究在不同的层面展开，因此服务业国际竞争力并没有一个普遍的定义。但服务业国际竞争的目的在于提高本国经济在世界经济中的地位，提高本国国民的生活水平，推动本国经济可持续发展。因此，这里将服务业国际竞争力界定为：一国服务业在自由公平的市场条件下，提供经得起国际市场竞争的服务或服务产品，同时又能够长期推动本国经济的增长和增加本国国民的实际收入的能力。

描述服务业国际竞争力的指标有很多，分别从不同侧面反映服务业的国际竞争力状况。但目前国内对服务业国际竞争力的研究多局限于单项经济指标（如TC指数、RCA指数等）的评价，并没有一套综合体系来评价服务业国际竞争力。本书以服务业的进出口数据为基础，通过四个指标来实现对服务业国际竞争力的评价，从而构建评价服务业国际竞争力的指标体系。

一般衡量产业的国际竞争力是采用相关国家特定产业的产品国际市场占有

率和盈利率。这是产业国际竞争力最终的实现指标，反映了产业国际竞争力的实际结果，因而是产业国际竞争力强弱的最具显示性的检验标准。无论是从盈利能力角度还是从市场占有率角度来看，出口情况是反映一国国际竞争力的非常重要的指标，并且服务业的进出口数据容易获得。因而以进出口数据为基础的国际竞争力评价指标是有效可行的。

（1）国际市场占有率，即一国某产业或产品的出口总额占世界市场出口总额的比率，表明该国该产业的出口在世界市场上所占的比例，在综合考虑该国整体规模和实力的基础上，可以简洁地表明该国该产业的整体竞争力或竞争地位变化，因此利用出口市场占有率可以直接反应一国服务贸易整体国际竞争力的强弱。比例提高说明出口竞争力增强。该指标的计算式为：

$A_{ij} = X_{ij} / X_j$

其中，A_{ij}表示i国j产业或产品的国际市场占有率，X_{ij}表示i国j产业或产品的出口总额，X_j表示世界市场j产品的出口总额。

在使用国际市场占有率指标的时候，需要注意的一点是，某一产业或产品的国际市场占有率下降虽然反映了该产业或产品的国际竞争力的相对下降，但并不意味着该国的整体竞争力的下降。因为这可能是产业结构升级所必须面临的结果，也可能在相对比率下降的同时，出口总量是增加的，那么这种相对的下降就并不是特别严重。

（2）贸易竞争优势指数，即TC指数，也称为贸易专业化系数（Trade special Coefficient，TC），表示一国进出口贸易差额占进出口总额的比重。TC指数又称比较优势指数或净出口比率，是行业结构国际竞争力分析的一种有力工具，总体上能够反映出计算对象的比较优势状况。该指标的计算式为：

$$N_{ij} = \frac{X_{ij} - M_{ij}}{X_{ij} + M_{ij}}$$

其中，以N_{ij}代表i国j商品的比较优势指数，X_{ij}代表i国j商品的出口总额，M_{ij}代表i国j商品的进口总额。

由于它剔除了各国通货膨胀等宏观总量方面波动的影响，同时也排除了因国家大小不同而使得国际间数据不可比较的影响，因此在不同时期、不同国家之间，比较优势指数具有相当的可比性。比较优势指数取值范围为（-1，1），当其值接近0时，说明比较优势接近平均水平；大于0时，说明比较优势大，且越接近1越大，竞争力也越强；反之，则说明比较优势小，竞争力也小；如果$N_{ij}=-1$，意味着该国j商品只有进口而没有出口；如果$N_{ij}=1$，意味着该国j商品只有出口而没有进口。

（3）显示性比较优势指数（Revealed Comparative Advantage Index，RCA），也是学者研究产业竞争力时经常使用的一个有力工具，最早是由美国经济学家Bela Balassa于1976年提出的一个具有较高经济学价值的竞争力测度指标，并将其采用。他认为i国在j产业或产品上的比较优势可以由j产业或产品在i国出口中所占的份额与当期世界贸易中该产业或产品占世界贸易总额之比显示出来。它可用来衡量一国某类产品的出口量占世界该类产品出口量的比重；将其用于服务贸易，则反映一国服务贸易出口量占世界服务贸易出口量的比重，表明一国服务贸易的国际市场占有率。该指数的计算式为：

$$RCA = \frac{X_{ij} / Y_i}{X_{wj} / Y_w}$$

其中，X_{ij}表示i国当期j产品的出口额，Y_i表示i国在当期的出口总额，即包括商品出口额与服务贸易出口额；X_{wj}表示当期世界市场j产品的出口额，Y_w表示当期世界市场的全部商品的出口额。在服务贸易中，X_{ij}则为i国服务贸易的出口额，X_{wj}为世界服务贸易的出口额，其他符号的含义不变。

这一指标同样是一个相对值，可以有效剔除国家出口总量以及世界出口总量的波动对可比性的影响，因此可以比较准确地衡量一国在当期该产业或产品的出口与世界平均水平的相对位置以及时间序列上的变化趋势。一般情况下，如果RCA大于1，说明i国j商品具有显示比较优势；RCA小于1，则说明没有显示比较优势，或者认为显示了比较劣势。应用到服务贸易上，具体来说：

如果RCA指数大于2.5，则表明该国服务贸易具有极强的国际竞争力；

如果RCA指数介于2.5~1.25之间，则表明该国服务贸易具有较强的国际竞争力；

如果RCA指数介于1.25~0.8之间，则表明该国服务贸易具有中度的国际竞争力；

如果RCA小于0.8，则表明该国服务贸易国际竞争力较弱。

（4）显示性竞争优势指数（ComPetitive Advantage，CA）。一个产业内可能既有出口又有进口，而显示性比较优势指数只考虑一个产业或产品的出口所占的相对比例，并没有考虑该产业或产品的进口的影响。当国与国之间存在产业之间的贸易或产业内部也存在进出口贸易的情况下，这种不考虑进口情况的比较优势计算公式，可能得出一个并不正确的结论。为了消除进口的影响，沃尔

拉斯等于1988年设计了显示性竞争优势指数,该指数计算公式为:

$$CA = RCA - \frac{M_{ia} / M_{it}}{M_{wa} / M_{wt}}$$

M_{ia}是国家i在产品a上的进口额,M_{it}是国家i在t时期的总进口额,M_{wa}是a产品在世界市场上的总进口额,M_{wt}是世界市场在t时期的总进口额。上式从出口的比较优势中减去该产业进口的比较优势,从而得到i国a产业或产品的真正竞争优势。当CA>0时,表示该产品或产业具有国际竞争力;当CA<0时,则表示该产品或产业不具有国际竞争力;当CA=0时,表明该产品或产业具有中性国际竞争力。

第二节 影响服务业竞争力的因素

一、生产性服务业竞争力的影响因素

生产性服务业是一种为生产提供服务的特殊产业,其产出为企业或组织的中间投入,具有较高知识与技术含量。由于中间需求带动、知识技术密集等特点,使得生产性服务业的国际竞争力受到以下几方面因素的影响:

(一)制造业的中间需求

生产性服务业区别于其他类型服务业的最本质特征在于它是一种中间投入活动。生产性服务的对象不是普通社会大众,而是那些提供终端产品或服务的生产性企业。市场需求是产业竞争力提升的直接来源。大量的市场需求一方面能够吸引新企业进入市场从而加剧竞争,迫使企业进行创新和竞争力的提升;另一方面鼓励在位企业进行大规模的生产,提高生产率。波特的"钻石模型"进一步强调,国内需求是促进产业国际竞争力形成的直接动因,企业更易及时发现国内需求变化,进行策略调整,并在满足国内市场后向国际市场扩张。在此意义上国际市场实质是国内市场的延伸,国内需求非但未对全球化发展造成阻碍,相反是产业国际化的动因之一。生产性服务业特殊的产业来源决定了其对制造业中间需求存在特殊依赖,因此国内制造业对生产性服务业的中间需求越大,生产性服务业国际竞争力越强。

(二)服务业的互补性需求

伴随服务业的发展,服务企业对提高绩效的动机不断增强。为了提高核心

服务质量及效率，现代服务业也逐渐形成外购趋势，衍生出对信息、研发等生产性服务的巨大需求。例如金融业的电子化发展很大程度上依靠通讯服务的强大支持，此类需求称为服务业的"互补性需求"。外购趋势的增强，加之全球产业结构调整引发服务业自身的不断扩张，使得近年来互补性需求总量不断攀升。朱胜勇（2009）通过计算部分发达国家2000年三次产业对生产性服务中间需求所占比重，发现美英日等发达国家第三产业对生产性服务的中间需求比例高达60%以上，甚至超过了传统第二产业。因此在考察生产性服务业国内市场需求条件时，互补性需求已成为一项不可忽视的因素，国内服务业对生产性服务业的互补性需求越大，生产性服务业国际竞争力越强。

（三）科技创新能力

科学创新对产业国际竞争力的提升主要通过三方面的运用：一是运用于生产或服务的过程，有效提高效率和降低成本，从而获取价格竞争优势；二是运用于新产品或服务的开发，增加差异化；三是运用于组织管理，间接影响产业竞争力。由于知识技术密集的特点，生产性服务业与传统服务业相比凝聚更多先进科技，国际竞争力的提升尤其依赖于科学技术等新型生产要素。此外，科技创新能力有时也直接被视为一种竞争力，包含科技研发、垄断和技术利用竞争力三要素。因此，一国科技创新能力越强，生产性服务业国际竞争力越强。

（四）信息通信技术的应用程度

生产性服务业是信息技术密集型产业，信息技术及相应的通信、交通、教育等基础设施正逐渐成为服务业发展和升级的支撑平台。信息化技术的广泛应用，不但衍生出新的生产性服务行业，还使得生产性服务业的可交易性大大增加。信息通信技术可以有效提高生产性服务企业的效率和服务质量，并能改善传统的物流渠道，使得传统生产性服务业如广告和银行业等更加切合时代需求，尤其是金融服务、商务服务、研发设计、物流运输等生产性服务行业对于信息技术的依赖程度也越来越高，对于区域内通信、交通、教育等基础设施的依存度也越来越明显。信息技术的广泛应用和城市基础设施的完善将有效地提高生产性服务业的服务效率和水平，提高当地生产性服务业企业的竞争力。

（五）经济开放程度

现代市场经济的发展使各国不断产生突破国家界限、寻求内外分工协作和内外交叉渗透的强烈需求。随着经济全球化和一体化进程的不断加快，任何一个地区的经济发展都离不开与其他地区的密切合作。世界贸易和生产的发展产生了更多的生产性服务需求，而近年来的经济全球化和日益广泛的国际分工使得一国无需在生产性服务的供给方面自给自足，可通过国际服务贸易实现国际范围内的产业、产品协调。经济全球化和服务贸易的发展态势为各国基于资源禀赋、比较优势实现特定生产性服务部门的优先发展提供了前提和可能。因此，经济开放程度越高，生产性服务业国际竞争力越强。

二、服务业国际竞争力的影响因素

（一）信息技术设施和人力资源储备

信息技术设施和人力资本是影响服务业国际竞争力的两个至关重要的基本要素。在现代经济活动中，信息技术高度发展，且对服务业有着巨大的影响力和渗透力。目前在发达国家，信息技术设施几乎已经成为各类服务业提升其竞争力的一个必不可少的平台。从金融保险、零售、旅游管理到各种交通运输，各行业都将信息技术设施作为营销管理的重要手段。信息技术改变了企业竞争的基础，降低了企业的管理成本和交易成本。

人力资本对服务业竞争力的重要影响与服务业的特性有关。服务生产与消费的同时性，对服务业从业人员的素质提出了更高的要求；对知识技术密集型的新兴服务业来说，其服务的生产过程具有非物质化的特点，即人的知识及创新意识是最重要的投入要素。从宏观角度出发，一个国家教育发展的整体水平、教育结构，对高素质人才的成长环境将产生决定性影响。例如，先进的信息技术教育使美国拥有大量发展信息技术的专业人才，而正是得益于高素质人才的云集以及良好的人才机制，硅谷才能成为世界信息产业的发源地。

（二）国内对服务业的需求

产业以本国需求为基础建立起来的生产方式、组织结构以及营销策略是否有利于竞争的展开，是产业是否具有竞争力的重要影响因素。因此，市场的需求状况不仅影响其生产规模，而且影响本国产业对产品或服务更新改造的范围和速度。对服务业而言，服务需求的增长主要体现在两个方面，即消费者需求的增长和生产者需求的增长。消费者需求的增长与一国的收入水平成正比，因为相当多的服务消费属于发展需求和提高生活质量需求。生产者需求的增长与分工和专业化的发展有关，而这种分工和专业化主要由技术进步和市场体系的发达程度所决定。与发展中国家相比，发达国家服务业的发展可以获得更多的国内需求支持，具有较强的国际竞争力。所以国内服务需求越高，越能推动国内服务业的发展，从而向国际市场提供服务的能力也越强。

（三）相关产业的支持

对一国某一行业的国际竞争力具有重要影响的另一因素是该行业的支持产业及相关行业的国际竞争力。支持产业是指为某产业提供中间投入的上游产业。相关产业包括可以与之相协调和共享某些活动的产业或具有互补性的产业。共享活动可以是技术开发、制造、配送系统、营销以及服务等。所以一国服务业的国际竞争力离不开服务业内部行业以及第一、二产业的支持。企业的竞争优势不仅取决于其自身的能力和策略，同时取决于供货商和相关行业的能力和策略。具有竞争力的上游产业，将以最有效的方式为下游产业提供成本最低的投入，带动下游产业提高竞争力；而相关行业则以相同的技术和供货为依托，易于展开信息交流与合作，具有明显的相互影响及带动作用。

对服务产业而言，制造业以及服务业内部各行业可以视为其支持产业和相关行业。制造业的设备是服务运营必不可少的中间投入，同时某一服务行业的具体运营，也要购买相关的服务作为中间投入。以物流业为例，物流业的运营不仅需要各种硬件设备，还需要交通、通信和仓储等服务行业的协调。相关行业和支持产业的协调发展必将促进服务业整体的发展。

（四）企业组织、战略和竞争状态

企业的经营战略、组织形式及竞争方式不可避免地要受到国家经济政治体制、文化传统和价值观念等因素的影响，这种影响主要体现在人才、组织方式和经营战略的选择上，不同的经营战略、结构和竞争方式对产业竞争力将产生决定性影响。

以企业所处行业的竞争状态对企业竞争优势的影响为例，西方发达国家在许多服务领域已经打破垄断，引入竞争的管制体制，这在很大程度上为该领域中的企业提供了有利于培育竞争力的竞争环境。从这个意义上看，大多数发展中国家则显得相对落后。而中国与发达的市场经济国家有着完全不同的制度背景，中国是处于由计划经济向市场经济转型阶段，市场经济尚未发育成熟，体制因素仍然影响着经济发展的方方面面。

（五）政府的辅助作用

政府作用主要表现为政府对产业、企业创造能力的孵化与激励，以及制定市场准入、竞争规则和实施竞争规则的监督，主要体现在宏观调控和对科研、教育等方面的支持。从当前世界各国的经济政策来看，总的趋势是减少政府的干预，加强市场机制的作用。这主要是由于政府干预过多，会导致各种问题，因此通过政府的自由化来解决这些问题是必要的。但是决不能用自由放任来替代政府干预，政府干预与自由化的适当结合才是一种长期趋势。如何将两者更好地结合起来，正是经济政策所应解决的问题。研究机构的发展在很大程度上取决于政府的科研支出。研究机构发达的国家，往往也是政府的科研支出增长迅速的国家。同时，现代化的交通设施和通信系统的形成，也离不开政府的支持，在发展中国家尤其如此。

（六）机遇

偶然性事件的重要性在于他们造成了非连续性，改变了各国企业的国际竞争地位，使不适应新形势的国家的企业失去了其国际竞争优势，而为能适应新形势的国家的企业赢得国际竞争优势提供了机遇。但是，一国企业能否利用偶然事件所提供的机遇来赢得国际竞争优势，还要取决于其他各种因素，尤其是取决于该国企业把握市场机遇的能力。同样的机遇不同的国家可能产生完全不同的结果。

第三节　提升服务业竞争力途径

一、提升生产性服务业竞争力的途径

伴随着产业结构调整和分工深化，生产性服务业成为现代服务业中最具活力的产业之一。目前我国生产性服务业的国际竞争力水平较低，但潜力巨大，为了有效地提升我国区域生产性服务业的竞争力，政府可以从以下几个方面做出努力。

（一）转变投资方向，加大中部地区生产性服务业基础设施投资

从发达国家促进生产性服务业发展的经验看，基础设施建设是生产性服务业健康、快速发展的重要支撑。在促进物流业发展方面，德国政府不仅提出了长距离运输以铁路和水路为主，两头衔接与集疏以公路运输为主，做到宜水则水、宜路则路，多式联运的运输战略，同时还把大力培育和建设货运中心作为战略实施的重要环节。德国已经先后兴建了20多个货运中心，到2010年总共建设30～40个货运中心。在实施措施上，德国政府通过新的通信技术来改善物流并促进装卸，促进货运代理和运输商之间的合作。另据统计，在日本政府认定的结构改革特区中，有关发展国际物流特区的构想就有15项，除了北九州的国际集装箱港口外，横滨市国际物流特区、川崎市国际航空物流特区都在加紧实施之中。再有，在促进信息服务业发展方面，美国政府先后提出了"国家信息基础设施"（NII）行动计划和建设全球信息基础设施（GII）的倡议，旨在建立完备的信息基础设施，并通过卫星通信和电信光缆连通全球信息网络，形成信息共享的竞争机制。

而已有的研究成果显示我国沿海区域生产性服务业存在很明显的规模优势，而中部地区与沿海地区拉开差距的重要原因就是在生产性服务业基础设施的投资上存在明显的弱势。投资对象的变化会直接引起市场的反应。当前，金融危机对我国经济发展是机遇与挑战并存，这个机遇就是产业结构的调整。中部地区生产性服务业基础设施的投资还存在很大的不足，各地政府要加大投资

体制的改革，多元化投资主体，减少夕阳产业的投资，完善投资结构，加大基础设施建设。产业结构优化的另外一个重要方面就是产业链上的产业升级。相关产业的调整会引起整个产业链的变化。当前，必须通过技术创新等手段改变依赖自然资源的产业发展模式，转为依赖信息技术、金融手段实现产业的跨步发展，这样必然会给以技术服务、商务服务为主的生产性服务业带来发展机会。

（二）大力扩张生产性服务业市场

投资并不是解决经济的最好方法，扩大市场需求是最有效达到产业发展目标的措施。生产性服务业的属性就是为制造业和服务业提供服务产品的产业，因此，生产性服务业的发展对制造业和其他服务业的依赖程度很大。为扩大生产性服务业的市场需求，就必须大力改进当前的制造业生产销售模式，鼓励制造型的企业实施外包战略。当前，中部地区面临产业转移的最好时机，必须把握制造业生产方式转变、产业升级、区位转移这个历史机遇，实现中部区域生产性服务业与制造业的相互协同效应。

（三）加强区域间的合作

资源是有限的，要满足各个区域的发展是不理性的。在强调区域资源争夺的同时，必须加强区域间的分工协作。一方面，可以突出各个区域的生产性服务业的优势地位，形成优势产业的集群效益；另一方面，这种区域间的合作机制也能带动整个产业经济良性发展。这种区域的分工合作机制要考虑区域的资源状况和区域的产业经济的特点。广东省和江苏省分别是珠三角和长三角地区的重点省份，承载着我国许多国际贸易和金融等国际经济活动，且沿海区域对人才的吸引也比内地强。由此，这些区域的生产性服务业的重点要放在商务服务和金融服务产业，形成以服务外包为主的新型生产性服务业都市或聚集地，参与国际竞争与合作，辐射全国产业规模范围。中部地区由于离沿海地区最近，可以发展以带动制造业发展的运输、仓储以及信息产业为主的服务业。随着国家公共服务业发展战略的不断实施，交通运输和信息等基础设施的建设不断完善，在中部地区实施这些生产性服务业是可行的。沿海区域的商务和金融服务业能解决中部地区产业产品的生产和销售问题，也能将中部产业产品推向海外；同时，中部地区与沿海地区的合作，也会促进人才资源的合理流动和为沿海地区产业的发展提供便捷，解决沿海地区的成本高、自然资源有限等问题。这样在区域比较优势基础上形成的互为市场的区域产业结构和农产品产销体系，可使不同地区各展所长，互为市场，优势互补，共同受益。中部地区要把握产业调整的机遇，打破行政区划的限制，建立开放的市场体系，加强与沿海城市的区域合作。区域之间在人才资源、金融资本、技术、产业链上的合作，必然会寻求产业的集群，而产业的集群将会大大增强产业的竞争力，提升区域的影响力和地位。

（四）加大人力资源投入，保证生产性服务业健康发展

从价值链分析的角度看，生产性服务业的价值增值更多地体现在专业服务人员与客户之间不断交流和沟通上。实际上，生产性服务人员的知识储备、专业化水平在这里起到了决定性的作用。基于此，美国、日本、德国、英国等都建立了多层次的人才培训体系和科学的人力资源开发利用体系，以保证为生产性服务业发展提供大量的专业人才。同时，在行业协会的组织和倡导下，还全面开展了在职教育，建立相应的职业资格认证制度。值得强调的是，协会的职业培训工作非常注重以实践应用和实际操作为主。再如，日本、德国就建立了科学、开放的人力资源开发体系。它们通过确立专业人才能力开发和客观评价体系引导培训教育工作，并从世界各国引进生产性服务领域的专业人才，促进生产性服务领域的人才流动。

（五）推进生产性服务业自主创新，塑造核心竞争力

建立健全技术创新机制，鼓励生产性服务业企业建设各类研究开发机构和增加科技投入，使企业成为研究开发投入的主体。支持企业组建各种形式的战略联盟，在关键领域形成具有自主知识产权的核心专利和技术标准。增强企业技术集成与产业化能力，促进各种形式的知识流动与技术转移。广泛普及和应用先进技术，加快电子化、自动化进程，用信息化改造传统服务业。重点扶持技术含量与附加值高、有市场潜力的龙头企业，对品牌创立、管理与延伸进行战略规划，由传统的接单经营转向品牌经营。鼓励生产性服务企业以商标、专利等为纽带，进行跨地区、跨行业兼并和重组。引导中小企业灵活采用品牌特许经营、品牌租借、贴牌与创牌并行等方式，使自身的劳动力成本、营销渠道、客户资源等优势与知名品牌有机结合，借知名品牌扩大自身的规模和实力。

（六）建立健全法律法规的支持和保障

生产性服务业在许多发达国家起步较早，已经形成了较为完善的相关法律法规体系。为了促进现代物流业的发展，美国从20世纪70年代开始就制定了一系列法规，逐步放宽对公路、铁路、航空、航海等运输市场的管制，通过激烈的市场竞争使运输费率下降、服务水平提高。1977～1978年制定《航空规制缓和条款》，1980年提出《铁路和汽车运输的条款》，1984年制定《航空条款》，1991年颁布《多式联运法》大力提倡多式联运的发展。在促进金融服务业发展方面，1999年美国国会通过的《金融服务现代化法》、2000年英国颁布的《2000年金融服务和市场法》，都对促进金融服务业的发展具有划时代的意义。在促进信息服务业方面，美国政府先后颁布了《电子信息自由法案》、《个人隐私保护法》、《公共信息准则》、《削减文书法》、《消费者与投资者获取信息法》、《儿童网络隐私保护法》、《电子隐私条例法案》等一系列法律法规，对促进信息服务业发展起到了非常关键的作用。另外，在促进商务服务业发展方面，美国、英国、日本等都制定了相应的法规或专业资格认证程序，从制度上保证了商务服务人员的业务水平、服务运作的规范化进程以及契约签订的严谨程度。

二、提升我国服务贸易国际竞争力的途径

（一）加大服务业基础设施投入，大力发展高科技服务行业

基础设施作为保障国家社会经济生活正常有序运作的服务系统，为社会生活和经济生产提供了公共服务的物质工程设施。基础设施的完善与否是衡量一个国家或地区经济能否长期持续增长的重要指标。服务业作为经济生活中的一个重要组成部分，同样需要基础设施的有力保障，而且由于人们认识的偏差，服务行业基础设施建设较为落后，相对于其他行业来说，对于基础设施建设的需求更为迫切。所以说，加大服务业基础设施的投入，既是服务业本身发展的需求，也是服务贸易国际竞争力提高的必然要求。要加强服务基础设施建设，政府应制定措施，加大对服务业基础设施的投入，鼓励民营企业和外资企业对服务业进行投资。同时要大力推进服务业技术进步，大力发展高科技服务行业。高科技型行业是未来服务行业发展的方向。要发展高科技、知识密集型服务行业，首要的问题是社会化分工的进一步细化，引导服务业行业内部的制度化、市场化建设，积极提倡运用现代化的技术提升服务业的科技含量，使现代服务业具备良好的技术基础；其次，积极探索科学技术成果转化成服务行业发展动力的途径，提高成果转化率，真正使技术转化为生产力；再次，积极探索服务行业的区域产业集群，形成服务行业间的良好互动，利用产业集群的辐射能力，带动整体服务行业的发展；最后，以现代化的技术装备改善国内的服务手段，加快科技手段在服务领域的应用，特别是要大力支持信息技术的发展。在信息技术越来越发达的当今世界，电信基础设施的信息化和网络化，已成为各国制定服务战略的首选目标，几乎所有的部门都在制定以信息系统为基础的贸易发展战略。对于发展中国家来说，电信基础设施的现代化建设，不仅是扩大服务出口的有效手段，更是提高各种服务部门效率的先决条件。作为信息技术重要方面的计算机技术、网络技术等在经济生活中也同样发挥着越来越大的作用。发达国家在这方面已远远走在我们前面，我们必须迎头赶上，才能把握住经济发展的机遇。

（二）加强服务贸易人才的培养和引进，提升人才供给能力

要加强服务业人才的培养和引进，一方面，各级政府需大幅度地增加对教育的投入，全面振兴教育事业。首先鼓励各级政府和社会力量增加投入，用于

支持国家服务贸易人才国际培训基地建设；建设示范性软件学院和示范性软件职业技术学院；加快高等学校和中等职业技术学校服务贸易教育的课程体系、教学内容、教学方法、管理体制的改革和创新；建立服务贸易人才数据库等。支持高层次服务行业技术人员出国参与国际合作、进修、培训、攻读学位，吸引海外留学人员回国创办企业，聘请外国专家来华讲学和工作，引进国外先进的服务贸易教育或培训课程。以此大力发展各种层次、门类的职业技术教育和技能培训，特别是服务经营管理人才的培训，不断加强基础教育和普通高等教育，以全面提升国民综合素质。另一方面，要积极开展"海外引智"工程，通过优惠政策增强国内服务业对海外人才的吸引力，积极从海外留学人员和境外企业中引进高级人才，为他们提供良好的工作环境。但是高等要素的供给是一个循序渐进的过程，不可急功近利。我国目前在高科技人才、高校研究机构和领先学科等要素的培育与发展方面，存在盲目扩张、急于求成的误区。

（三）促进产业结构优化，建立健全相关产业的协调与支持机制

当今世界经济发展强调的是协同制胜，各产业只有相互扶持才能持续发展。一国服务产业竞争优势的形成离不开相关产业的支持，这种支持包括服务业内部诸如批发、零售、餐饮、运输、旅游、金融、保险、房地产、公共管理、教育卫生等各行业的相互支持，又包括农业、工业对服务业的促进。由于受到传统体制的束缚，我国相关产业的协调与支持机制还不够健全，我们必须从战略的高度出发，调度全国的生产要素，优化资源配置。尤其是在规划服务业内部企业规模和市场秩序、处理竞争和垄断的关系、推动服务技术进步方面，与发达国家相比还存在很大的差距。我国服务业内部，知识技术密集型企业基础还十分薄弱。服务业比重过低，三次产业架构有待进一步调整与升级。因此，我们必须把服务业的发展提高到战略高度，建立高效的相关产业协调与支持机制。与此同时集中力量加大优势服务业比重。我国的优势服务产业主要集中在劳务和旅游这两大方面。这两方面总的来说都属于劳动密集型行业，科技含量比较低。但是对我国来说，它们却有着重要的意义。我国旅游资源和劳务资源都是很丰富的，因此，在这两个方面的投入成本较低，在世界市场上具有较强的国际竞争力。但是，在保持优势的同时，也要加大这两方面的科技投入，要改善旅游环境，提高劳务输出素质，这样才能更好地发挥我们的优势。另外，要优化服务行业的产业结构，要让新兴服务行业在世界市场上占据一席之地。

（四）深化经济体制改革，加快企业制度改革步伐以加强竞争

由于我国许多服务行业长期由国有经济单一垄断，经营机制不灵活，产权明晰的市场主体尚未真正形成，突出表现在电信业、金融业、保险业、运输服务业及会计等中介服务中的垄断与政企不分。服务业传统经营方式多，密集型

劳动多，科技含量低，专业分工很不发达。对企业来说，要调整发展思路和服务方式。与外资企业相比，我国金融、保险、电信业的劣势明显，但我们的优势在于建立了覆盖全国的服务网络，有数量庞大的服务人员，熟悉服务环境和服务对象，积累了丰富的服务经验；而任何进入我国的外资企业都不可能在短期内获得类似优势。国内企业之所以竞争力"弱"，是因为长期垄断使其丧失了提高服务质量的压力和动力。

因此，企业必须改变观念，充分认识目前所面临的竞争环境，认真估计即将面临的冲击，积极参与国内外市场竞争。首先，企业要通过管理创新和技术创新提高企业素质，将国内竞争力提升为国际竞争力；同时，还可以加强国内服务市场的竞争，以国际水平为目标，进一步提高服务质量和服务效率，进而提升国际竞争力。其次，必须进一步深化经济体制改革，打破国有经济的独家垄断，冲破行政条块对服务业资源的分割，解决国内服务业收费标准过高以及恶性竞争等问题，加强服务业内部人事、分配等体制改革，形成良性的竞争机制，形成在竞争中发展和在发展中竞争的良性互动格局，力求在市场竞争中不依赖政府保护而获得竞争地位。第三，主动加快产品结构调整和资产重组步伐，从追求数量和规模的扩大转变为以提高劳动生产率和增强企业竞争优势为目标，特别要增强服务企业的核心竞争力，迎接全球化和知识经济的挑战。

（五）加强立法，完善相关法规体系并加强配套制度建设

目前对于我国来说，加快立法，建立与完善服务业的法律体系，使之与WTO规则相适应迫在眉睫。在推进服务贸易自由化过程中，政府要发挥应有的作用。实践表明，政府措施得当，可以有效地加快国家工业化进程，提高各产业增长业绩。所以，政府应该负责组织协调贸易发展中各生产要素之间的关系，采取恰当的政策和措施，促进服务贸易的发展。一方面要维护服务贸易市场公平竞争的环境，确保优胜劣汰的机制在服务贸易市场发挥作用，培育核心竞争力，发挥品牌效应；另一方面，可以先通过国际合作与交流，学习别国在服务贸易管理体制建设方面的经验，再结合我国的国情，在服务贸易管理体制方面不断创新和探索，建立中国特色的服务贸易管理体制。

为此，我们应该做好以下工作：①制定一部我国服务贸易基本法。长期以来，我国始终缺少一部统一的服务贸易基本法，这已对我国服务贸易的发展产生了影响。因此，在我国制定服务贸易基本法是非常必要的。我们应从以往的服务贸易立法中吸取经验并借鉴发达国家在服务贸易立法方面的经验，为制定我国服务贸易基本法创造积极有利的条件。②加快各服务部门的立法进度，建立系统的服务贸易法律体系。尽快制定相关的法律法规，规范服务业各行业的行为，改变一些服务业领域因缺乏相关法律法规而主要依靠部门规章或行政手

段来调整的状态。③增加服务业政策法规的透明度。及时公开国家有关服务业的法律法规、方针政策,清理或废除现有的一切与有关法律法规相悖的所谓内部规定与文件,增加服务业政策法规的透明度,以便国外的服务提供者更加了解中国的服务市场,寻求合作机会。④建立有效的服务贸易行业中介组织平台。在WTO服务贸易准则下,政府对发展本国服务贸易的直接手段和作用已十分有限,行业的发展主要是通过市场竞争来促进的。因此,规范服务贸易行为、完善服务贸易管理体制,需要发挥社会中介机构的作用,如行业价格自律、信息收集与发布、对国内中小服务企业的扶持等等。政府的政策和法规通过这些中介组织实施,可以避免因政府直接干预企业而引发与WTO服务贸易规则的冲突。

(六)发展电子商务,扩大服务贸易出口

电子商务基于因特网技术所拥有的特别优势而稳步向前发展。而传统交易模式在面对突发事件带来的巨大冲击时,则往往表现出脆弱的一面。因此,大力发展网络事业,对于降低突发事件给服务行业和市场带来的巨大冲击是一种可行的应对措施。

本章小结

服务业竞争力是一个地区或国家服务业的综合竞争能力和发展水平的直接体现。如何正确评价服务业的竞争力,是经济发展面临的重要任务。本章结合我国服务业发展,从生产性服务业竞争力、区域服务业竞争力以及服务业国际竞争力等三个角度分别构建了服务业竞争力的评价指标体系:从区域生产性服务业的总体规模、服务业状况、发展潜力及成长力第四个方面共13个指标构建了生产性服务业竞争力评价指标体系;从直接体现性指标和影响因素指标两个方面共11个指标构建了区域服务业竞争力评价指标体系;用国际市场占有率、贸易竞争优势指数、显示性比较优势指数及显示性竞争优势指数分析得出服务业国际竞争力评价指标体系。并分别总结影响服务业竞争力的制约因素,最后给出提升我国服务业竞争力的几点策略。

思考题

1. 如何构建服务业国际竞争力评价指标体系?
2. 提升我国服务贸易国际竞争力的途径有哪些?

第八章 服务业发展的规制与政策

第一节 产业规制理论

一、规制的涵义

"规制"一词来源于英文"Regulation"或"Regulatory Constraint",含义是"有规定的管理,或有法规条例的制约",强调政府通过实施法律和规章来约束和规范经济主体的行为。

1. 规制的概念

规制(Regulation)又称政府规制(Government regulation),宽泛地讲,是指政府对经济的干预和控制,起源于交换出现时正式与非正式的规则。它最早的概念可以追溯到古罗马时代,是指政府官员指定法令允许受规制的工商企业提供基本的产品和服务,政府为这些产品和服务指定"公平价格",从而否定了起初由买者和卖者协商的自然价格。比如,大约在公元300年,古罗马的戴克里先皇帝就为好几百种商品指定了最高公平价格。这是规制的最初形态。

现代意义上的规制,与古罗马起源具有相类似的逻辑。在《新帕尔格雷夫经济学大辞典》中,规制的概念有两种[①]。一是指国家以经济管理的名义进行干预。在经济政策领域,按照凯恩斯(Keynes)主义的概念,规制是指经过一些反周期的预算或货币干预手段对宏观经济活动进行调节。二是指政府为控制企业的价格、销售和生产决策而采取的各种行动,其目的是要努力制止不充分重视"社会利益"的私人决策。规制的法律基础由允许政府授予或规定公司服务权利的各种法规所组成。

《社会科学纵览——经济学系列》对规制则给出一个更为详尽的解释:规制是公共政策的一种形式,即通过设立政府职能部门来管理(不是直接由政府

[①]《新帕尔格雷夫经济学大辞典》(第四卷)(中译本).经济科学出版社1996年版,第134、137、141页。

所有）经济活动。

在长期的研究过程中，国内外的学者基本达成共识：所谓规制就是政府根据相应规则对微观经济主体行为实行的一种干预。规制也成为固定化、专门化的名词。需要指出的是，目前国内学者在这个词汇的使用上没有统一，有的采用"规制"，有的采用"管制"和"监管"。本书认为"规制"更接近英文原义。本书将规制的概念进一步具体化，即政府或规制机构等规制者利用国家强权依法对被规制者（主要为企业）进行直接或间接的经济、社会控制和干预，其目的是克服市场失灵，实现公共利益最大化。

2. 规制的分类

根据不同的分类标准，规制可以分为不同的类型。

（1）按照目的划分。根据规制的目的，国内学者郑奇宝在《从垄断到竞争》一书中将规制分为竞争性规制和保护性规制。竞争性规制，即指政府对特许权或者服务权的分配。保护性规制，即通过设立一系列条件以控制私人行为而维护公共利益。

（2）按照政府干预对象的不同划分。丹尼尔·F.史普博在其著作《管制与市场》中将规制划分为三类：直接干预市场配置，如价格规制、产业规制、合同规制；通过影响消费者决策而影响市场均衡；通过干扰企业决策而影响市场均衡。

（3）按照规制属性划分。美国经济学家罗伯特·哈恩（Robert Hanh）和托马斯·霍普金斯（Thomas Hopkins）则把规制分为社会规制、经济规制和程序规制等三类。

目前，学术界一般采取日本经济学者植草益的规制分类法，"这也符合西方发达国家的规制实践"[①]。

植草益根据规制主体，把由司法机关、行政机关以及立法机关进行的对私人以及经济主体行为的规制称之为公共规制。公共规制又可分为直接规制和间接规制。他根据规制的内容又将直接规制分为经济性规制和社会性规制。见表8.1。

表 8.1 公共规制的分类

规制类目	规制目标	主要规制手段
间接规制	防止不公平竞争	司法机关根据反垄断法、民法、商法等法律制度进行间接规制约

---

① 肖兴志.自然垄断产业规制改革模式研究[M].东北财经大学出版社，2003年版，第26页。

续表

规制类目		规制目标	主要规制手段
直接规制	经济性规制	防止发生资源配置低效率,确保使用者公平使用。	政府运用法律权限,通过许可和认可手段,对相关行为进行规制。
	社会性规制	保障劳动者和消费者安全、健康、卫生,保护环境、防止灾害。	对产品和服务的质量以及其他各种经济活动指定一定的标准。

直接规制是指由政府行政部门直接实施的政府干预,即对公共产品或者严重影响社会公益的经济活动进行的直接约束和规制。直接规制的形式是政府依据法律直接介入经济主体决策,参与其定价、投资决策、产品销售、原材料选择等经济决策过程。

间接规制的目的是形成并维护竞争秩序,不直接介入经济主体参与决策,仅制约、阻碍市场机制部分职能的发挥。其手段一般为司法机关根据反垄断法、民法、商法等法律法规对垄断行为、不公平竞争行为以及不公平交易行为采取的间接行为。

经济性规制是具体针对特定产业的规制,如服务业规制就属于经济规制。这种规制主要是为了防止发生资源配置低效率,并确保使用者公平使用,政府利用法律手段,在自然垄断和存在信息不对称的领域里,通过认可和许可手段,对企业的准入、退出、价格、服务质量和数量、投资、财会等相关行为进行规制。

社会性规制是为了保障劳动者和消费者的安全、健康、卫生,以及保护环境、防止灾害,对产品和服务的质量以及由此产生的各种经济活动制定的一定的标准。

在直接规制中,公共规制机构的组成,通常包括政府行政机关和立法机关两类。如果是私营企业,规制者就是政府主管该产业的各级或者相应的行政机关;如果是国营性质的企业,规制者就是各级或者相应的立法机关。

3. 规制的特征

(1)公共性。规制主体具有公共性,即规制政策的制定和实施是由政府公共部门进行的,政府公共部门的显著特点是对全体社会成员的普遍性和强制力负责,政府的超经济强制权力和行政权力使其在矫正市场失灵方面有明显的优势。

(2)限制性。规制的本质是监管、管制和限制,这种限制有两种方式,即积极引导和消极限制。规制是政府为了维护公共利益,对阻碍市场机制发挥应有功能的现象或市场机制无法作用的领域实施限制,这是一种消极限制。

(3)动态性。规制是相对于市场失灵而作出的特殊回应,会随着市场竞争体制的变化、内容的变化、一定时期的国际政策导向的变化而变化。规制随着经济形势的变化、技术进步和产业结构状况进行动态调整。

(4)微观性。尽管规制对产业组织结构产生影响,而且对整个资源配置和利益分配进行调节,但其直接作用对象是企业微观经济行为。这也是产业规制和经济政策的区别。

二、产业规制理论的发展

20世纪70年代是规制理论发展的分水岭。20世纪70年代之前,经济学家对规制理论的研究兴趣主要集中在某些特殊产业的价格、准入等的控制和监管上。这些产业主要有电力、交通、通讯以及银行、保险、证券等。他们的研究重点是投向规模技术递增收益情况下的定价问题,即如何选择能保证公用事业的资本投资有一特殊回报率的价格,以及维持成本最低化的激励等相关问题上。对这些研究成果的集大成者是卡恩(Kahn)教授。

自卡恩之后,规制理论研究的对象范围不断扩大。1979年,谢帕德(Shepherd)和威尔科斯克(Wilcox)把"针对工商业的公共政策"划分为反托拉斯法、规制及公共企业等三类。

1981年,施蒂格勒(George J.Stigler)又将规制的范围扩展到所有的公共—私人关系中,包括政策、法律制度以及对市场的直接干预手段。乔斯科和诺尔进一步发展了这些规制研究,他们除了全面总结竞争与非竞争产业里的价格与准入规制外,对环境、健康、就业安全以及产品质量进行规制,这实际上已经属于社会性规制的范畴。社会性规制自20世纪70年代之后已经有了较快的发展,并渗透到各个产业。因此说,规制理论是20世纪70年代以后在产业组织理论中逐渐发展起来的。

具体来看,规制理论经历了以下几个阶段:

(一)公共利益理论

公共利益理论起源于国家干预的经济思想,特别是产业组织理论哈佛学派的政策主张。这一理论把政府对市场的规制看作是政府对公共利益和公共需要的反应,它包含着这样一个理论假设,即市场是脆弱的,存在着市场失灵,如果放任,就会导致不公平和低效率。从理论上讲,公共利益规制有可能带来社会福利的提高。如果自由市场在有效配置资源和满足消费者需求方面不能产生良好绩效,则政府将规制市场以纠正这种情形。这暗示着政府是公众利益而不是某一特定部门利益的保护者,应该对任何出现市场失灵的地方进行规制。

很显然，公共利益理论存在有三个潜在前提[①]：一是规制机构（作为政府的代表）拥有完全信息，规制中不存在信息不对称；二是规制机构是仁慈的，能够为社会谋福利而没有自己的私利；三是规制机构有完全的承诺能力。

传统公共利益理论的规范分析虽然得到了很多学者的认可和支持，并在规制经济学的理论体系中占据主流的地位，且一直影响并指导着政府监管的实践。但是，这种假设前提经常被事实破坏，即实践中的政府规制往往是政府既不是从社会福利最大化出发制定规制政策，也不是单纯为了保护市场效率而采取规制行动，而是表现为与公共规制需求者的一种讨价还价的过程。因此，其理论分析中的某些弱点已经为理论界所洞察：

（1）监管者是否始终忠诚并代表公共利益。首先对这一问题提出质疑的是美国芝加哥学派的施蒂格勒，他通过研究美国电力产业部门监管后指出，政府监管主要不是政府对公共需要的有效和仁慈的反映，而是产业内一部分厂商利用政府权力为自己谋取利益的一种努力。也就是说，政府监管是为了满足利益集团的需要而产生的。他这一观点得到了后来芝加哥学派其他学者的发展。他们指出，在现实中，监管者的行为常常偏离公共利益轨道，相反，作为"经济人"的监管者常常被"寻租"的利益部门所俘获，从而代表某一特殊利益集团的利益，而非一般公众。

（2）监管是否达到保护公共利益的目标与效果。假定公共利益不一定实现，公共规制理论的目标假定是追求社会福利或潜在社会福利最大化，故而规制成为公众需要。但是，在公共规制理论中并没有具体分析说明规制如何通过政府立法和规制机构来实现这个目标，而仅仅存在于"假定"和"设想"层面。

（3）监管方法本身没有效率。传统公共利益理论认为，监管的实质是政府命令对竞争的取代，力求用监管手段来维持良好的经济秩序，解决市场失灵的问题。因此，确定对垄断企业进行的经济性管制工具一直是传统公共利益理论的主要内容。可问题是，即便对自然垄断进行规制，实际上并不总能有效地约束企业的定价行为，规制在实际上往往仅有微小的导致价格下降的效应，这与公共利益规制理论关于规制对价格具有较大的下降作用的结论是相矛盾的。

（二）俘虏理论

回顾19世纪末美国的规制历史，发现规制与市场失灵实际上并不太相关。相反，直到20世纪60年代，从规制的实践经验来看，规制是朝着有利于生产者的方向发展的，规制的目的是提高行业内厂商的利润。这一现象的存在导致了规制俘虏理论的产生。

---

① 马云泽.规制经济学[M].经济管理出版社，2008年版，第41页。

早期的规制俘虏理论认为：政府对市场的规制是为了满足产业对市场规制利益的需要而产生的（即立法者被产业所俘虏），而市场规制机构最终会被产业所控制（即执法者被产业所俘虏）。

1. 施蒂格勒模型

1971年，诺贝尔经济学奖得主施蒂格勒在早期产业俘虏理论的基础上，进行了开创性的研究。他运用经济学方法分析规制的产生，由此规制就成为经济系统的一个内生变量，其真正动机是政治家对规制的"供给"和产业部门对规制的"需求"相结合，以各自谋求自身利益。他提出了一系列假设条件，并对这些假设条件的逻辑内涵——哪些行业被规制以及规制应采取的形式等，作了独特的分析。他通过这些分析证实：规制的目标可能不是公共利益，但也不一定偏向支持生产者。

施蒂格勒分析有两个最初前提：①强制力是政府的根本资源，利益集团能够劝说政府为其利益而运用强制力改善该集团的福利；②各规制机构的行为选择是理性的，他们都追求效用最大化，如果规制能够与利益集团的收入最大化行为要求相适应，那么规制就能为规制机构和利益集团同时增加收入。

施蒂格勒认为："市场规制的中心任务是解释谁是规制的受益者和受害者，以及政府对市场规制采取什么形式和政府规制对资源分配的影响。"[1]他通过研究指出：①规制立法机构起着重新分配社会财富的作用；②立法者行为受政府的愿望驱使，即立法设计追求政治支持最大化；③利益集团之间互相竞争向立法者提供政治支持以换取对自己有利的立法。他最后得出的结论是受规制产业并不比无规制产业具有更高的效率和更低的价格。

2. 佩尔兹曼模型

1976年，佩尔兹曼（施蒂格勒在芝加哥大学的同事）进一步完善了施蒂格勒的理论，将其进一步格式化、正式化，形成了施蒂格勒模型的扩展形式——佩尔兹曼模型。

佩尔兹曼模型的关键性假设是认为公共规制者行为受他们维持目前职位的欲望驱动，追求的效用是选择政治支持最大化的政策。以限价政策为例，价格过高将导致消费者的支持减少，价格过低将降低产业利润，从而减少生产者的政治支持，因此，规制者最终将在两者之间权衡，这一价格会位于市场价格与垄断价格之间。这也就是说，被规制产业往往是竞争程度较强或垄断程度较高的产业。

3. 贝克尔（Gary Becker）模型

盖利·贝克尔的规制模型与施蒂格勒和佩尔兹曼的不同，他不以立法者或

---

[1] George J.Stigler.Theory of Economic Regulation[J],Bell Journal of Economics,Vol.2.1971.

规制者选择对自己的政治支持最大化的政策为基础,而是更加强调利益集团之间的竞争。他认为,容易发生市场失灵的产业将产生相对较大的压力使规制主体进入规制,而决定规制活动的是利益集团的相对影响。这种影响不仅由规制的福利效应所决定,而且由利益集团向立法者和规制者动用压力的相对效率所决定,由此得出的结论是市场规制倾向于增加具有较大影响力的利益集团的福利。

规制俘房理论与规制历史实践相对符合,比市场规制公共利益理论更具有说服力,但同样受到大家的批评,即理论并没有解释规制如何逐渐被产业所控制和俘房,受规制和影响的利益集团有很多,包括消费者、劳动者组织以及厂商,为何规制受厂商控制而不是受其他利益集团的影响?对此,该理论并没有作解释,它只是假设规制是偏向生产者的。此外,反对规制俘房理论的的有力证据还在于现实生活中存在许多先前不被规制的产业,产业利润水平反而因规制而下降。①

(三)新兴规制理论

新兴规制理论结合近30年来西方国家的经济规制改革,把规制研究的理论背景扩展到了福利经济学、公共财政学、不确定条件下决策等经济学领域,吸收多门新兴经济学理论的最新研究成果,形成了包括寻租理论、政治企业家职能理论、可竞争市场理论、激励性规制理论、新制度经济学规制理论等新的规制理论。

(1)寻租理论是俘房理论的延伸,但与俘房理论不同的是对规制者被俘房的过程进行了深入的经济分析和研究。寻租理论把市场规制过程看成是一个寻租的过程。该理论认为,市场规制经济实质是消费者、企业和规制机构互相进行的社会"结约"过程,即规制的过程实际上是消费者和企业对规制政策及其后果进行讨价还价的过程。寻租理论过度关注市场规制的社会成本而忽视市场规制所带来的社会效益,使其只能解释"坏"的规制,而不能解释"好"的规制,缺乏理论的全面性和现实的解释力。

(2)政治企业家职能理论肯定政治家在市场规制中的作用和效率。该理论认为,一个政治企业家的职能是从大量的政策建议中作出选择,以选定的政策击败现行政策,来达到提高经济效益、增进生产者和消费者福利的目的。政治企业家职能理论把规制者假设得过于完美,使其只能解释"好"的规制,而不能解释"坏"的规制。

(3)可竞争市场理论是美国著名经济学家鲍莫尔(W.J.Baumol)以及帕恩查(J.C.Panzar)和韦利格(R.D.Willing)等人在芝加哥学派产业组织理论的基

---

① 王万山,伍世安,徐斌.中国市场规制体系改革的经济学研究[M].东北财经大学出版社,2010年版,第10页。

础上提出的。该理论认为，可竞争市场使得企业存在潜在的进入者的压力，因此不能够获得超额利润，其定价和生产资源配置都是有效率的市场。这个理论的本质是可竞争市场不存在投机者。该理论的不足是在现实中，真正符合可竞争市场理论假定条件的产业并不多，因此在适用范围方面存在着很大的局限性。但是，该理论为20世纪80年代以来西方各国的放松规制运动提供了一定的理论依据。

（4）激励性规制理论是利用信息经济学的研究成果，吸收可竞争市场理论合理成分而形成的市场规制理论。激励规制的方法包括特许权投标制度、区域间竞争、社会契约制度和价格上限制度等。

（5）新制度经济学规制理论。随着新制度经济学的发展，新制度经济学理论深入到规制理论中，形成独具一格的新制度经济学规制理论。其中产权理论、交易费用理论、委托—代理理论和契约理论对规制起到很大的创新和推动作用。新制度经济学规制理论开创了市场规制理论研究的新视角和新途径，使市场规制理论深入到产权、交易、规则等微观层次。

三、我国规制体系的构建

规制是现代市场经济体制的重要组成部分，它产生在市场经济发展的较高阶段。其一般的发展路径为竞争—垄断等市场失灵现象—市场规制。规制产生的前提是自由竞争充分发展、市场体系较为健全，市场的基础性调节作用充分发挥，以致出现了垄断、外部性等市场失灵现象。

以下是对我国规制体系的理解：

（1）市场规制区别于宏观调控。从前面的内容可知，市场规制实际上是一种微观调控。而宏观调控，顾名思义，是政府实施的政策措施以调节市场经济的运行，简称宏调，由经济学家约翰·梅纳德·凯恩斯创立。宏观调控是国家综合运用各种手段对国民经济进行的调节与控制，是保证社会再生产协调发展的必要条件，也是社会主义国家管理经济的重要职能。在我国，宏观调控的主要任务是：保持经济总量平衡，抑制通货膨胀，促进重大经济结构优化，实现经济稳定增长。宏观调控主要运用价格、税收、信贷、汇率等经济手段和法律手段及行政手段。也就是说，中国要建立规范的市场体制，必须有宏观调控这只看不见的手和规制体系这只看得见的手并行才能实现。

（2）规制体系必须完整。市场规制以经济性规制为主，通过立法、规章和制度对市场进行约束，但市场失灵包括多种形式，譬如外部性、信息不对称、垄断等。因此，要将政府规制、经济性规制、社会性规制结合起来，形成完整的规制体系。

（3）市场规制不是万能的。市场规制可以对市场进行纠偏，防止市场失灵。但是，也要同时认识到，规制者会被"俘虏"，也会"寻租"，从而起不到真正规制所起的作用。因此，在完善我国市场规制体系的时候，要同时完善规制主体和被规制者。

（4）规制体系要与我国所有制体制相适应。从前面的内容可知，规制对于国营性质的企业是不起作用的，这就使得一个产业市场内，如果公有制主体占了市场领域的绝大部分，那么规制将大面积的失效。因此，完善规制体系，一方面要完善规制机构，同时要配合以产权制度改革。

（5）规制形式多元化。政府规制是经济规制的重要手段，但全靠行政命令显然不合理，还要靠法律手段。我国政府要逐步以市场规制法取代各种行政命令手段。

（一）我国规制体系的国际比较

1. 我国规制体系形成的特殊性

第一，市场的作用尚未充分发挥。我国社会主义市场经济体制确立是在"十四大"以后，到目前，市场经济发展实际上只有20年，计划经济体制下部门割据，资本市场、土地市场等发展滞后，并未形成健康有序的竞争体制。这种情况下，我国规制体系的制定和形成实际上是在经济转轨时期出现，其目的是为了冲破旧体制的束缚。

第二，政府在规制体系中的双重身份。由于我国长期的计划经济体制，使得政府权力介入并控制了经济运行的各个方面，形成了我国所特有的垄断，即不是由市场自由竞争形成，而是行政权力瓜分市场形成的行政垄断。这就使得政府在规制体系中既是规制者，又是被规制者，目的是一方面纠偏市场失灵，同时也要限制传统体制下的行政垄断。因此，我国的规制体系建立的过程是政府的微观管理从传统体制向市场体制的艰难转轨过程。

2. 我国规制体系的总体概况

目前，我国规制范围及内容大致可以分为经济性规制和社会性规制。经济性规制又可以分为两大类：一类是针对所有可能存在的违背市场正常交易秩序的一般市场行为的规制，如垄断、价格欺诈、广告欺诈等行为。另一类是针对特定产业的特定行为的规制，如对电力、通信、运输、金融业、建筑业等的规制。我国规制的依据是相应的法律法规。我国现行的法律法规主要有三种类型，即法律、行政法规及地方性的法规。我国规制的方法主要有准入规制和价格规制两种。规制的机构从中央到地方，几乎所有的政府机关或部门都拥有相应的规制权力。同时，我国行政机构的特殊性，使得许多企业有多头领导。因此，针对同一行为的规制权力，被分解到各个不同的部门，这就要求各个相关部门互相配合达到一致规制的目标。

总体说来，我国的社会性规制可能更优于经济性规制，但仍然存在诸多不足。社会性规制方面的不足：①立法尽管较多，但规制范围仍有盲区，且执法效果不明显；②消费者的健康、安全仍受到低劣产品的威胁；③职业道德、社会风气日趋下降；④环境状况不佳。经济性规制方面的不足：①自然垄断行业存在管理难、调控难的问题；②某些产业进入规制过严、程序过多，直接影响产业的良性竞争市场的形成和更快的发展；③对竞争性行业规制不到位，产品和服务质量低劣，违规操作多；④反不正当竞争效果不明显。产品和服务不是凭借质量，而是通过虚假广告、以假乱真、以次充好、销售回扣等手段进行，严重损害消费者的利益。

（二）规制体系完善的国际经验

1. 放松进入规制

放松进入规制，是为了积极培养竞争因素，充分发挥市场的基础调节作用。和我国一样，美英电信行业也都是自然垄断行业。为了打破这种局面，美国在20世纪10年代便允许微波通讯公司进行特殊电信传输服务，允许经营长途业务。在80年代，将电信行业完全放开。英国也同样，成功培育了莫克瑞公司，成为英国国内第二大电信运营商，成为原来垄断企业的强有力竞争对手。英美在放松进入规制方面，共同的经验是采取不对称规则政策，即给予新兴企业一定的优惠政策，尽快扶植，提高竞争力，甚至对新兴企业免于规制。

2. 市场定价

对于英美日等发达国家来说，已形成了完善的市场体系，因此，放松定价规制，充分发挥市场定价作用，是他们共同的特点。以英美电信行业为例，两国通过积极扶植新兴电信企业、迅速提高其竞争力之后，电信行业形成了良好的竞争机制。此时，英美的做法都一样，逐渐放开价格规制，取消了政府定价，完全由市场机制决定。同样的做法还有日本，在竞争市场逐步形成后，价格管理由申报批准改为认可制、注册制甚至完全不加规制。

3. 加强社会性规制

产业的健康程度与政府规制之间有着密切的关系。在20世纪70年代，美国的社会性规制已经无孔不入，美国政府的规制非常细致，对鸡蛋的卫生、电冰箱的安全甚至是商品外包装的安全性以及汽车的细小改革都制定了专门的法律。

比如，美国政府有两个时期曾提出要求，对诸如阿司匹林、处方药物和其他被选中的危险产品如抗冻剂，要加以保护儿童的安全外壳。再如，美国对汽车行业进行了细致的安全规制，这些规制最初出现在20世纪70年代。以影响汽车安全的规制为例，这些规制包括了使用者保护要求、转向柱保护、座位安全带装置、边门的承受力、缓冲器要求、完整的标准燃料系统以及其他各种详细的安全标准。

4. 规制机构的重新构建

各国政府因为在规制现实中都出新了新情况和新问题，因此，在实施自然垄断企业规制改革时都组织了专门的机构，大都形成了独立的规制机构系统。比如英国，规制范围不仅限于私有企业，如实行私有化的电信公司、天然气公司、空港公司等；一些大型公共企业，如国有公共汽车公司、英国航空公司也被纳入规制范围。只有独立的规制机构系统才能保证规制的公平与有效性。

（三）我国规制体系的构建

综上所述，我国市场规制体系应该包括以下几个层次：

首先建立完善的规制基础制度，包括产权制度、契约制度和交易制度，以及对市场运转起辅助作用的法律制度、政策制度和伦理制度，也包括对规制者的反规制制度，逐步形成一整套市场规制制度。

其次是注重规制体系的完整性。规制对象既包括私人品市场、混合品市场，还要包括公共品市场。尤其对于国家控股的企业，以及自然垄断行业，一定要建立完善的规制体系。

最后是具体市场规制跟进。由于每个产业，如三次产业或是更细的建筑业和服务业等，以及每个行业各有各的特点，因此要有针对性地制定每个行业及每一个市场要素的规制体系。

第二节 服务业规制问题与实践

一、服务业规制的一般问题

服务业的规制非常普遍，几乎所有的服务行业都有相应的规制措施。比如，我们通过证监会、银监会、保监会对证券市场、银行业、保险业进行监管规制；同样，具有明显自然垄断的行业，如电信业也有着严格的规制措施。这些规制主要包括市场准入与退出、网络互联互通、普遍服务、业务资费和服务质量要求等。

目前，尚无一个统一的、完整的理论来解释服务业规制，但各种产业规制理论产生的基础则是服务业规制的产生基础。规制产生的前提是市场失灵。在服务业，规制也存在同样的问题。

（一）服务业的市场失灵

市场失灵是相对于"帕累托最优"①状态而定义的，当资源配置在既定的资源禀赋条件下没有实现"帕累托最优"就出现了市场失灵。市场失灵是进行规制的一个逻辑起点。服务业市场的市场失灵主要表现为：

1. 自然垄断

目前，经济学上对自然垄断的定义采用的是日本经济学家植草益的提法，他在《微观规制经济学》中指出："由于存在着资源稀缺性和规模经济性，范围经济性及成本的弱增性，使提供单一物品和服务的企业或联合起来提供多数物品和服务的企业形成一家公司或极少数公司的概率很高，经济学中把这种由于技术理由或特别的经济理由而成立的垄断或寡头垄断称为自然垄断或自然寡头垄断。"由于服务业中存在大量自然垄断行业，因此，这也是政府规制的首要原因。比如铁路运输业、电信业，具有明显自然垄断特征，即规模经济（规模经济是在一定的条件下获得的一种不付成本的收益。它是在生产达到一定的产量规模时发生的。在一定的规模上，企业有更为详细的分工、更有效率的机械设备，企业管理人员相对于全体员工的比例也在下降）、外部性和成本弱增性，这决定了在任何产权制度下其都要受到政府的规制。再如燃气行业，由于建成后的管网专用性强、沉淀成本高，使城市燃气管道器具具有典型的网络性特征，而燃气经营的成本弱增性又使燃气管网业务体现出显著的自然垄断特征，再加上燃气有地域经营的垄断性，这些特点使政府规制表现在对其进入规制、价格规制、质量规制和安全规制方面。

2. 外部性

外部性就是在正常价格体系运行中不能反映的一个经济活动者对其他经济活动者福祉的影响，是一方对另一方的非市场溢出效应。对外部性研究最著名的理论是科斯定理。科斯从养牛问题开始探讨外部性。假设农夫 A 养了一头牛，但这头牛可能会偶尔跑到农夫 B 的田地里，从而使农夫 B 的庄稼遭到损失。这样，农夫 A 养的牛就给农夫 B 带来外部性。再比如，2007 年太湖蓝藻爆发水变质，影响居民的生活用水。这是由于附近的工业污染、农业面源污染扩大、渔业养殖等造成的。但很显然，无论是这些排污企业的工业品、农产品还是渔业品的价格并不包含水污染给居民造成的损失，这些企业就存在外部性。正是因为外部性的存在，政府应该采取环境规制措施。

---

① "帕累托最优"有四个充分条件和四个必要条件。四个充分条件是：a.市场的普遍性；b.收益递增性或凸环境；c.市场的完全性；d.信息的完全性。四个必要条件是：a.社会边际收益（SMR）等于私人边际收益（PMR）；b.社会边际成本（SMC）等于私人边际成本（PMC）；c.私人边际收益等于市场价格（P）；d.市场价格等于私人边际成本。

3. 信息不对称

信息不对称是指市场交易一方比另一方拥有更多信息的状态，它对市场的运行有很大影响。由于信息不对称极易导致消费者利益的损失，因此必须对这些产业进行规制。如服务业中的银行业、保险业、证券业和运输业，这些产业中虽然形成了互相竞争的市场结构，为消费者提供各种各样的服务，并收取各种费用，但消费者却并不能拥有充分的信息以决定在多种多样的服务和价格中选择哪种为好，结果必然不能实现"帕累托最优"。一旦这些企业倒闭，最终的结果必然是消费者蒙受损失。这也是政府从一开始便对金融和交通运输等竞争性产业实施规制的重要依据。

尽管"公共物品"也是市场失灵的典型表现，有的学者（如王辰：《基础产业融资论》，中国人民大学出版社，1998年版，第152页）认为"公共物品"也属于规制领域，并且英国也确实对这些国营行业进行了规制。但本文认为，这些公共物品一般由政府直接提供，不涉及规制活动。但这应该是我国服务业规制改革的一个方向。

（二）服务业自由竞争与规制

目前，发达国家逐步过渡到服务业为主导的发展阶段，服务业的对外开放已经成为经济全球化过程中的一个焦点问题，国际服务贸易自由化趋势已成为强劲的时代潮流。

在跨国公司新一轮产业调整中，资本向服务业转移的趋势越来越明显。《2004年世界投资报告》显示，1990年，服务业对外直接投资流入量超过第一、二产业的总和，比重达到50.1%；2001～2002年的全球各国服务业FDI流入所占比重已经从1989～1991年的54%上升到67%，其中发展中国家更是从35%上升到50%，已经开始超过制造业。在FDI流出方面，同样上升很快，尤其对于发展中国家来说，流出比例上升更高。《2006年世界投资报告》显示，2004～2005年，外国直接投资多数仍流入服务业，尤其是金融、通信、房地产业等，流入制造业的份额进一步下降。截止至2005年底，服务业在全球FDI总存量中占60%。再从国际直接投资流量来看，2005年服务业对外直接投资流入量占世界对外直接投资总流量的比重进一步上升，约为70%。这些情况表明，各国服务业的对外开放程度逐渐加深，经济全球化成为现代经济发展的主要特征。

同时，世贸组织《服务贸易总协定》（General Agreement on Trade in Services）为服务业贸易自由化提供坚实的基础。自1995年生效后已取得相当大的进展，许多协议在市场准入和为改进服务业贸易制定规则方面都取得了新的突破。

贸易自由化对我国服务业规制的影响：一是要求有更开放的市场，更健康的竞争机制。贸易自由要求一国政府进一步放松规制，降低甚至消除贸易壁垒，逐步培养服务业的竞争力。二是将规制的制定放在全球视野中。面对全球贸易自由化程度逐年提高的局面，尤其对于世界贸易组织的成员国来说，规制不是一国内部的事情，必须满足世贸组织要求，使国内服务业规制上升到国际层次。比如，世贸组织的基本原则是非歧视原则、透明度原则、自由贸易原则和公平竞争原则。比如《服务贸易总协定》的"市场准入"条款规定：在服务提供方式的市场准入方面，每个成员给予其他任何成员的服务和服务提供者的待遇，不得低于其承诺表中所同意和明确的规定、限制和条件。此外，它还为各行业制定了具体的规制标准。三是提高规制效率和质量，改善公共服务。在这里要特别指出的是，对服务业发展是否更需要规制一度产生了争论（参见刘莉：《竞争、规制与服务业成长》，载《中国市场》2011 年第 11 期）。众多情况表明，经济自由度在各类国家中都是促进服务业发展的不可或缺因素。但是，服务业自由化以及放松规制并不意味着不需要规制，对于很多发展中国家来说，基于存在对服务业过度管制的历史，在经济一体化时代，应该重视调整管制内容和手段，提高管制效率，将促进竞争作为规制的第一要务，最大限度地发挥市场机制的作用，这是新时期对规制的新的更高要求。四是统一性和连续性。全球经济一体化对规制的要求是各国逐渐趋于统一，因此在《服务贸易总协定》中，针对不同国家的不同服务业，给出一个过渡期。当然，这只是一种愿景和努力实现的方向，但这无疑对每个国家的服务业规制提出了新要求，同时为各国尤其是欠发达国家和地区服务业的发展提出了新挑战。

二、我国服务业规制制度障碍与改革路径

目前，作为转轨国家，服务业的规制问题成为制约我国服务经济快速发展的关键因素之一。

（一）服务业规制制度障碍

1. 准入、退出规制滞后于现代服务业的发展要求

市场经济准入方式有两种，即肯定式目录和否定式目录。前者是指规定企业在具备一定要求或获得许可的情况下方能进入某行业和领域；后者是指首先规定（通常以立法形式明确）不能进入的行业和领域，除此之外的行业均可自由进入。发达国家一般采用后者，即"非禁即入"，也就是说，公民天然具有自由进入法律明文禁止以外的经济领域。而我国目前仍然采用肯定式目录方式。

此外，我国许多服务行业标准体系有的已过时或是不完善，有的是各地方、各部门"各自为政"、标准不一，地方壁垒严重。就拿设立教育机构来说，我国目前仍然沿用 20 世纪 90 年代的《民办教育促进法》。此外，对于家政服务、娱乐业、美容健身以及私募基金、电子商务等行业标准仍然缺失。

对于退出制度，包含行业退出和企业退出。发达国家的经验是，对于自然垄断行业，根据其经济和技术发展状况，不断研究其垄断的合理性和合法性，对不适合继续作为自然垄断的行业，依法进行产业调整。在我国，行业退出制度尚属空白。我国更注重服务业的准入审批，企业退出缺乏法制化、规范化、制度化的管理。这也是近年来不断出现美容店关门、证券公司倒闭等造成消费者损失、引发经济和法律纠纷事件的根本原因。

2. 规制过度和规制空白并存

我国目前规制对象不仅包括企业行为监管，还涉及企业主体规制，以及运营行为、具体项目、价格和技术等。但对国有经济缺乏规制。虽然党的"十五大"报告中就提出"国有经济有进有退"，但当国有企业面临垄断行业时，改革便难以推进。因此，这些行业直到目前都难以引入竞争机制，如水电、金融业等。国企改革步伐缓慢，直接导致民营经济进入传统自然垄断服务行业。对国有企业缺乏规制，国企改革步履维艰，还有一个重要的原因，是我国规制主体单一，仍然以政府为主，因此难以形成扁平化治理架构的现代服务业规制格局。

3. 规制手段行政化

发达市场经济国家规制一般借助法律手段、标准手段和社会手段，而我国长期受计划经济的影响，仍然以行政手段为主。过多采用行政规制手段，则与市场经济要求相背离，并且容易出现"外行领导内行"局面，也容易导致行政腐败。

4. 缺乏透明度和公正性

过度依赖行政手段，会使规制缺乏公正性和透明度。据美国商会2007年对我国的商务环境调查结果显示，受调查跨国公司将市场准入及监管政策缺乏透明度，列为其在华经营的五大挑战之首，突出问题主要是监管政策过于原则笼统，不同部门及其他地方之间准入标准不一致，以政府文件代替监管法律法规进行执法等等。[①]

（二）我国服务业规制改革的基本原则

我国服务业规制改革方向要遵循三个原则：一是职权法定原则。也就是说，所有具体规制措施的制定都必须有法律依据，符合法定程序。这就要求我们首先要完善相关的法律体系。其次要通过法律途径，对规制机构进行监督，保证规制制定的公正公平性。二是竞争性原则。所有规制的制定以及我们实施的规制改革，都是为了促进服务业贸易进一步对外开放，进一步自由贸易，以及促进竞争。当然，要充分考虑我国服务业发展实际，在引入竞争原则时应该注意

---

① 任兴洲，王微.服务业发展制度、政策与实践[M].中国发展出版社，2011年版，第96页。

两点：①对于可以全面引入竞争机制的行业或者部门，必要时通过行政手段坚决放松规制或取消相关保护措施，全面引入竞争，充分发挥市场的调节作用；②对于发展尚不完善的行业、部门，或暂无必要引入竞争的行业，要创新规制内容，尽可能在这些行业和部门的某一环节引入竞争机制，找到规制与市场竞争的最优组合。三是非歧视性原则。这一点与世界贸易组织的基本原则一致。一定要保证在服务业规制改革过程中，对不同所有制形式、不同股权结构的企业的市场准入、价格、质量、退出等规制一视同仁，从而尽量减少服务业中国有经济所占的比重，也有利于服务业进一步吸引外商投资。

（三）我国服务业规制改革路径

我国服务业规制面临诸多问题，既有计划经济遗留的，也有转轨时期出现的新问题，因此，要逐步加以解决。

第一，转变政府职能。转变政府职能就是让政府从过多、过宽、过度介入的微观经济领域退出，从全能型政府转向服务型政府。全能型政府的职能模式是计划经济的产物，是我国经济体制改革的主要对象。在计划经济条件下，政府通过指令性计划和行政手段进行经济管理和社会管理，政府是全能型的。政府扮演了生产者、监督者、控制者的角色，为社会和民众提供公共服务的职能和角色被淡化。社会主义市场经济的完善，要求政府把微观主体的经济活动交给市场调节。政府由原来对微观主体的指令性管理转换到为市场主体服务上来，转换到为企业生产经营创造良好发展环境上来。发达国家的经验证明，把经济决策权归还给市场主体，同时提供各类市场主体自由竞争、公平交易的市场环境，让市场主体分散决策并独立承担经济后果和社会影响，政府专注于市场环境和市场秩序维护的有限理性思维，更有利于市场经济的发展。

第二，转变服务业准入方式，完善退出制度。采用否定式准入方式，全面推行"非禁即入"的准入原则。完善退出制度，使行业和企业都有进有退，完善服务业市场规制体系。同时，逐步清理和减少服务业的审批、认证等行政程序，简化申请环节，促进服务业良性竞争。

第三，形成社会化、多元化规制机构。在转变政府职能的基础上，加快发展各种行业协会、商会组织的建立，充分发挥他们在行业自律、服务等方面的作用，加强其标准制定、竞争秩序维护以及仲裁等职能。同时，建立独立的第三方规制机构，使得政府、协会、规制机构互相协作、优势互补，共同监管服务业市场。

第四，提高法律在服务业规制中的地位。加强服务业行业立法，制定技术规范和行业标准，提升服务业规制的法制化水平，使得服务业规制科学化、合理化，以法律规范代替行政条文，促进服务业规制的政策连续性和一致性，减少制度障碍。

三、我国服务业规制实践——以铁路行业为例①

铁路行业是国民经济的基础行业，在社会生活中起着关键性作用。铁路行业规制是服务业中规制的重点行业。铁路行业的技术要素及经济特性是规制变化的重要依据。

（一）铁路运输业的技术要素及经济特性

1. 技术要素

（1）车辆。车辆包括机车和车厢。机车一般为内燃机车，动车组和高铁的机车一般为电力机车。现代铁路车辆为了减少阻力，高速列车机车都做成了流线型，像子弹头和梭子，车厢的要求也较高，材料一般为又轻又稳的高强度铝合金、玻璃纤维、加强塑料、高聚氨酯等。同时，智能化密闭通风结构设计，使高速列车具有良好的空气动力性能。为了确保列车高速平稳运行，现在的车辆转向架均采用计算机仿真技术设计和精确制造工艺组装技术，使车辆自身振动和线路干扰振动降低到最低水平。

（2）轨道线路。铁路由轨道、路基、桥梁和隧道等建筑物构成，是以整体工程结构表现的社会基础设施，构成铁路运输系统的有线网络、线路布局和管理对铁路运输的效率起着决定性作用。这就要求铁路运输有一个权威的全国性机构对铁路线路建设作整体规划并统一指挥。

（3）车站。车站按业务性质分为客运站、货运站和客货运站；按技术作业分为中间站、区段站和编组站。车站是线路上运行的间断点或终始点，负责列车的编组和解体，最基本的任务是组织列车始发、到达、交会、运行和通过等；同时，也是列车车辆的技术检查、货运检查、机车换挂、乘务组换班、机车和客车给水等辅助性作业的场地。站型的布置、站距设置和管理规程会对铁路运输效率产生极大的影响。

（4）通信。铁路具有运输点多、线长、分布地域广的特点，运输作业分散于铁路沿线各个站段上，并且由于铁路运输独有的特征，即同一时间、同一轨道上，只能跑同一辆列车。为了铁路运输的安全性，需要有一个迅速可靠、四通八达的铁路通信系统。

2. 铁路行业的经济特性

（1）同时具有自然垄断性和可竞争性。铁路运输网系统由于其投资的巨额性沉淀成本，形成铁路行业明显的自然垄断性。但是铁路经营项目、建设项目、

---

① 这部分内容主要参考王雅丽、毕乐强《公共规制经济学》（第3版），清华大学出版社，2011年版，第337~349页的内容。

线路等基础设施养护维修等却都可以进行公开招标，通过政府"规制"和投融资责任约束，有效引入竞争。同时，铁路与航空、公路运输等交通方式互相之间有较强的替代性，因此，铁路行业同时具有自然垄断性和可竞争性。

（2）公共产品的公益特性。主要表现在：①铁路运输在实现旅客或货物的空间位移的同时，给社会经济发展带来了巨大的发展机会和正外部性。比如，便利的交通，实现滞销产品找到市场，带动空间错位就业并获取差别消费利益，从而带动地区经济繁荣。②铁路客货流量往往会大大超过路网容量，造成拥挤，但正是这种拥挤使得它的社会成本和效益远高于它的私人成本和效益，突出地显示出它的公益特性。

（3）网络经济性。铁路路网是一种复杂的网络结构，由规模经济、范围经济、密度经济表现出来，这种网络经济特性要求铁路行业要有一定的组织边界，即达到一定的规模，使得路网功能优化，充分发挥正外部性。

（二）铁路行业规制的主要内容

目前，各国政府都对铁路运输业采取了规制政策，这些规制政策主要有进入规制、价格规制、质量规制和安全与保护规制。

1. 进入规制

铁路行业实施进入规制，目的在于确保规模经济和范围经济效益，有效限制恶性竞争和重复建设，从而一方面减少社会资源耗费，保证资源充分利用；另一方面保证行业合理利润水平和消费者的消费效用值，提高生产和消费的组织效率和市场效率。目前，中国铁路的进入规制内容包括：

（1）铁路进入的许可制

根据《中华人民共和国铁路法》规定①，我国铁路包括国家铁路、地方铁路、专用铁路及铁路专用线等四种。其中国家铁路由国务院铁路主管部门管理，地方铁路由地方人民政府管理，专用铁路由企业单位管理，铁路专用线是由企业或其他单位管理的与国家铁路或其他铁路线路接轨的岔线。这些规定实际上是对铁路运输的经营主体范围进行限制，即只有国家铁路、地方铁路，以及少数经省政府批准的专用铁路等三类，其他国内外经济组织不能成为铁路运输市场的经营主体。

（2）铁路发展规划和技术管理规程规制

铁路发展规划和技术管理规程都由铁道部统一制定。按照《中华人民共和国铁路法》的规定，铁路发展规划应当依据国民经济和社会发展以及国防建设的需要制定，并与其他方式的交通运输发展规划相协调；地方铁路、专用铁路、

---

① 现行的《中华人民共和国铁路法》由全国人民代表大会常务委员会1990年9月7日颁布，自1991年5月1日起施行。

铁路专用线的建设计划必须符合全国铁路发展规划，并征得铁道部或其授权机构同意。地方铁路、专用铁路的技术管理办法参照国家铁路的技术管理规程。

（3）铁路经营管理规制

根据《中华人民共和国铁路法》的规定，国家铁路施行政企不分的经营管理体制。铁道部既是全国铁路行业的政府主管部门，又行使国家铁路生产调度指挥等企业职能，并承担国有资产保值增值责任。同时，国家铁路运输企业也可以根据法律、行政法规的授权，行使部分行政管理职能。这种体制决定了铁路的经营管理包含了相当程度的政府规制内容。

2. 价格规制

铁路运输业的价格规制是较为普遍的规制现象。中国政府对铁路运输业的价格规制的依据是《价格法》，实行政府指导价或政府定价。根据《中华人民共和国铁路法》的规定：国家铁路的旅客票价率和货物、包裹、行李的运价率由国务院铁路主管部门拟订，报国务院批准。国家铁路的旅客、货物运输杂费的收费项目和收费标准由国务院铁路主管部门规定。国家铁路的特定运营线的运价率、特定货物的运价率和临时运营线的运价率，由国务院铁路主管部门商得国务院物价主管部门同意后规定。地方铁路的旅客票价率、货物运价率和旅客、货物运输杂费的收费项目和收费标准，由省、自治区、直辖市人民政府物价主管部门会同国务院铁路主管部门授权的机构规定。兼办公共旅客、货物运输营业的专用铁路的旅客票价率、货物运价率和旅客、货物运输杂费的收费项目和收费标准，以及铁路专用线共用的收费标准，由省、自治区、直辖市人民政府物价主管部门规定。铁路的旅客票价，货物、包裹、行李的运价，旅客和货物运输杂费的收费项目和收费标准等必须公告；未公告的不得实施。发改委作为国务院价格主管部门，统一负责全国的价格工作，对国家铁路重大价格调整方案提出审核意见，指导地方价格主管部门工作。并根据价格法的规定，对国家铁路旅客运输价格制定和调整，并召开价格听证会，以便于人民群众对铁路价格进行监督。

3. 质量规制

对铁路运输行业的质量规制，属于社会性规制，也是铁路行业规制的重要内容。例如：我国关于铁路货物运输服务质量的规制，是铁道部颁布的《铁路货物运输服务质量标准》；关于旅客运输管理水平和工作质量的的规制，是1994年铁道部制定的《铁路旅客运输管理规则》，以及2002年铁道部重新修订的《铁路旅客运输服务质量标准》。

4. 安全与保护规制

安全与保护规制也属于社会性规制。对于安全和保护规制主要体现在《中华人民共和国铁路法》第四章中。比如，第四十三条规定：铁路公安机关和地方公安机关分工负责共同维护铁路治安秩序。车站和列车内的治安秩序，由铁路公安机关负责维护；铁路沿线的治安秩序，由地方公安机关和铁路公安机关共同负责维护，以地方公安机关为主。第四十四条规定：电力主管部门应当保证铁路牵引用电以及铁路运营用电中重要负荷的电力供应。铁路运营用电中重要负荷的供应范围由国务院铁路主管部门和国务院电力主管部门商定。第四十六条规定：在铁路线路和铁路桥梁、涵洞两侧一定距离内，修建山塘、水库、堤坝，开挖河道、干渠，采石挖砂，打井取水，影响铁路路基稳定或者危害铁路桥梁、涵洞安全的，由县级以上地方人民政府责令停止建设或者采挖、打井等活动，限期恢复原状或者责令采取必要的安全防护措施。

（三）铁路行业规制的国际经验借鉴

西方国家从20世纪80年代开始，对铁路行业规制进行了一系列改革，主要有：

1. 关于进入规制：实行特许权经营，解决铁路规模经济问题

英国所有的客运业务均以特许权形式转出，主要形式有：一是进行特许权招标，使政府补贴减少；二是特许经营权的获得者主要为一些集团公司和控股公司，经营者的增加，保证了经营效率。此外，阿根廷在特许经营权改革方面也做得很好，在20世纪80年代通过在世界范围内公开招标，不仅增加了客运量，运价也下降了，且服务质量得以提高。

2. 关于价格规制：公开运价和合同运价并行

1980年美国将2/3的货运铁路公司的价格放开，不受州际商务委员会的最高限价制约，只有运价水平能够控制市场，如超过可变成本的190%时，政府才进行干预。同时，允许普通铁路运输公司与货主签订运输合同，合同中的价格由托运人和承运人协商而定，但要向州际商务委员会上报备案。1987年，加拿大仿效美国，允许实行秘密合同运价。但国家运输署还规定：铁路合同运价的低限为长期变动成本。但实际大多数货运价都未超过长期变动成本的150%。

3. 关于竞争规制

铁路行业引入竞争机制的初期，大部分国家都采用"部门制"引入竞争。"部门制"是将大一统铁路变成几个分立的产品部门，如长途客运部门、区域客运部门、市郊客运部门、大宗货运部门等，每一部门独立经营、独立核算，有很大的自主权，从而形成一些内部竞争。

（1）欧洲模式：网运分离

瑞典是最早实行"网运分离"的国家。瑞典将原国有铁路拆分成两个实体，即国有铁路公司和国家铁路管理局。前者自负盈亏，独立核算，主要负责客货

运输、运输控制、编组站作业、车辆购置与维修、所属房地产的出售与开发，并向国家支付线路使用费。后者主要拥有铁路线路、信号设施、电力接触网、编组站固定设备等，负责基础设施的维修养护和改造新建，资金来源是国有铁路公司向其上缴的线路使用费以及部分财政拨款。

德国将国家铁路整合组成德国铁路股份公司，1998年之后，该公司根据不同业务，分别组建基础设施公司、货运公司、长途客运公司和短途客运公司，各子公司独立核算。德国铁路公司改革的长远目标是将各个子公司分别上市，实现社会多元投资，彻底实现基础设施公司和客货运主体的上下分离。

法国在1997年进行了网运分离的重大改革。主要是在剥离先前法铁公司部分职能的基础上，成立国有独资有限公司，即法国铁路网公司，拥有国家铁路网，并有权向运输企业收取国家铁路网的使用费。而改革后的法铁主要经营铁路运输并受路网公司委托，承担国家铁路基础设施的养护维修管理业务，并向路网公司收取委托修理费。

网运分离的典范还要数英国。1993年，英国成立了1个线路公司、3个机车车辆租赁公司和3个负责机车车辆修理的列车工程服务公司，并保证新竞争者都享有平等政策，成本能与既有经营者相近。虽然英国实行这项改革也遇到了不少问题，如既有企业对新进企业的警觉，引起对新进者的排挤等，但英国对铁路的改革可谓迈出一大步，将竞争程度提到一个空前的程度。

（2）区域竞争

区域性竞争是根据运输市场将铁路网有系统、有逻辑地划分为地区性子系统，成立区域性铁路公司，公司间直接或间接形成竞争。日本在1987年将原日本国铁客运划分为区域性的东日本、东海、西日本、北海道、四国和九州等6家客运公司，各客运公司拥有相应的土地、线路和机车车辆，按照市场规律运行良好。

美国铁路行业是难得的能提供多方面经验的铁路运营模式。在美国，没有全国性铁路公司，都是私人铁路公司，大概有几百家，在市场同时运营，这些铁路公司组成了世界上最大的统一的铁路网。其中，有25%的线路是以开放通路权的方式由不同铁路公司共用，因此，区域性竞争和开放通路权是竞争的主要方式。

（四）我国铁路运输行业规制中存在的问题

目前，我国的铁路运输业仍旧是独家垄断，主要问题有：①政企不分。比如运价形成上，旅客票价率和货物、包裹、行李的运价由国务院铁路主管部门拟定，报国务院批准；货物运输杂费收费项目由国务院铁路主管部门规定。此外，铁路财务主业收入全部上交铁道部，由铁道部统支统收统分。但多元化经营的收入归各企业支配，这就造成运价机制僵化，而铁路部门对主业麻木不仁，而重视多元经营。②铁路主业运价水平偏低，铁路企业成本不清，经营效率偏低。铁路现行成本预算归铁道部，运输企业成本考核与绩效脱离，使成本失控。③主业运价外乱收费现象严重。即铁路运输延伸服务收费过多，并且征集铁路建设基金，该项基金是国务院批准征收的专门用于铁路建设的政府性基金，由铁路运输企业在核收铁路货物运费时一并收取，这不仅对消费者不公平，也使这部分基金使用无法统筹，削弱了铁路建设的投融资能力。④目前仍按照全行业自然垄断性质进行规制。既实行市场保护、严格控制运价，还直接经营企业，抑制了市场经营活力。目前，我国虽然在这方面作出一定的努力，比如2005年铁道部出台《关于鼓励支持和引导非公有制经济参与铁路建设经营的实施意见》；2006年又再次发布《关于继续开放铁路建设市场的通知》。到2008年底，全国共有合资铁路公司102家，新建合资铁路里程3万公里，投资规模达2万亿元。但这些合资企业，大都为铁道部和地方政府共同投资，外资和民营所占比重很少。即使最初有民营企业，最后也大都退出。1998年通车的浙江金温铁路是中国第一条合资兴建的股份制铁路，是由香港著名学者南怀瑾出资，但由于在资金清算和运输调度上存在分歧，最终退出，金温铁路收归国有。同样，2005年年底，国内首条由民间资本参与建设的干线铁路——衢州—常山铁路在浙江开工，但2006年8月就进行了一次股权变更；2007年民营背景股东光宇集团彻底退出。这些企业退出是因为政企不分，投资者不能完全按照《公司法》运作，投资者权益无法得到保护，所以最后都黯然收场。

（五）我国铁路行业规制改革的路径分析

我国铁路行业规制改革的总体思路是准入机制逐步放宽，在运营机制上引入竞争，在运价规制上以"保本微利"为主，体现社会效益，同时通过竞争提高效率。具体说来，有以下几个途径：

（1）铁路行业投融资体制改革：放宽铁路运输业中铁路建设领域、铁路运输领域、铁路运输装备制造领域、铁路多元经营领域的投资准入，并逐步改变政企不分的局面，建立现代企业制度，保护各类投资者的合法权益。

（2）合理运用国际通用的"网运合一"和"网运分离"原则。"网运合一"，但实现政企分开、政资分开。这个模式实际上是组建国家铁路局和中国铁路总公司，分别承担原铁道部的行政和企业职责。地方设区域性的铁道集团股份有限公司，隶属于中国铁路总公司，同时受地方铁道管理处监管，并最终受制于交通运输部。区域性的铁道集团控股公司还可以建立母子公司结构。这种模式减少了交易成本，但实际上各专业公司独立性仍旧不强，难以区分规制中的自然垄断性和竞争性。

"网运分离"模式是借鉴欧美实践，但可能会造成政企关系不明确，对如何制定规制鼓励竞争也存在一定困难。如何将二者结合，是我国铁路规制改革的有益探索。

(3) 铁路运价规制改革。2000年，我国政府在打破目前铁路运价全国统一局面上作出努力，允许旅客票价以公布的《铁路旅客票价表》为基准上下浮动。但是，票价变更涉及不同铁路局的利益，而且票价变动的报批程序较长，所以很难实现。因此，要改变这种运价统一的局面，必须实现管理、投资和经营的市场化。

第三节 服务业发展的政策

促进现代服务业发展的政策要本着"加强统筹规划、突出区域分工、明确发展重点、形成区域特色"的原则，通过中央地方联动，不断加强区域协调规划和引导，助推现代服务业发展。

一、促进服务业发展的产业政策

产业政策是政府为了实现一定的经济和社会目标而对产业的形成和发展进行主动干预的各种政策的总和。它是由一国中央或地方政府制定的。产业政策的功能主要是弥补市场缺陷，有效配置资源；保护幼小民族产业的成长；熨平经济震荡；发挥后发优势，增强适应能力。产业政策的内容包括产业结构政策、布局政策和组织政策。

（一）调整产业结构

加快产业结构调整，主要是鼓励和引导服务业加快发展，致力于提高服务业在经济总量中的比重，以及服务业内部结构的优化升级。

为了提高服务业在经济总量中的比重，促进我国服务业的发展，《国民经济和社会发展第十二个五年规划纲要》提出：要把推动服务业大发展作为产业结构优化升级的战略重点，营造有利于服务业发展的政策和体制环境，拓展新领域，发展新业态，培育新热点，推进服务业规模化、品牌化、网络化经营，不断提高服务业比重和水平。同时，还提出到2015年服务业增加值占国内生产总值比重较2010年提高4个百分点的预期性目标。"十二五"重要任务包括优化服务业结构，加快发展生产性服务业，积极发展生活性服务业，营造服务业加快发展的良好环境。

对于服务业内部结构的发展优化，要双轮驱动，即推进传统服务业的现代化与加快新兴服务业发展。提升传统服务业，是服务业现代化转型升级的必由之路，是服务业提升核心竞争力的客观要求。中国是后起的发展中国家，必须运用现代经营方式和信息技术改造金融、物流、商业、旅游、教育、医疗等传统服务业，改善服务手段，丰富服务内容。实现新型服务业的跨越，是要抓住信息技术步伐加快，新业务、新业态不断涌现的机遇，围绕互联网、移动通信、游戏动漫、信息服务、电子商务等新兴服务业发展，创新发展环境，凝聚发展人才，积累发展经验，壮大产业规模，实现新兴服务业的规模化、产业化。新兴服务业是支撑现代服务业跨越式发展的重要产业。中国与发达国家站在同一起跑线上，实现技术重大突破和产业跨越式发展的空间更大、机会更多，因此，应把新兴产业发展作为支持的重点领域。

（二）调整产业布局

调整服务业产业布局，有利于实现合理分工、协调发展和资源整合。对于产业布局理论的研究由来已久，主要有迈克尔·波特的竞争优势理论、产业集群理论，赫克歇尔·俄林的资源禀赋理论，弗朗索瓦·佩鲁的增长极理论及萨伦巴和马力士由此延伸形成的点轴开发理论，以及弗农的梯度转移理论等。对服务业布局具有指导意义的理论主要有：

1. 资源禀赋理论

对现代服务业来说，人才、资金、技术等因素在很大程度上决定着现代服务业的定位和区域分工。比如物流、旅游业等部门，主要依托自然资源禀赋；而对于新兴研发产业、文化创意产业、信息咨询业等部门来说，对区域人力、技术、资本有更大的依赖性。

2. 竞争优势理论

现代服务业发展应紧密依托区域产业基础与资源优势，遵循产业升级规律，不断细化和更新区域主导产业，有选择地发展具有区域特色和较强辐射带动作用的高端服务业，并注重新兴产业业态的培育。

3. 产业集群理论

产业集群理论主要是重视区域现代服务业的专业化和集群化，关注产业的垂直分工。集群化已成为现代服务业发展的重要特征，产业集群的形成是产业提高规模经济、降低交易成本、有利要素流动、共享服务和基础设施的客观要求和必然结果。集群互动是制造业与服务业在空间上融合的具体体现。现代服务业和制造业的融合是经济结构现代化的重要标志。

4. 增长极与点轴理论

要重视优势区域内现代服务业功能区域特色集聚区的培育，形成增长极。弗郎索瓦·佩鲁认为，如果把发生支配效应的经济空间看作力场，那么位于这个力场中推进性单元就可以描述为增长极。增长极是围绕推进性的主导工业部门而组织的有活力的高度联合的一组产业,它不仅能迅速增长,而且能通过乘数效应推动其他部门的增长。

(三)调整产业组织结构

调整产业组织结构政策即通过选择高效益的,能使资源有效使用、合理配置的产业组织形式,保证供给的有效增加,使供求总量的矛盾得以协调的政策。实施这一政策可以实现产业组织合理化,为形成有效的公平的市场竞争创造条件。这一政策是产业结构政策必不可少的配套政策。我国服务业发展的产业组织政策大体上包括三个方面:①推进国有服务企业改制,引入竞争机制,大力培育市场主体,尤其对于自然垄断行业,如电信业、铁路业等,增强企业活力。②鼓励企业增强自主创新能力,通过技术进步提高整体素质和竞争力,不断进行管理创新、服务创新、产品创新。依托有竞争力的企业,通过兼并、联合、重组、上市等方式,促进规模化、品牌化、网络化经营,形成一批拥有自主知识产权和知名品牌、具有较强竞争力的大型服务龙头企业或企业集团。比如,除有特殊规定外,现代服务企业设立连锁经营门店可持总部出具的连锁经营相关文件和登记材料,直接到门店所在地工商行政管理机关申请办理登记和核准经营范围手续。③积极扶持中小服务企业发展,减少对现代服务业的准入限制,建立公平、合理、规范、透明的准入制度,消除不必要的障碍,鼓励和支持各类资本进入未禁的现代服务业领域,发挥其在自主创业、吸纳就业等方面的优势。

二、促进服务业发展的财政政策

从国际经验来看,财政政策的设计与实施在很大程度上影响着服务业的发展。对于我国这样服务业欠发达的国家来说,财政政策的支持尤为重要。

(一)我国财政支持服务业发展的四个原则

第一,基础性和公益性。应该重点支持那些在国民经济和相关创业中具有基础和公益作用的领域。提高政府公益服务的责任性以及覆盖面和社会满意水平。这些领域主要是传统服务业,比如基础教育、通信交通、公共卫生、弱势群体保障、农业发展、农村和边远地区建设。这些行业大多都是投资大、见效慢、收益低的公益性服务业。

第二,连带性。重点支持那些对其他行业具有较强的连带作用,能够带来相关行业迅速发展的行业,比如金融服务、现代物流业、旅游业、产业化经营的城市社区服务业以及农业支撑服务体系。

第三,透明性和可信性。优化决策程序,完善信息披露机制。公布财政重点支持服务业的领域和行业,公布财政支持的依据和标准。同时,对服务业企业的行政事业性收费，也要做好公示，畅通投诉渠道，接受社会监督。

第四，具体性。明确区分不同领域、不同对象的不同支持方式，避免"一刀切"。

（二）财政政策支持服务业发展的方式

1. 设立现代服务业发展专项基金

加大国家财政和科技资金对现代服务业发展的支持力度，设立现代服务业发展基金和促进专项基金，支持现代服务业重点领域的发展和重大科技项目的开发。整合地方各类资金，加大对现代服务业发展的专项支持。

2. 建立适合现代服务业的多元化投入机制

大力支持风险投资和担保机构的发展，建立多层次的资本市场和多元化的投入机制。通过政府资金的导向性作用，引导包括风险资本在内的社会资金投入现代服务业，完善进入和退出渠道，探索政府出资（基金）与民间资本合作的新形式。鼓励各类担保基金向现代服务业倾斜，引导银行向符合条件的现代服务业发放贷款。加大对现代服务业骨干企业和中小企业的支持力度。

3. 政府采购政策

政府采购政策即对需要支持的服务业项目或企业加大对其政府采购的力度，保证其得到稳定的发展。

4. 特殊激励政策

特殊激励政策包括市场准入政策、就业促进政策、土地政策、用水用电政策，或者是奖金方式。奖金方式可以成为政府激励民间参与服务业发展、充分发挥企业主观能动性的一种有效方式。奖金的方式可以降低政府资助的风险。

5. 直接补助消费者

对一些需要扶持的服务产品实行购买者补助，稳定或扩大需求，从而鼓励和支持服务业的发展。

三、促进服务业发展的税收政策

我国现行税制改革的原则是"简税制、宽税基、低税率、严征管"[1]。服务业税制改革的总体方向，也基于这个原则。

（一）完善税收优惠政策体系

1. 确定优惠政策的目标和重点

"十二五"规划提出把推动服务业大发展作为产业结构优化升级的战略重点，建立公平、规范、透明的市场准入标准，探索适合新型服务业态发展的市

---

[1] 闫坤.服务业发展与财税政策研究[M].经济科学出版社，2008年版，第135页。

场管理办法，调整税费和土地、水、电等要素价格政策，营造有利于服务业发展的政策和体制环境。大力发展生产性服务业和生活性服务业，积极发展旅游业。因此，服务业税收优惠政策的重点应该是服务业结构的优化和生产性服务业以及生活性服务业的竞争力增强上。

对于生活性服务业，比如教育、医疗，现行税收政策因其公益和非营利性质，对其有免税优惠，但实际上，这些机构名为非营利，实际上也有营利性，所以，有必要对非营利组织享受税收优惠待遇的认定，加强对这些组织的监管。

对于生产性服务业，目前优惠政策力度还不够。同时，为了提高国内服务业的可竞争力，应该尽可能消除目前存在的内外有别的税收优惠政策。

对于社会服务业、农村服务业、旅游业等行业的税收优惠政策也应积极加强。同时，对于一些外向型服务业给予大力度的税收优惠。

2. 调整税收优惠政策的手段和环节

服务业税收优惠应该将直接优惠和间接优惠结合起来，同时，从税后调节环节向税前调节环节转变。除了采取税率优惠、投资税收抵免、加速折旧、延期纳税等方式外，还可在成本费用列支、投资购置抵免等环节给予优惠。

3. 率先在服务业重点项目中建立税式支出制度

根据国外经验，逐步建立税式支出预算管理制度。对税收优惠进行管理，对税收优惠进行分析、评价，可以为优惠政策的取舍、改革方向的选择以及监督的实施提供基本判定依据。

4. 其他税收优惠政策

对从事高新技术领域服务业以及高端创意促进的科技服务机构，允许其享受高新技术企业的优惠政策。落实《鼓励软件产业和集成电路发展的若干政策》文件及制订新的软件产业发展政策时，对信息服务业企业单独认定，经认定的信息服务业企业可以享受与软件产业同等的鼓励政策，允许集成式、复合式的信息服务业企业在扣除合作分成以后纳税；对信息服务外包企业基于按不低于4%的税率征收营业税的优惠。降低现代服务业企业员工的个人所得税税负水平；对创造自主知识产权的个人、现代服务业企业的重要管理和技术人员减免个人所得税。

（二）服务业税制政策改革方向

1. 改革增值税

（1）扩大增值税征收范围。根据欧洲国家的做法，增值税征收范围涉及所有服务行业，实行全范围的增值税。但是对于很多服务业，准确监测增值额有着复杂的信息需求。不同的行业、货物和劳务在增值额的核算上是不同的，如金融业就难以确定增值额。艾伦·A.泰特将这些"难以征收的货物和劳务"总结为：建筑业、租赁业和代理业、金融服务业、境外提供劳务、拍卖商和二手货、手艺人、赌博和抽彩、赛马等。[①]如果税收征收水平不能保证，扩大增值税范围反而会造成逃税或征管成本过高，西方国家至今未能解决这个问题。从税收规模来看，增值税是我国目前最大的税种，尽快提升其法律级次是非常重要的。目前，改革的主要任务是扩大增值税征收范围，将征收营业税的行业纳入增值税征收范围。但是，我们应该缓慢实行，我国目前的改革目标是将矛盾最为突出的交通运输业、物流业纳入到增值税范围。

（2）生产性服务购入抵扣的处理。这是在目前不可能所有服务业被纳入增值税征收范围而存在的一种情况。目前，增值税相关规定中允许增值税一般纳税人根据对应的发票按照一定的抵扣率进行抵扣，如运输费用（抵扣率为7%）、外购农产品（抵扣率为13%）以及废旧物资（抵扣率为10%）。

2. 调整营业税

目前营业税调整的目标有两个。一是调整税目。从国际趋势来看，营业税范围逐步缩小，增值税范围逐渐扩大。这就要求我们对不合理、不规范的税目重新划分归类。并且，要将随着社会经济发展出现的一些新的营业税征税对象纳入到征税范围中。并对行业按照设备档次、盈利水平进行不同税率调节。二是调整相关行业税率。如调高娱乐业税率上下限，限制不良消费行为的发展；降低国家鼓励发展的生产性服务业的税率，适当拉开生产性服务业和消费性服务业税率间的差异，鼓励生产性服务业的发展。

3. 完善企业所得税

目前主要是完善企业所得税的优惠政策。其中，尤其是要促进现代服务业的发展，应该通过完善所得税优惠政策，鼓励信息、科技开发、会展、咨询法律服务以及新兴服务业，比如房地产、物业管理、旅游、物流、社区服务、教育培训、文化体系等的可持续发展，提升这些行业在整个服务业中的地位和层次，促进服务业内部结构的优化。

此外，还应该通过调整计税依据，加快服务业分工的进展和服务业水平的提高，支持生产性服务业的发展。

四、促进服务业发展的科技政策

技术进步是推动经济社会发展的的主导力量。实施有效的科技政策，强调技术对服务业快速高质发展的推动作用，是促进服务业发展的重要战略选择。

[①] [英]艾伦·A.泰特.增值税国际实践和问题[M].中国财政经济出版社，1992年版。

（一）搭建现代服务业发展的公共技术与服务平台

首先要通过国家引导，配合以地方政府、开发区、企业、社会中介机构，集中建设对服务业发展有利的基础性、公益性和示范性的公共技术与服务平台，包括科技信息平台、技术产权交易平台、测试认证平台、共性技术开发与应用平台，并促进平台间实现互通。其次，重点支持重点行业、领域的共性服务平台，比如电子支付支撑平台、征信系统支撑平台。再次要创新公共技术与服务平台的运营模式，政府专项资金引导，并通过公开招标方式，提供公共技术和服务支撑，并予以政策优惠。

（二）扶持支撑现代服务业发展的重大共性关键技术的科研开发

服务业共性支撑技术包括服务基础技术、整合集成支持技术、面向行业领域的重大关键技术等。同时，重点支持工程技术研究中心以及产业化示范基地建设，结合电子商务、现代物流、数字媒体与教育、公共医疗、数字旅游、电子金融等重大服务示范工程和其他课题建设的开展，进行针对性的核心关键技术开发和应用推广，促进现代服务业的发展壮大。

（三）加强标准体系建设和知识产权保护

加快推进现代服务业的标准化建设。制定和修订物流、金融、邮政、电信、运输、旅游、体育等行业服务标准，并充分考虑技术发展因素。加快制定现代服务业的统一标准，统一结算、支付、物流配送等。建立满足现代服务业健康发展需要的知识产权保护制度，加强宣传，增强现代服务业知识产权保护意识。鼓励现代服务业到国外申请专利、著作权、商标权，中央外贸发展基金对相应申请费、公告费给予一定的补贴。

五、促进服务业发展的人力资源政策

服务业发展有两个重要的指标，其一是服务业增加值的比重上升，劳动生产率不断提高；其二是服务业吸纳劳动就业的比重不断上升。因此，加快发展服务业，既可以缓解就业压力，又可以提升服务业竞争力和劳动生产率。

（一）改革和创新人才培养体制

1. 增加教育投入

鼓励现代服务企业吸收人才，加大对人才教育培训的投入，允许人才培训费用在企业所得税前予以抵扣，允许企业提高职工教育经费提取比例。

2. 建设专门的人才培养基地

整合欧美离岸服务外包培训资源，建立有特色的人才培训基地。运用各种培训机构对服务业从业人员进行不同层次和不同类型的再教育，培养服务业领域的复合型人才，为现代服务业发展提供支持。

3. 政府引导建设现代服务业研究中心

与高等院校、职业技术学校合作共建服务业人才培养专业，实现产学研合作，加强学科建设，建立起现代服务业高效联动制度，实现新技术、市场、人才优势互补，培养实用人才。

（二）建立人才引进机制

对高端人才，尤其是国际人才、海外留学人员等实施就业奖励政策，专门设立人才奖励专项基金，鼓励人才进入服务业。

（三）人才使用良好

对于开放型服务业，从事服务外包的企业，放宽赴港澳签证，为人员提供出入境工作的便利机制。对于信息服务业人员赴境外从事商务活动享受国家的相关优惠政策，应协调驻外使领馆帮助获得国外商务签证，建立服务外包人员出入境的绿色通道。

六、促进服务业发展的对外开放政策

目前，全球贸易、投资和金融相互关联的程度之深、影响之大，远远超过上个世纪末期，没有一个国家和产业能够脱离全球经济单靠自身实现崛起。服务业也同样遵循这个规律，必须奉行自由、开放的贸易理念，既要积极鼓励做大国内市场"蛋糕"，又要最大限度地参与国际分工，保持国际贸易渠道的便捷和畅通。

（一）稳步实现服务业领域的对外开放

1. 整体规划

制订落实服务贸易中长期发展规划，推动有条件地区和城市率先形成现代服务业外包中心。认真落实《外商投资产业指导目录》，在结构优化、质量提升的基础上扩大服务业利用外资的规模。

2. 财政支持

中央外贸发展基金中要设立专项资金，重点发展服务外包基地城市公共平台建设和企业发展，金融机构也要对符合条件的现代服务贸易给予货物贸易同等便利；改进现代服务贸易企业外汇管理，保证合理用汇。

3. 形成试点

加快上海、大连、天津等港口的建设，逐步建设成为国际航运中心，鼓励其在保税港区进行现代服务业对外开放的试点。

（二）积极支持现代服务企业"走出去"

对于有条件的企业如金融企业，积极鼓励其跨国经营。对于软件和服务业外包的出口，开辟通关绿色通道。为文化、体育、对外承包工程的企业和人才

"走出去"提供便利，简化手续，并纳入国家有关专项资金扶持范围。同时，鼓励贸易、法律咨询、知识产权服务、人力资源企业为现代服务业"走出去"提供一流的服务。

此外，促进服务业发展的政策还包括全方位完善服务体系，比如实行有利于现代服务业发展的土地管理政策，完善支持现代服务业发展的价格、收费政策，健全法律、法规保障等。

本章小结

本章首先向大家讲述了规制的涵义、产业规制理论的发展以及我国规制体系的构建。所谓的"规制"就是政府根据相应规则对微观经济主体行为实行的一种干预。"规制"也成为固定化、专门化的名词。根据不同的分类法，规制被分为不同的类型，目前学术界一般采取日本经济学者植草益的规制分类法，即把由司法机关、行政机关以及立法机关进行的对私人以及经济主体行为的规制称之为公共规制。公共规制又分为直接规制和间接规制。根据规制的内容又将直接规制分为经济性规制和社会性规制。规制具有公共性、限制性、动态性和微观性等特征。

产业规制理论主要有公共利益理论，俘虏理论（施蒂格勒模型、佩尔兹曼模型、贝克尔模型），新兴规制理论（寻租理论、政治企业家职能理论、可竞争市场理论、激励性规制理论、新制度经济学规制理论）等。新制度经济学规制理论包括产权理论、交易费用理论、委托—代理理论和契约理论等。对于我国规制体系的内容构建，本章进行了大致的诠释，并通过规制体系的国际比较以及我国目前规制体系的概括，总结出适合我国的规制体系的构建，即完善制度、完整体系、具体市场规制跟进。

之所以进行市场规制，是因为市场出现了失灵的表征，比如自然垄断、外部性、信息不对称。在对市场进行规制时，还要正确处理竞争与规制的关系。目前，我国服务业规制存在着制度障碍，比如准入、退出机制滞后于现代服务业发展要求，规制过度和规制空白并存，规制手段行政化，规制缺乏透明性和公正性。在此基础上，本章提出我国服务业改革的基本原则和规制改革的路径。基本原则：一是职权法定原则；二是竞争性原则；三是非歧视性原则。我国服务业规制改革的路径有转变政府职能，转变服务业准入方式，形成社会化、多元化规制机构，提高法律在服务业规制中的地位。本章以铁路行业为例，对我国服务业规制实践作了进一步的阐述。

本章最后一节向大家阐明了促进服务业发展的政策,这些政策本着"加强统筹规划、突出区域分工、明确发展重点、形成区域特色"的原则,包括有产业政策、财政政策、税收政策、科技政策、人力资源政策等。

思考题

1. 规制的定义、分类、特征是什么?
2. 产业规制理论发展阶段有哪些?
3. 我国服务业改革的基本原则和规制改革路径是什么?
4. 促进服务业发展的政策有哪些?你认为还应该包括哪些政策?

第九章 开放经济的服务经济学

第一节 国际服务贸易

一、国际服务贸易概述

(一)国际服务贸易的概念

第二次世界大战后,国际服务贸易(International Trade in Service)的迅速发展引起了各国的普遍关注,不少国际学者以及国际组织开始探究国际服务贸易的基本概念和分类,下面介绍几种有代表性的定义,其中最为重要的就是世界贸易组织《服务贸易总协定》对国际贸易的定义与分类。

1. 传统的定义

从传统的进出口角度,当一国(地区)的劳动力向另一国(地区)的消费者(法人或自然人)提供服务并相应获得外汇收入的全过程,便构成服务的出口;与此相对应,一国(地区)消费者购买他国(地区)劳动力提供服务的过程,便形成服务的进口。各国的服务进出口活动,便构成国际服务贸易。其贸易额为服务总出口额或总进口额。

这样的定义涉及国籍、国界、居民、非居民等问题,即人员移动与否、服务过境与否及异国国民之间的服务交换等问题。

2.《美国和加拿大自由贸易协定》(FTA)的定义

1989年生效的《美国和加拿大自由贸易协定》是世界上第一个在国家间贸易协议上正式对国际服务贸易定义的法律文件。该协定认为:国际服务贸易是指由或代表其他缔约方的一个人(包括法人或自然人),在其境内或进入一缔约方境内提供所指定的服务。这里的"指定的服务"包括:①生产、分配、销售、营销及传递一项所指定的服务及其进行的采购活动;②进入或使用国内的分配系统;③奠定一个商业存在(建立分支机构,并非投资),为分配、营销、传递或促进一项指定的服务;④遵照投资规定,任何为提供指定服务的投资及任何为提供指定服务的相关活动。这里的"相关活动"包括：公司、分公司、代理机构、代表处和其他商业经营机构的组织、管理、经营、维持和转让活动；各类财产的接受、使用、保护及转让，以及资金的借贷。①

3.《服务贸易总协定》的定义

关贸总协定乌拉圭回合多边贸易谈判的一个重要结果是创设了贸易组织以衔接关贸总协定的同时，签署了《服务贸易总协定》（以下简称 GATS），第一次将国际服务贸易法律纳入了新的全球多边贸易体制，并对服务贸易有了较为明确的表述。所以有学者认为乌拉圭回合谈判是一轮继往开来和具有划时代意义的多边贸易谈判。GATS 对国际服务贸易的定义从四个方面进行了规定："从一缔约方境内向任何其他缔约方提供的服务；在一缔约方境内向任何其他缔约方消费者提供的服务；一缔约方在其他任何缔约方境内提供服务的商业存在而提供的服务；一缔约方的自然人在其他任何缔约方境内提供的服务。"目前该界定的权威性和指导性已为各国政府和学术界所普遍接受，也是世界各国进行服务贸易统计所遵循的理论依据。同时，GATS 还将国际服务贸易按提供方式分为四种形式：

（1）跨境交付（cross-border supply）。是指从一缔约方境内向任何其他缔约方的境内提供服务。这种服务贸易方式强调服务提供者和消费者在地理上的界限，跨越国境和边界的只是服务本身，它与一般的货物贸易方式非常相似。如在美国的律师为在中国的客户提供法律咨询服务。

（2）境外消费（consumption aboard）。是指一缔约方服务的提供者在境内向来自另一缔约方的消费者提供服务，即服务消费者移动到提供者境内享用服务。这种方式比较典型的例子是消费者为旅游、求学或看病的目的，进入服务提供国的领土内享用服务。

（3）商业存在（commercial presence）。是指一缔约方的服务者通过在其他任何缔约方境内的商业存在而提供服务，包括通过设立分支机构或代理机构提供服务。商业存在实际上就是一国服务提供者到东道国去设立外商投资企业，进行就地生产、就地销售服务。商业存在可以由东道国人员组成，也可由外国人参与，但这些外国人应以自然人流动方式提供服务。例如，一成员的银行或保险公司到另一成员境内开设分行或保险公司，提供金融、保险服务。

（4）自然人流动（movement of natural personnel）。是指一缔约方的服务提供者以自然人身份进入另一缔约方境内提供服务。与商业存在不同的是，它不涉及投资行为，如境外劳务服务等。

---

① 董春江.国际服务贸易与中国法律服务市场若干问题研究.中国政法大学博士论文，2008 年。

值得我们注意的是,这四种提供方式的定义并不是服务贸易分部门的划分。事实上,许多服务贸易部门都可能同时具有以上几种提供方式。

(二)国际服务贸易的分类

随着国际文明程度的不断提高,国际服务贸易也呈现复杂化、多样化的趋势,国际服务贸易的内容也日渐庞杂,对之进行的分类也形成了不同的分类依据和标准,从而出现了不同的分类体系。

1. 非官方分类

(1)以"移动"为标准

R·M. 期特恩在1987年所著的《国际贸易》一书中,将国际服务贸易按服务是否在提供者与使用者之间移动分为四类:①分离式服务,即服务提供者与使用者在国与国之间不需要移动而实现的服务;②需要者所在地服务,即服务的提供者转移后产生的服务,一般要求服务的提供者需要与服务使用者在地理上毗邻、接近;③提供者所在地服务,即服务的提供者在本国国内为外籍居民和法人提供的服务,一般要求服务消费者跨国界接受服务;④流动的服务,即服务的消费者和生产者相互移动以接受和提供的服务,服务的提供者进行对外直接投资,并利用分支机构向第三国的居民或企业提供服务。

(2)以行业为标准

鉴于国民经济各部门的特点,一些经济学家以服务行业各部门的活动为中心,将国际服务贸易分为七大类:银行和金融服务;保险服务;国际旅游和旅行服务;空运和港口运输服务;建筑和工程服务;专业服务(主要包括律师、医生、会计师、艺术家等自由职业的从业人员提供的服务,以及在工程、咨询和广告业中的专业技术服务)和信息、计算机与通信服务。

(3)以生产过程为标准

这种分类方法根据服务与生产过程之间的内在联系,可以将国际服务贸易分为生产前服务、生产服务和生产后服务。生产前服务主要涉及市场调研和可行性研究等。这类服务在生产过程开始前完成,对生产规模及制造过程均有重要影响。生产服务主要是指在产品生产或制造过程中为生产过程的顺利进行提供的服务,如企业内部质量管理、软件开发、人力资源管理、生产过程之间的各种服务等。生产后服务是联结生产者与消费者之间的服务,如广告、营销服务、包装与运输服务等。

(4)以要素密集度为标准

沿袭商品贸易中所密集使用的某种生产要素的特点,有的经济学家按照服务贸易中对资本、技术、劳动力投入所要求的密集程度,将服务贸易分为三类:资本密集型服务,如通信、工程建设服务等;技术与知识密集型服务,如会计、金融服务等；劳动密集型服务，如旅游、维修服务等。

（5）以商品为标准

关税与贸易总协定乌拉圭回合服务贸易谈判期间，1988年6月谈判小组曾经提出依据服务在商品中的属性进行服务贸易分类，据此服务贸易分为：以商品形式存在的服务，如电视、书籍等；对商品实物具有补充作用的服务，如广告宣传、财务管理等；对商品实物形态具有替代功能的服务，如设备租赁、维修等；具有商品属性却与其他商品无关联的服务，如旅游、酒店服务等。

2. 官方分类

（1）联合国核心产品分类（CPC）

《联合国核心产品分类》是国际经济活动和产品相互关联的分类系统的一个组成部分。它是作为经济活动产出，包括可运输和不可运输的货物与服务在内的所有产品的标准。对于服务，《联合国核心产品分类》是第一部针对各行业的所有产出门类作出的国际分类，它可以满足统计用户和其他用户的不同分析需求。在《服务贸易总协定》谈判期间，联合国核心产品分类的暂行版本已经被用于确定服务类型。《联合国核心产品分类》还用于说明 BPM5 建议的国际收支服务的组成部分。

（2）国际货币基金组织的分类

1993年9月，国际货币基金组织着手对沿用6年之久的《国际收支手册》第4版进行修改，并在此基础上形成了《国际收支手册》第5版（BPM5），并逐渐成为世界各国编制国际收支统计的范本。国际货币基金组织关于国际服务贸易的分类包括运输、旅游、通信、建筑、保险、金融、计算机与信息、专利权利使用费和特许费、其他商业服务、个人文化和娱乐服务、政府服务、职工报酬、投资收益等13项。

（3）世界贸易组织 GATS 的分类

服务贸易谈判小组在乌拉圭回合中期审评会议后，加快了服务贸易的谈判进程。在以商品为中心的服务贸易分类的基础上，结合服务贸易统计和服务贸易部门开放的要求，通过征求各谈判方的提案和意见，提出了以部门为中心的服务贸易分类方法，即将服务贸易划分为12大类，并在此基础上又进一步细分出160多个分部门或独立的服务活动。这12个大类分别是：商业服务（包括专门服务和计算机服务）、通讯服务、建筑和相关工程服务、分销服务、教育服务、环境服务、金融服务（包括银行和保险服务）、与健康相关的服务和社会服务、娱乐、文化和体育服务、运输服务、其他未包括的服务，但是 GATS 不包括政府为实施职能的服务。这种分类法是建立在对国际服务贸易所作的界定的基础上的一种分类，而且在分类上也比较合理，目前获得了国际普遍认同。

(三)国际服务贸易的特征

与其他贸易形式相比较,国际服务贸易有其特殊性,基本可以归纳为:

1. 无形性

无形性是国际服务贸易的最主要特征。由于服务要素所提供的很多服务产品都是无形的,即服务产品在被购买之前,不可能去品尝、感觉、触摸、观看、听见或嗅到,所以大部分服务产品属于不可感知性产品,消费者对它们的价值量很难评估,只能是通过服务者所提供的介绍和承诺来决定购买,并期望该服务确实给自己带来好处。

2. 非储存性

实物产品贸易从其生产、流通,最后到消费,一般要经过一系列的中间环节,或长或短均有一个存储的过程。而绝大部分服务产品发生交易的时间,也就是消费者消费服务的时刻,这两个过程同时存在、不可分割,它不可能像实物产品那样被储存。

3. 异质性

异质性是指服务的构成成分及其质量水平经常变化,难以统一界定。同样是一种服务,由于其生产者的不同,提供给消费者的产品也就可能不同。即使是同一个服务的生产者,由于其不同的服务产品生产周期,也表现出不同质量水平的产品。究其原因有三:一是服务提供者技术水平往往不一样;二是同一供给者不同条件下服务水平会发生变化;三是消费者在服务消费过程中偏好感受也不尽相同。

4. 营销管理的复杂性

无论从国家宏观方面还是微观方面,国际服务产品的营销管理都比实物产品的营销管理具有较大的难度与复杂性。从宏观层面上讲,国家对服务进出口的管理,不仅仅是对服务产品本身的管理,还包括对服务提供者与消费者的管理。此外,国家对服务形式主要通过法律加以约束,但是立法具有明显的滞后性。从微观层面上讲,由于服务本身的特性,使得企业在进行服务产品营销管理过程中经常会受到不确定性因素的干扰,控制难度较大。

5. 高保护性和高垄断性

服务贸易在发达国家和发展中国家间表现出较为严重的不平衡性。发展中国家处于严重的比较劣势,再加之许多服务领域的开放涉及国家主权或各个国家的历史特点、区域位置及文化背景等多种因素的影响,因此国际服务贸易保护程度很高,各国政府往往采取非关税壁垒保护本国服务市场,市场垄断性较强。

二、国际服务贸易的产生与发展

国际服务贸易是在一国生产力发展和产业结构调整的基础上随着国际分工与国际市场的形成而逐渐发展起来的。

（一）早期的国际服务贸易

历史上最初的服务贸易产生在原始社会末期、奴隶社会早期。这一时期，在简单的商品经济条件下国际贸易以物物交换的货物贸易为主，同时也伴随着一些服务贸易，主要是追加服务，比如运输服务、商业服务等。由于在国际贸易中所占的比重较小，此时还不能称之为真正意义上的国际服务贸易。具有一定规模的国际服务贸易开始于15世纪世界航运业的发展和新大陆的发现。从此，资本主义殖民性质的大规模移民进一步发展，服务输出主要以移民形式为主。到了17世纪，欧洲殖民主义者加强了对亚洲和非洲的掠夺，同时也加紧了对美洲的开拓，建立了以奴隶劳动为基础、面向国外进行专业化生产的殖民主义经济体系。在这一过程中，开发新大陆需要大量廉价劳动力，因此形成了历史上大规模的远距离劳动力迁移，产生了劳务输入输出的服务贸易。

从18世纪的工业革命到二战之前是国际服务贸易的重要转折时期。产业革命促进了产业结构调整，以英国为代表的早期工业化国家急需利用国际市场弥补国内市场的不足，这就刺激了国际贸易的发展；同时，国际交换和国际支付体系的建立也标志着世界市场的形成。这一时期，为商品贸易服务的国际金融和运输服务得到了空前发展，这进一步促进了国际服务贸易的发展。

19世纪末20世纪初，自由竞争的资本主义进入垄断阶段，世界市场的范围迅速扩大，同时产业革命的不断深入，使得第二产业在国民经济中的地位愈来愈重要，制造业的发展使得运输、零售、金融、保险等行业也得到了迅速发展。经济发展所带来的消费结构的变化也促进了旅游、文化娱乐、医疗保健等服务行业的发展。

（二）二战后国际服务贸易的发展

第一阶段：作为货物贸易附属地位的服务贸易阶段（20世纪70年代之前）。在这一时期，世界各国还未意识到服务贸易作为一个独立实体的存在，在实际经贸活动中，国际服务贸易基本上是以国际货物贸易附属的形式进行的。如仓储、运输、保险等服务。因此，当时尽管存在事实上的服务贸易，但它却独立于人们的意识之外，所以对服务贸易也就缺乏具体的统计。

第二阶段：服务贸易快速增长阶段（1970～1994年）。自20世纪70年代以来，随着技术运输通信的发展，尤其是80年代以来信息技术的高度发达，一些原本认为不可能进行的服务贸易变得可以实现，国际服务贸易逐渐从货物贸易附属地位中独立出来,并得到快速发展。

根据国际货币基金组织统计,1970~1980 年国际服务贸易年均增长率为 17.8%,与同期货物贸易的增长速度大体持平。20 世纪 80 年代后,服务贸易开始超过货物贸易的增长速度。1980~1990 年国际服务贸易年均增长率为 5.02%,而同期货物贸易年均增长率只有 3.69%,这一势头一直持续到 1993 年。

第三阶段:服务贸易在规范中向自由化发展阶段(1994 年以后)。1994 年 4 月,规范服务贸易的多边框架体系 GATS 签署后,国际服务贸易的发展进入了一个新的历史时期。其后,除 1994 年和 1995 年的国际服务贸易增速略低于同期国际货物贸易外,自 1996 年以来,国际服务贸易和国际货物贸易几乎处于同步增长并略高于国际货物贸易的增长速度。GATS 在促进国际服务贸易规范化的同时也大大促进了国际服务贸易的发展。

(三)国际服务贸易发展的特点

1. 国际服务贸易规模保持着快速增长,在国际贸易中的比重不断加大

国际服务贸易发展是国际分工深化和产业结构调整的必然结果。20 世纪 60 年代中期以来,由于各国产业结构的调整,服务业在各国国民经济中所占比重越来越大,服务业出口迅速发展,国际服务贸易保持着快速增长的势头。在 1970 年,国际服务贸易的出口额仅有 710 亿美元,而到 1980 年则猛增至 4020 亿美元,10 年间增长 5 倍多;到 1996 年增长到 12594 亿美元,2011 年达到 41500 亿美元,比 1970 年增长了近 60 倍,明显高于同期世界货物贸易出口额的增长速度。

2. 国际服务贸易的范围不断扩展,结构进一步完善

二战以前,服务贸易的主要项目是劳务输出。当时虽然已有电讯服务、金融服务和运输服务,但发展缓慢,所占比重很低。二战以后,随着第三产业革命的完成,电讯、金融、运输、旅游以及信息产业、知识产权保护等的迅速发展,服务贸易加快向这些领域扩展。

在服务贸易结构方面,由于技术进步和经济全球化的发展,国际服务贸易结构也从传统的劳动、自然资源密集型向资本、技术、知识密集型转化。1970 年国际运输服务贸易占 38.5%,国际旅游占 28.2%,其他电讯服务、金融服务、保险服务、信息服务、专利或许可等服务仅占 30.8%。2000~2010 年运输服务、旅游服务贸易额所占比重继续呈下降趋势。见图 9.1。

表 9.1 2000～2011 年世界服务进出口额

单位：亿美元

年份	进出口				出口				进口			
	总额	运输	旅游	其他	总额	运输	旅游	其他	总额	运输	旅游	其他
2000	29403	7571	9122	12710	14830	3434	4762	6634	14573	4137	4360	6076
2001	29622	7474	8952	13197	14867	3399	4664	6804	14755	4075	4288	6393
2002	31607	7704	9422	14480	15993	3560	4885	7547	15614	4144	4537	6933
2003	36135	8816	10434	16884	18318	4037	5378	8902	17817	4779	5056	7982
2004	43621	10997	12247	20375	22297	5028	6380	10888	21324	5969	5867	9487
2005	48688	12479	13290	22919	24959	5693	6891	12375	23729	6786	6399	10544
2006	54894	13919	14461	26514	28309	6366	7539	14404	26585	7553	6922	12110
2007	65799	16633	16675	32493	34081	7671	8680	17731	31718	8962	7995	14762
2008	74645	19340	18201	37105	38424	8898	9535	19992	36221	10442	8666	17113
2009	65976	14999	16550	34427	33860	6839	8660	18361	32116	8160	7890	16066
2010	72037	17456	17860	36721	36925	7854	9384	19686	35112	9602	8476	17035
2011	80150				41500				38650			

数据来源：中国商务部，http://tradeinservices.mofcom.gov.cn/c/2012-06-13/98568.shtml，2012-6-13

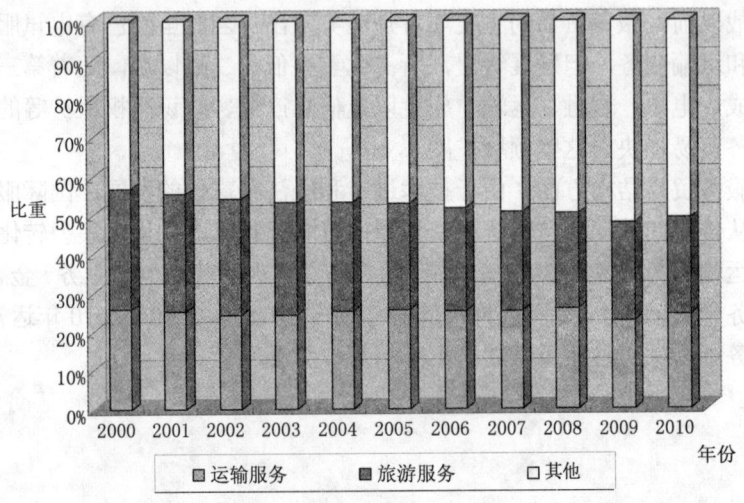

图 9.1 2000~2010 年世界服务进出口总额比例

3. 国际服务贸易的发展在世界范围内不平衡

世界经济发展的不平衡导致国际服务贸易发展的国别和地区差异。虽然发展中国家和地区能够抓住经济全球化机遇提高自身服务贸易竞争力，但是国际服务贸易发展的不平衡将会继续存在。

从服务贸易地区看，西欧是世界上最大的服务贸易地区，其次是亚洲、北美、拉美、非洲。西欧国家大部分都是经济发达国家，其服务产业的专业化程度相对也比较高，虽然过去10多年以来该地区的进出口份额均有所下降，但仍是世界服务贸易最大的进出口地区，而且长期保持着顺差的地位。

按国别构成看，发达国家占据国际服务贸易的绝对主导地位，占全球服务进出口总额的75%以上。而美国、英国和德国就占了全球服务贸易总额的30%左右，其中美国是当今世界最大的服务贸易国，其在世界服务贸易中不论是出口还是进口都占据领先地位，服务业是当代美国经济中最为庞大、发展最快的部门。进入20世纪90年代，发展中国家、地区在世界服务贸易中的地位有所上升，发展中国家服务出口增长明显加快，发达国家整体比重有所下降。

从行业分布看，发达国家与发展中国家有明显的差别。发达国家出口的多是资本密集、技术密集、知识密集的金融、信息、保险等服务；而发展中国家出口的则是旅游、劳务等劳动密集、自然资源密集的项目。

4. 国际服务贸易保护主义盛行

由于各国经济发展水平和阶段的不同，在国际分工中处于不同的地位，因此从服务贸易中获得的利益也极不均衡，加上服务贸易市场竞争日趋激烈，各国为了自身的经济利益，或者出于国家主权、文化、社会稳定安全等方面的需要，对服务进口往往施加各种限制性法规及政策，以保护本国服务业及促进自己的服务出口，如服务产品移动壁垒、资本移动壁垒、人员流动壁垒和商业存在壁垒。这种情况不仅出现在服务业不发达的发展中国家，在发达国家也同样如此，整个世界在服务贸易方面存在着一个巨大的多重的贸易壁垒。

三、国际服务贸易相关理论

（一）服务价值论

马克思创立的科学的劳动价值论，是着重从研究物质生产领域得出的结论。随着科学技术的进步、经济的发展和人民生活水平的提高，产业结构发生了重大的变化，第三产业在国民经济中的比重迅速增长。那么应该如何认识第三产业中劳动者的劳动？第三产业的劳动又是否创造价值呢？

1. 服务的使用价值及一般特征

（1）服务产品的使用价值

人类的经济实践已表明，人类劳动会产生两类成果：一类是以实物形式存在的劳动成果——实物产品；另一类是以非实物形式存在的劳动成果——服务产品。

服务产品被纳入社会产品范畴的根本原因在于它与实物劳动成果一样，也具有满足需要、构成财富和交换价值的物质承担者的一般功能，因而具有使用价值——非实物使用价值。这是一种不采取实物形式的、与劳动过程紧密地结合在一起的、只能在活动状态中被消费，从而满足人的某种需要的使用价值。非实物产品的使用价值与实物产品的使用价值一样，具有满足人们某种物质或精神需要的功能，即可消费性。但与实物产品的使用价值不同的是，服务产品的使用价值具有非实物性。它是一种在活动形态上提供的、不能离开服务劳动者而独立存在、不采取实物形态的特殊的使用价值。

（2）服务使用价值的一般特征

无论是生产者服务还是消费者服务，其使用价值具有共同的特征：

①消费替代性。所谓消费替代性是指不同产品的使用价值由于具有相同或相近的功能，可以相互替代的性质。这里的替代既包括对服务产品的替代，也包括对实物产品的替代。

②消费引导性。所谓消费引导性是指某种产品与其他产品在功能上存在因果关系，如购买汽车就必须增加对汽油的消费。

③消费互补性。所谓消费互补性是指不同产品虽然使用价值功能不一，但是由于使用属性之间存在联系，消费中构成相互补充的关系。如旅游和运输之间就具有这种消费互补性，旅游业的发展必然会带动运输业的发展。

此外，服务产品的使用价值还具有消费和生产同时进行、非存储性、非转移性等服务产品具有的特征。

2. 服务的价值

从理论上说，服务产品之所以具有价值，是因为：第一，生产服务产品耗费了劳动者的劳动，并且这种劳动凝结在非实物使用价值上；第二，私人劳动和社会劳动的矛盾使生产服务产品的劳动取得社会形式，表现为价值；第三，服务产品不能按异质的使用价值量，而只能按其中凝结的同质抽象劳动量进行交换，从而以价值为尺度决定其交换比例。简言之，服务价值是由服务行业劳动者的服务劳动的凝结性、社会性和抽象等同性决定的，它的质的规定性就是凝结在服务产品的非实物使用价值上的、得到社会表现的抽象劳动。

就服务的经济功能而言，主要有三种服务劳动的价值形式：

（1）生产者服务。作为对商品生产者提供的服务，直接购买者为企业，最终消费者的核心购买对象是实物产品，而并非服务。

（2）消费者服务。这类服务的直接购买者就是服务的最终消费者，消费者购买的核心对象是服务本身。它可以分为满足物质需求的服务和满足精神需求的服务。

（3）分销服务。分销服务是指消费者为了获取实物产品需要连带购买的服务。这类服务与消费者服务不同，消费者在购买分销服务的同时一定购买了实物产品。

（二）比较优势理论

1. 比较优势理论的基本内容

1776年，亚当·斯密（Adam Smith，1723~1790年）提出了"绝对优势理论"，指出生产成本的绝对差异是产生国际贸易的原因。1817年，大卫·李嘉图（David Ricardo，1772~1823年）在亚当·斯密的基础上，提出了比较优势理论。李嘉图指出，决定国际贸易的基础是两个国家产品生产的相对劳动成本，而不是绝对劳动成本。一个国家在生产各种产品时，即使劳动成本都高于其他国家，但是，只要在劳动投入上有所不同，仍可以开展贸易并从中获益。

2. 国际服务贸易的比较优势

国际服务贸易比较优势理论可以用表9.2分析。A国生产1单位服务产品X和Y的时间分别是2h和6h，而B国生产1单位服务产品X和Y的时间分别是1h和1.5h。B国在两种服务产品的生产上都具有绝对优势，从这个角度来看，两国之间不存在国际贸易基础。但是，比较优势理论认为，两国可以进行贸易。

表9.2 分工前的两国服务提供

单位：h

	A国	B国
生产1单位服务产品X所需时间	2	1
生产1单位服务产品Y所需时间	6	1.5

分析两国的生产率可以看出，A国服务产品X的劳动生产率是B国的1/2，服务产品Y的劳动生产率是B国的1/4。可见A国在服务产品X的生产上存在的劣势较小，而在服务产品Y的生产上存在的劣势则较大，因此A国拥有生产服务产品X的比较优势。同样B国在服务产品X生产上存在的优势较小，在服务产品Y的生产上存在的优势较大，拥有生产服务产品Y的比较优势。根据比较优势理论，A国应专门生产出口服务产品X，B国则应专门生产出口服务产品Y，这样两国都可以从中获益。

但是，由于各国对服务贸易领域进行各种形式的干预以及服务生产率计算困难等问题的存在，使得比较优势理论在分析服务贸易时更具复杂性。尽管如此，比较优势的基本原理还是适用于国际服务贸易的。贸易双方的共同利益来源于使其自身效率更高的行为，比较优势存在于货物贸易中，也同样存在于服务贸易中。

（三）要素禀赋论

1. 要素禀赋论的一般原理

要素禀赋论指狭义的赫克歇尔—俄林理论（Heckcher-Ohlin Theory），又称要素比例学说（Factor Proportions Theory）。该学说由赫克歇尔首先提出基本论点，由俄林系统创立。它主要通过对相互依存的价格体系的分析，用生产要素的丰缺来解释国际贸易的产生和一国的进出口贸易类型。

根据要素禀赋论，一国的比较优势产品是应出口的产品，是它需在生产上密集使用该国相对充裕而便宜的生产要素生产的产品；而进口的产品是它需在生产上密集使用该国相对稀缺而昂贵的生产要素生产的产品。简言之，劳动丰富的国家出口劳动密集型商品，而进口资本密集型商品；相反，资本丰富的国家出口资本密集型商品，进口劳动密集型商品。

2. 国际服务贸易中的要素禀赋

两国之间要素禀赋的差异不仅可以说明商品与商品之间的相对价格差异，在普遍意义上讲也可以说明商品与服务以及服务与服务之间的相对价格差异。在不考虑技术因素的条件下，服务的成本取决于生产所需要素的密集度和价格：劳动密集型服务的相对价格在劳动力资源丰富的国家较低，在劳动力稀缺的国家较高；资本密集型服务的相对价格在资本丰富的国家较低，在资本缺乏的国家较高。一般来说，发达国家的资本禀赋相对丰富，发展中国家和不发达国家的劳动禀赋相对丰富。如，发达国家在以金融、运输等为基础的资本密集型的现代服务贸易领域拥有比较优势，而发展中国家在以劳动密集型为基础的旅游、餐饮等服务贸易领域具有比较优势。

尽管如此，传统的要素禀赋理论也不能完全解释服务贸易，它也有一定的局限性：

（1）服务要素比较优势的一个重要特点是它具有移动性和短暂性。许多服务都是人力资源密集型服务，如信息处理。由于人力资本是通过教育、培训以及研究开发获得的，因此一国的教育、培训以及研究开发能力决定了该国的人力资本的比较优势。此外，人力资源是可以自由流动的，具有专业技能的人流动到哪个国家，就会把相关比较优势带到该国。

（2）由于知识密集型服务在一国国际竞争优势中的作用日益增强，可以说知识技术已经成为服务贸易发展的一个内生变量。因此，在服务要素优势中，服务生产所投入的要素必须突破原有的 H-O 模型，不仅包括传统的劳动力和资本，也应该包括知识技术、政府管制、人力资源等要素，这些也同样是构成服务贸易比较优势的重要来源。

（3）H-O 模型主要从供给角度分析国际贸易，但服务贸易中服务的生产和消费基本上是同时进行的，因此，在服务贸易生产函数中体现重要的要素投入时应考虑到需求因素，更加注重服务贸易的流向、相关市场结构和需求特征，仅从资源禀赋角度探讨是不全面的。

（4）服务贸易的发生往往与要素移动同时进行，因此服务要素的过境移动通常成为服务贸易实现的条件。相比较而言，服务贸易中的生产要素移动要比实物贸易频繁得多。

此外，传统的要素优势论认为生产要素的投入是同质的，而很多专业服务之间存在巨大差别，大多的生产投入是具体的特殊要素，这也是传统理论需要解决的一个问题。

（四）规模经济和不完全竞争条件下的国际服务贸易理论

1. 规模经济理论

继古典贸易理论之后，对贸易原因提出新的解释主要是从 20 世纪 70 年代末发展起来的新贸易理论，其主要贡献者是美国经济学家保罗·克鲁格曼（Paul Krugman）。该理论以企业在生产中的规模经济和世界市场的不完全竞争为基础，解释战后增长迅速的工业国之间及相同产业之间的贸易。

新贸易理论的假设条件和古典贸易理论不同：一是假设企业生产具有规模经济；二是假设国际市场的竞争不完全。规模经济是指随着生产规模的扩大，其单位产品的平均成本逐步下降，市场需求量就会随着价格的下跌而增加。这意味着企业可以扩大其生产规模、降低商品的单位成本进而占据竞争的优势地位。举例来说，生产 100 辆汽车用 1000 万元的资本投入，生产 300 辆汽车用 2000 万的资本投入，投入增加一倍，产出增加了两倍，这就是规模经济。

美国学者詹姆斯 R. 马库森（James R. Markusen）以生产者服务为例分析了规模经济对于服务贸易的影响。他指出，在服务贸易中，由于规模经济的作用，存在"先入者优势"，即规模报酬递增使得先入者可以利用较低的边际成本进行扩张，阻止后入者提供同样的服务，降低后入者的福利水平和竞争能力。如果小国的生产规模报酬递增的趋势出现萎缩，使得国家遭受福利损失，马库森主张政府应给予生产者以生产补贴和无代价公共投入，从而实现社会福利最大化。

2. 生产区段和服务链理论

琼斯（R. Jones）和凯茨考斯基（H. Kierzkowski）提出了"生产区段和

服务链"（Production Blocks and Service Links）理论，来探讨企业产出水平的提高、收益的增加和要素分工的益处，以及三者如何促使企业转向通过服务链联结各个分散生产区段的新型生产方式。他们认为，随着社会分工与专业化程度的日益加深，产品生产过程不断细化，一国不可能在所有生产区段上都具有比较优势，因此厂商可以根据各地的比较优势，分别在国内和国外分散生产，形成不同的生产区段。一系列协调、管理、运输和金融服务组成服务链，当生产过程逐渐分散到由不同国家的生产区段合作生产时，对国际服务链的需求就会明显上升，从而诱发国际服务贸易。

3. 弗兰克斯理论

弗兰克斯通过一个具有张伯伦性垄断竞争特征的产品差异模型，讨论了生产者服务和由于专业化而实现的规模报酬递增之间的关系，以及生产者服务贸易对货物贸易的影响。最后结论是服务部门的专业化导致规模经济递增的出现，专业化服务在生产过程中的应用程度依赖于每个厂商的生产规模，而生产规模又受市场规模的影响。服务贸易自由化导致服务产品种类增多，生产规模扩大使服务进口国向更为专业的生产方向发展；服务出口国或向专业化或向非专业化方向发展，并使其与要素总收益相关的制成品价格下降。随着本国厂商数量的减少、外国厂商数量的增加，存活下来的厂商规模与贸易自由化前相比都有所扩大。

4. 国家竞争优势理论

20世纪80年代美国哈佛大学商学院迈克尔·波特（Michael E. Porter）先后出版了《竞争战略》（1980）、《竞争优势》（1985）、《国家竞争优势》（1999），并提出了国家竞争优势理论（Theory of Competition Advantage of Nation）。该理论从微观角度解释了国际贸易现象，有效弥补了比较优势理论的不足，在资源禀赋和产品周期理论基础上提出国家具有"竞争优势"的观点。这一理论为国际服务贸易提供了一个全新的视角，可以认为，竞争优势理论在国际服务贸易中的应用，主要在于探讨两个问题：一是如何培育与提高一国自身的服务贸易竞争优势。一国服务贸易竞争优势的提高主要依赖于企业内部规模经济的培育以及必要的外部条件的创立，如市场环境的支撑、政府的支持等。二是服务贸易竞争优势与国家竞争优势的关系。服务贸易竞争优势在微观层面上反映为服务部门专业化程度的提高。这一方面可以产生服务部门的规模效应，另一方面也将导致服务部门技术标准化和服务综合化，这些都是构成一国服务部门竞争优势的基础。由于服务贸易广泛涉及国家政治、文化和安全利益，所以一国的服务部门竞争优势对于该国国家竞争优势的作用途径是多维度和多方位的。如信息服务贸易的竞争优势及其对一国国家竞争优势的提升作用就先后被

porter、helpman 等多位学者所论证。

第二节　服务业直接投资

一、服务业直接投资的概述

（一）服务业直接投资的界定

对外直接投资（Foreign Direct Investment，简称 FDI）是现代资本国际化的主要形式之一。按照国际货币基金组织（IMF）的定义，FDI 是指一国的投资者将资本用于他国的生产或经营，并掌握一定经营控制权的投资行为。对外直接投资的表现形式既包括设立受投资者控制的工商企业形式，也包括通过非股权安排形成的连锁分支。

在国际服务贸易中，由于相当一部分的服务项目的出口成本过大，或者无法直接出口，因此这些服务企业只有通过对外直接投资的方式向国外消费者提供产品，如在多个国家拥有分支机构的跨国银行、在世界主要城市设立办事机构的跨国贸易公司等。

中国政府对外商直接投资的定义为：外商直接投资是指外国企业和经济组织或个人在中国境内开办外商独资企业、共同开办中外合资企业或合作企业的投资，以及政府有关部门批准的项目投资总额内从境外借入的资金。

服务业外商直接投资是指把全部或部分必要的生产要素转移到国外并对这些要素的国外使用进行控制的国际交易方式。在实践中，服务业外商直接投资的检验标准是其利润收入来源于外国股权所带来的收益，而服务贸易仅与服务者提供的销售额、佣金、使用费用等有关。这一检验标准不仅诠释了传统意义上的外商直接投资，而且将许可证和管理合同等服务业广泛使用的对外投资方式包含在外商直接投资的范围内。

（二）服务业对外直接投资与服务贸易的关系

我们在上一节中提到，《服务贸易总协定》按照服务提供方式对服务贸易定义了四种提供服务方式，包括跨境交付、境外消费、商业存在和自然人移动。其中商业存在，是指通过一成员方的商业实体在任何其他成员方境内的存在而提供服务。这种商业实体实际上就是外商投资企业，在这里，服务的提供是以直接投资为基础的，其提供涉及资本和专业人士的跨国流动。例如，外资银行提供的服务就属于这种形式。实际上商业存在主要就是服务业对外直接投资。

(三) 服务业对外直接投资的发展

1. 服务业对外直接投资的规模不断扩大

在 20 世纪 80 年代以前，对外直接投资主要集中在原材料、其他初级产品，以及以资源为基础的制造业。随着世界经济产业结构的调整，对外直接投资开始大规模流向技术密集的制造业和服务业，这使得服务业在世界对外直接投资总量中的比重不断上升。20 世纪 50 年代服务业对外直接投资所占比重不到 20%，70 年代初也仅占 25%；至 80 年代中期，这一比重迅速增长到 40%；而至 90 年代中后期，服务业已稳获世界对外直接投资的半壁江山。

2. 服务业对外直接投资的地区流向

在服务业对外直接投资领域，发达国家利用其在世界服务业中占据的绝对优势地位，大举向外进行对外直接投资，同时又以其完备的基础设施、先进的管理运营模式以及规范的市场运行机制，吸引了大量服务业外资流入，在服务业直接投资中处于绝对优势地位。

3. 服务业对外直接投资的产业布局

20 世纪 60 年代以后，在服务经济的发展中，生产性服务 (production services) 迅速发展。这类服务在过去一直是由生产部门在生产过程中通过"内在化"方式来提供的，但自 70 年代以来，随着科学技术的进步，服务业和高新技术逐渐结合起来，这些服务业逐渐跳出原有运作模式，表现出"外在化"趋势，产生了众多提供诸如财会、广告、营销、咨询、策划等服务的专业公司。这种新型的专业性服务公司由于使用电脑作业，成本大大降低，独立化和国际化进程加快，对外直接投资不断增加。其中，技术、信息、知识和管理密集型服务行业发展最快，借助于高新技术而实现了全球化经营，其对外直接投资空前增长。

4. 服务业对外直接投资的自由化趋势

20 世纪 80 年代后半期以来，一些国家对以往严格限制外国资本进入的第三产业，如运输、旅游、信息服务等部门不同程度地取消了管制，允许外国资本以直接或间接的投资方式自由进出入，从而试图引进外部竞争因素来部分改造在上述行业中已经出现的国家垄断或私人垄断格局，并以此提高整个经济运行的活力和效率。各国还对经济敏感性大及投资收益前景看好的银行、保险、证券等金融行业不同程度地实施了对外开放政策。此外，各国为了扩大引资规模，纷纷出台一些优惠政策，并通过签订双边与多边条约来保护服务业对外直接投资。这些政策的实施减轻了服务业资本跨国流动的障碍，对国际直接投资中服务业比重的提升起到了积极作用。

二、服务业直接投资的理论演进

20世纪60年代以来，国际直接投资理论有了很大的发展，从海默的垄断优势论到邓宁的国际投资折中理论，历经40多年的发展，国际直接投资理论形成了各种流派，他们从不同角度阐述了对外直接投资产生的理论依据。可以说，这些理论概括了当今国际直接投资活动，具有普遍意义。比较有影响力的包括海默的垄断优势理论、佛农的产品周期理论、巴克雷和卡森的内部优化理论、邓宁的国际生产折中理论等。

（一）海默的垄断优势理论

最早对跨国企业国际直接投资进行系统研究的是海默（Hymer，1960）以产业组织理论为基础提出的垄断优势理论，这一理论经过麻省理工学院C.P.金德贝格（C. P. Kindleberger，1969）的扩展得到了丰富和完善。该理论认为，市场的不完全性是对外直接投资的根本原因，同时跨国公司的垄断优势是对外直接投资获利的条件。换句话说，对外直接投资实际上就是具有某种优势的寡头垄断企业为追求控制不完全市场而采取的一种行为方式。

垄断优势理论突破了国际间资本流动导致对外直接投资的传统贸易理论框架，突出了知识资产和技术优势在形成跨国公司中的重要作用，从理论上开创了以国际直接投资为对象的新研究领域，使国际直接投资的理论研究开始成为独立学科。这一理论既解释了跨国公司为了在更大范围内发挥垄断优势而进行的横向投资，也解释了跨国公司为了维护垄断地位而将部分工序、尤其是劳动密集型工序转移到国外生产的纵向投资，因而对跨国公司对外直接投资理论发展产生很大影响。

（二）佛农的产品周期理论

佛农（R.Vernon，1966年）提出的产品周期理论（Product Life Cycle Theory），把产品周期分为创新（New Product Stage）、成熟（Mature Product Stage）和标准化（Standardized Product Stage）三个阶段。在产品的创新阶段，企业具有选择在国内生产的倾向。因为这一阶段产品价格的需求弹性很低，企业具有垄断优势，在国内生产可以不断改进产品并保持同顾客和供应商之间的密切联系，对国外市场的需求主要采取出口贸易的形式。在产品的成熟阶段，由于生产技术趋于成熟，产品基本定型，产品出口急剧增加，导致生产技术扩散到国外竞争者手中，仿制品开始出现，出口商品的边际生产成本加上运输成本逐渐接近并超过进口市场的预期平均生产成本，竞争开始转向了生产成本方面。因此，创新国家的企业需要到与本国需求类型相接近的国家投资设厂，以降低生产成本，维护其已占有的市场份额。当产品进入标准化阶段后，企业所拥有的垄断优势已经消失，竞争基础仅仅是价格和成本的高低，其结果是产品的生产或装配业务逐渐转移到劳动成本低的发展中国家，原来的发明国则转为从国外进口该产品。根据此种理论，创新国家会在产品处于生命周期的第二阶段时，开始向外进行直接投资。

（三）巴克雷和卡森的内部优化理论

内部优化理论又称市场内部化理论（The Internalization Theory），是西方跨国公司研究者为了建立跨国公司理论时提出和形成的理论观点，是当前解释对外直接投资的一种比较流行的理论。

20 世纪 70 年代后期，英国学者巴克雷（Peter J.Buckley）和卡森（Mark Casson）提出了国际投资内部化理论。该理论的主要观点是：由于市场的不完全，若将企业所拥有的科技和营销知识等中间产品通过外部市场来组织交易，则难以保证厂商实现利润最大化目标；若企业建立内部市场，可利用企业管理手段协调企业内部资源的配置，避免市场不完全对企业经营效率的影响。企业对外直接投资的实质是基于所有权之上的企业管理与控制权的扩张，而不在于资本的转移。其结果是用企业内部的管理机制代替外部市场机制，以便降低交易成本，拥有跨国经营的内部化优势。

之后，他们又在原有的内部化理论基础上，说明服务企业也会有内部化中间市场的优势。卡森强调，服务消费中买者不确定性是市场不完善的来源之一，将会导致较高的交易成本，从而使企业的对外直接投资成为一种必要。

（四）邓宁的国际生产折中理论

英国雷丁大学教授约翰·邓宁（John Harry Dunning）在总结以上研究成果的基础上，在 1977 年提出了国际生产折中理论（The Eclectic Paradigm of International Production）即 "OIL 三优势模式"。"O" 是所有权优势（Ownership advantages），包括无形资产优势和企业规模优势；"I" 是内部化优势（Internalization advantages），在市场存在交易成本的情况下，企业利用内部市场实现无形资产和中间产品的交换和运用，可克服外部市场失灵的障碍，使交易成本趋于最小；"L" 是区位优势（Location advantages），包括东道国的自然禀赋优势以及东道国政府的政治经济制度、政策法规和基础设施所形成的优势。1980 年，邓宁将 "OIL 三优势模式" 的分析进一步应用于服务产业的对外投资，他认为服务业对外直接投资也应同时具备所有权优势、内部化优势和区位优势等三个条件。

1. 所有权优势

在邓宁所说的三个优势中，所有权优势又称为 "垄断优势" 或 "厂商优势"，是指企业所拥有的或能够获得的而外国企业所不具备或无法获得的资产及其所有权，它主要包括专利权、商标权、营销技能和管理技巧等。

服务业所有权优势可以理解为企业满足当前或潜在顾客需要的能力。判断企业是否拥有所有权优势的标准有三个方面：第一是服务的特征和范围。如服务的构思、舒适度、实用性、可靠性、专业化程度等；第二是服务的价格和成本；第三是有关售前、售中、售后服务。具体来说，服务业所有权竞争优势主要表现在：

（1）服务质量与服务品牌

因为服务产品具有异质性和不可存储性，所以保证企业的服务质量的能力是决定其竞争力的重要因素，特别是随着人们生活水平的提高和企业间竞争的加剧，质量日益成为影响消费者和生产者服务需求的重要变量。此外，创造服务品牌也是企业所有权优势的重要表现。

（2）范围经济

范围经济的优势是服务企业通过为消费者提供一站式服务，从而满足消费者对产品种类和价格的多种不同需求。较为典型的例子是零售业，零售商提供的商品品种越多、数量越大，他们在与供货商交易中讨价还价的能力就越强，同时也更有能力降低消费者的交易成本。

（3）规模经济

服务企业可以通过庞大的产品规模，有效降低单位成本，针对不同的经营环境来调整价格以实现利润的最大化。例如，在大型的保险公司、投资银行都可以享受分散风险的优势。

（4）技术与信息

在服务经济中，技术和信息的获取、加工、存贮、监控、解释和分析的能力是服务产品的高附加值部分，而数据处理技术往往需要昂贵的辅助资产、固定成本或基础设施，因此，拥有这一能力的企业也就占据了竞争中的有利地位。这在证券、咨询这类以数据处理为主要内容的服务行业当中尤为重要。

（5）人力资源

服务的生产者和消费者都是人，人力资源素质的提高无疑将大大提升服务质量和企业竞争优势。此外，在人力资源使用过程中，还普遍存在"干和学"、"溢出效应"，为服务企业竞争优势的保持和发展创造条件。如营销诀窍等。

（6）创新

产品创新和生产管理创新的能力是服务企业保持永恒动力的源泉。

此外，所有权优势还体现在利用生产要素、市场和地理差异的能力，进入市场的能力或对国际市场的了解程度等方面。

2. 内部化优势

内部化优势是指服务企业为了避免外部市场的不完全性和不确定性，防止

外国竞争对手模仿,将其无形资产使用内部化而形成的特定优势。一般来说,与服务业相关的内部化优势包括:

(1) 降低交易成本

服务业国际贸易的起点是跨越国境寻找合适的客户资源,而这一过程会产生一系列交易成本,如寻租成本、协商成本等。通过外部交易内部化的方式,可以有效降低交易成本,由此获得竞争优势。

(2) 中间产品或最终产品的质量保证

产品质量控制是服务企业对外直接投资的主要动力之一,通过将服务交易内部化,服务企业可以用统一的衡量标准,实现在全球范围内的质量监控,将其所有权优势得以保持和发挥。例如,大型连锁快餐店的产品价格几乎没有差异,产品的样式和类别甚至就餐环境都几乎一样,以此达到质量监控的目的。

(3) 弱化或消除要素投入在性质和价值等方面的不确定性

由于服务产品的异质性、信息的不对称,使得买方对产品的了解程度远远低于卖方,这就容易出现买方出价过低或买方出价过高的现象。内部化可以消除这方面的不确定性,对于中间产品尤为重要。

(4) 避免或利用政府干预

通过直接投资的方式,服务企业可以尽量避免政府在服务产品跨国交易的严格管制,如配额、关税、税收差异等,并且还可以享受东道国的一些优惠待遇,这些都增加了投资企业的竞争优势。

3. 区位优势

区位优势是指跨国企业在投资区位上所具有的选择优势。也就是说可供投资地区是否在某些方面较国内更具有优势。投资区位的选择要受到生产要素和市场的地理分布、运输成本、投资环境等诸因素的影响。区位优势是指东道国不可移或不易移的要素禀赋优势以及东道国政府的鼓励或限制,例如自然资源、人力资源、基础设施、东道国政府政策等。区位因素是服务业对外投资的关键因素。与服务业相关的区位优势主要表现在:

(1) 东道国要素禀赋

东道国丰富的自然资源、便利的交通、良好的基础设施、人口众多等等都是吸引直接投资的区位优势。不同的服务行业对外投资对区位优势的要求也不同。如零售业注重市场规模和消费水平,旅游业注重气候、自然风光等,文化业注重人文环境。

(2) 东道国政府政策

东道国的政治体制和在服务领域的政策法规如果为投资者提供了优惠,也会成为吸引直接投资的重要条件。

（3）聚集经济

聚集经济也是一种区位优势。竞争者集中的地方，会产生新的服务机会，这种服务是针对市场发展需求而产生的。例如，国际银行在竞争者集中的大金融中心创立了银行间市场，严重依赖专业信息来源和专门技巧的服务商大多选择同类企业相对集中的领域，而保险和银行业常常会选择主要城市和中心商业区。

区位优势的获得与保持往往是服务业对外直接投资的关键。当企业投资的产业选择与东道国的区位特色相融合时，会强化产业比较优势和区位比较优势，促进对外直接投资的发展；反之则使两者的优势相互抵消、衰减乃至于丧失。但应注意的是，区位因素直接影响跨国公司对外直接投资的选址及其国际化生产体系的布局，是构成对外直接投资的充分条件。

三、服务业直接投资的效应

服务业对经济发展的作用越来越显著。在经济进入工业化中后期，各国都在寻找新的经济发展的突破口和新的经济增长方式，发展服务业成为经济发展的必然选择。东道国服务业是服务业直接投资的作用对象。

（一）服务业直接投资的正效应

1. 经济增长效应

资本效应和技术进步效应被认为是FDI影响东道国经济增长的最主要的两条途径。就国际投资对东道国的资本形成效应来看，促进资本形成历来被认为是国际投资对东道国（尤其是发展中东道国）经济增长的重大贡献。国际直接投资不仅能增加东道国的资本存量，也能为东道国当地资本市场提供具有吸引力的投资机会，动员当地储蓄，成为引发国内投资的催化剂。外资在资本形成方面的作用对发展中国家来说更为突出，这是因为资本对发展中国家来说是稀缺资源。

服务业FDI对东道国经济增长的效应也是通过资本投入和技术进步效应来实现的。服务业FDI的进入首先表现为为东道国带来了大量的资本，增加了相关东道国产业的资本投入。资本的积累是经济增长重要的直接推动力。但根据资本效用递减规律，FDI投入资本对东道国的作用产生的是短期效应。FDI对东道国经济增长的长期效应还要依靠技术进步效应来实现。服务业中所包含的技术组合不同于制造业，FDI不仅是东道国服务业获得硬技术的主要途径，也是东道国服务业获得软技术的主要来源。

例如，在银行、保险和饭店等行业，投资方会对其子公司进行一系列的技能与知识培训；管理咨询公司通过培训逐步提高当地企业的专业服务能力等。服务业FDI软技术的输入所带来的不是单纯的一种技能，也是东道国服务环境的不断改进。这是经济发展到工业化中后期，继续推动经济增长的主要力量。服务业FDI技术进步效应对东道国的作用既产生于服务业FDI自身较高的技术水平，也产生在与东道国服务业合作竞争过程中的技术溢出。

2. 劳动就业效应

服务业相对于制造业具有较高的就业增长弹性，因此，服务业外国直接投资就能创造出比制造业更多的就业岗位和带动更大程度的就业增长。截至2007年底，肯德基在中国（除港、澳、台地区）450个城市开设了2100余家连锁餐厅，所提供的直接就业机会为14.6万个，而这还不包括大量的间接就业机会。当然，服务业外商直接投资的进入，在短期内由于存在一定的挤出效应，可能会引起就业量的暂时下降。这主要是由于外资企业的进入促使东道国本国一些竞争力较为薄弱的同类型服务企业的倒闭，跨国服务企业在接收或并购这些倒闭企业后一般都要进行裁员或者是削减公司组织结构等。但短期的这种挤出效应并不能对外资的进入作出全盘的否定；从长期来说，服务业外资的进入对东道国就业量的增加有积极作用，有利于缓解就业压力。

3. 竞争效应

外资的进入，尤其是一些世界知名的跨国公司的进入，给东道国国内的相关服务业企业带来强大的竞争压力，使得他们不得不提高自身的创新能力，改善服务质量和管理水平。这些客观上都有利于东道国企业的发展，这就是竞争效应。以零售业为例，家乐福、沃尔玛在我国各大中型城市纷纷设立营业点，由于其资金、管理、人员等各方面的优势，他们的大举扩张占领了不小的市场份额，给国内其他零售商企业带来了极大的压力。2003年，华联集团、物资集团总公司、上海一百集团、友谊集团等四家国内知名企业，为了共同应对外资的进入压力，合并成立了上海百联集团有限公司，提高自身竞争能力，成为国内规模最大的商业企业。

此外，由于服务业具有依赖性强、渗透性强、价值链延展性强等特点，服务业对外直接投资对东道国的作用不仅仅局限在服务业自身，对东道国的第一、第二产业结构同样产生作用，尤其是服务业中的生产性服务业是第二产业价值增值的重要动力。

（二）服务业直接投资的负效应

1. 对国际收支的干扰

大部分服务业直接投资旨在开拓市场，寻求非交易性活动，并有可能以对外支付的形式进行利润汇出，所以，不仅可能对增加外汇收入无任何作用，反而可能对国际收支造成负面影响。许多跨国公司通过利润转移方式来进行逃税，从而严重干扰了东道国的市场秩序。

2. 对东道国相关服务行业的冲击

在东道国原有的高度保护下,诸如银行、电信、旅游等行业,其国内市场是非完全竞争的,甚至是垄断的,因而适应市场的能力和提高竞争优势的自身能力有限。随着外资进入这些行业,东道国国内原有企业从资金、经验、技能和创新方面都受到巨大挑战。跨国公司往往凭借其资金雄厚的优势大规模收购当地同行业企业甚至龙头企业及其原有品牌,从而在当地形成技术、品牌、市场和产业垄断。这种情况在我国的许多行业都存在,有些还十分突出。不仅严重压抑了民族产业的发展,而且在形成品牌市场垄断后还会侵害消费者权益,对我国的经济和产业安全都构成严峻挑战。

3. 人才流失

为了节省开支,跨国服务企业不得不在东道国寻找合适的人力资本,同时这也是本土化战略的需要。特别是在一些文化差异较为明显的国家或地区,挑选当地的劳动者和管理者是为了更好地经营和管理。而这些跨国企业的资金雄厚,在薪酬水平和投资力度等各方面都有着明显的优势,招聘中往往处于主动地位,这样就可能导致大批优秀人才资源流向外资企业,这样对本地企业的发展带来更多困难。

此外,服务业直接投资还可能带来三方面的风险。①如果东道国政府管理控制不善,缺乏有效的规章制度,有可能在体制方面带来严重的本国经济动荡;②如果在管理公用事业和私有化时缺乏有力控制,有可能导致私人垄断;③因为各国在社会文化背景上差异极大,外资在这些领域的运作容易造成冲突和伤害。

第三节 国际服务贸易统计

一、国际服务贸易统计的方法

国际服务贸易统计就是对国际服务贸易的总体数量规模、服务贸易下属各分类数量规模、国别规模及进出口流向、发展状况和趋势的定量化描述。由于国际服务贸易统计牵扯到各国自身原有的统计制度,所以为世界各国所普遍采用的统一的国际服务贸易体系并没有形成。目前,较为成熟、并且很有可能成为以后统一的国际服务贸易统计体系是以国际收支统计(BOP 统计)为主、外国附属机构统计(FAT 统计)为辅。

(一)国际收支统计(BOP 统计)

国际收支统计,是指国际收支平衡表所记录的、经常项目下的服务交易。

只能提供跨境支付、境外消费、部分商业存在和部分自然人流动的服务贸易数据。

该统计体系是按照国际货币基金组织（IMF）基于国际收支数据制定的《国际收支手册》第5版（Balance of Payments Manual，BPM5）的要求所建立起来的。按照BOP统计原则，国际服务贸易又叫跨境交易，以服务贸易交易活动完成后的资金流——国际收支为中心，依据常住性来规范国际服务贸易统计，其只包括居民与非居民之间的服务性贸易。其中，服务的出口由常住单位向非常住单位销售服务，服务的进口则由常住单位从非常住单位购买服务。

BOP统计是目前国际较为流行的统计方式，其缺点有二：一是只能反映跨境交付、境外消费及部分自然人流动产生的服务贸易额，而不能反映以商业存在形式产生的服务贸易额；二是和GATS的分类标准存在很大差距，无法反映GATS下新的服务贸易分类方法统计的需要。

（二）外国附属机构统计（FAT统计）

随着跨国投资和经济全球化的发展，以"商业存在"方式提供的服务贸易，即外国附属机构服务贸易越来越重要，并且已超过BOP口径的服务贸易。由此，外国附属机构服务贸易统计（FAT统计）在国际服务贸易统计中的作用也越来越重要。

1. FAT统计体系的建立

1994年联合国统计委员会批准由来自经合组织、欧共体统计局、国际货币基金组织、联合国统计司、联合国贸发会和世贸组织的专家建立国际服务贸易统计机构间工作组，以加强各国际组织之间的合作，探索国际服务贸易概念、定义和分类，提高服务贸易统计数据的质量、可获性和国际可比性。1996年，工作组开始起草《国际服务贸易统计手册》（Manual on Statistics of International Trade in Services——MSITS，以下简称《手册》），力求与现行国际服务贸易统计体制在保持一致的基础上有所创新，该手册于2002年出版。

《手册》尽可能发展现行的统计标准，尤其是IMF1993年《国际收支手册》第5版，而不是对其作出修改，同时又特别重视GATS对服务贸易统计数据的要求。于是《手册》对国际服务贸易作了广义的解释，它将居民与非居民之间的传统服务贸易扩展到通过在一国之内设立外国附属机构提供服务，后者正式表述为外国附属机构服务贸易（Foreign Affiliates Trade in Services，以下简称FAT）。

FAT服务贸易分为内向FAT和外向FAT。别国附属机构在东道国的服务交易称为"内向FAT"，东道国附属机构在别国的服务交易称为"外向FAT"。FAT统计包括外国附属机构在东道国的全部服务交易情况——包括与投资母国之间的交易、与东道国居民之间的交易以及与其他国家之间的交易，但其核心是非跨境商品和服务的交易，或者说作为东道国居民之一的附属机构与其他居民之间进行的贸易。因此，FAT 统计可以提供全部的商业存在和一部分自然人流动的统计数据。

2. FAT 统计的特点和评价

从统计范围看，FAT 统计实际上包括了外国附属机构的全部交易——跨境交易和非跨境交易，但核心是非跨境交易，即企业的国内销售。

从统计对象看，只有对方绝对控股并能控制的企业，亦即外方投资比例在 50%以上的企业才列入 FAT 统计范围，这与直接投资统计的对象不同，后者以外资比重达到 10%以上为标准。

从统计内容上看，FAT 统计既包括投资的流量和存量，也包括企业经营状况和财务状况，以及对东道国的影响，但最主要的内容是企业的经营活动状况。

从统计实践上看，FAT 统计有狭义和广义之分。按照 WTO 的规定，外国附属机构的当地服务营销属于国际服务贸易，从而一般把对跨境服务销售的 FAT 统计称为广义服务贸易统计，这是对商品贸易统计的有效补充。因此，当 FAT 统计应用于贸易统计时，一般出现在广义的国际服务贸易统计中。

从统计作用来看，FAT 统计弥补了国际商品贸易统计、跨境服务贸易统计和外国直接投资统计的不足，将外资企业提供的生产和服务对贸易流动的影响，以及由此产生的利益流动反映出来。

当然，FAT 统计制度也有其自身的缺陷。比如它只统计商业存在及自然人流动部分，而不能涵盖 GATS 分类的全部；统计过程中调查反馈率低；统计方法创新不多等。

（三）FAT 统计和 BOP 统计的关系

BOP 的统计对象是一国居民与非居民之间的服务贸易，它反映国际服务贸易的规模、结构。FAT 的统计对象是外国投资服务企业提供的服务贸易，它反映一国服务业市场的开放程度。这两种统计相互补充，共同反映国际服务贸易的全貌。但是 BOP 统计与 FAT 统计不能简单相加，原因在于：一方面，两者统计的范围、内容和记录原则不同；另一方面，两者的部分内容重叠，两者相加会造成重复统计。

2002 年出版的《手册》对如何将四种提供方式分配给 BOP 统计和 FAT 统计提出了初步的解决方案。详见表 9.3：

表 9.3 按照提供方式的服务贸易统计比较

提供方式	BOP 统计	FAT 统计
跨境交付	运输（大部分）、通信、保险、金融、特许使用费、版权许可费；（部分的）计算机和信息服务，其他商业服务，个人、文化和娱乐服务	

续表

提供方式	BOP 统计	FAT 统计
境外消费	旅行（旅行者购物除外），在外国港口修理船只（货物），部分运输（在外国港口对船只进行支持和辅助服务）	
商业存在	部分建筑服务	ICFA 的各类服务
自然人流动	部分计算机和信息服务，其他商业服务，个人、文化和娱乐服务	外国人在外国附属机构中就业

注：ICFA 指产生于联合国《全部经济活动的国际产业标准分类》（ISIC）的外国附属机构类别分组。

资料来源：世界贸易组织秘书处网站和国际货币基金组织《国际收支手册》（第5版）

建立符合 GATS 定义的服务贸易统计体系是一项复杂而庞大的工程，它不仅需要国际社会在观念和方法论方面取得共识，同时还取决于各国贯彻实施的具体条件。《手册》作为一个初步尝试，只是大致提出了一个对应方案，它还有待于在实践中进一步改进和完善。

二、国际服务贸易统计体系的实践

（一）中国服务贸易统计体系

中国的服务贸易统计，旨在以《国际服务贸易统计手册》为依据，结合中国实际国情，探索形成在数据收集、加工和发布方面稳定的服务贸易体系，为我国政府在 WTO《服务贸易总协定》的框架下参与服务贸易国际事务管理并争取国家利益，为中国服务业发展和对外服务贸易竞争提供数据信息服务。

1. 基本原则

在内容上，与《服务贸易总协定》相衔接，以支持中国有效参与国际贸易与投资协议的谈判、协商与监测；在方法上，以《国际服务贸易统计手册》为依据，建立与国际规范相一致的统计体系；在具体指标及其资料来源设计上，以中国国际收支统计、中国 FDI 统计以及中国官方其他统计体系为基础，力求这些统计体系间的相互衔接。

2. 具体做法

目前我国的服务贸易统计主要包括了两大部分：一部分是国际收支服务贸易统计，也就是 BOP 统计。它是由国家外汇管理局按照国际货币基金组织《国际收支手册》第5版的要求负责汇总编制的，包括分国别和分省统计，这是目前我国唯一能全面客观收集到全国服务贸易收支数据的统计体系。其主要特点是：以银行间接申报为主、企业直接申报为辅，独立于行政管理部门统计，涵盖了中国所有涉外经济领域。此外，由于所采用统计概念定义、统计原则、统计口径、数据加工方法等符合《国际收支手册》的基本规范，有较强的国际可比性。

另一部分就是外国附属机构（FAT）服务贸易统计。在 FAT 统计上，我国虽处于起步阶段，但也取得了一定的进展，已经建立流入流出双向 FDI 统计。FDI 统计包括吸引外商投资（FDI 流入）统计和对外直接投资（FDI 流出）统计两个方向。中国商务部已经分别为中国外商投资（非金融类）、中国对外直接投资（非金融类）建立了相应的统计制度，可以提供包括外国直接投资流量和直接投资企业经营状况的基本统计资料。此外，商务部和国家统计局遵循国际标准，结合中国服务贸易的发展情况和特点，共同制定了《国际服务贸易统计制度》，于 2007 年 11 月联合发布，并于 2008 年 1 月 1 日正式实施。踏实的中国服务贸易统计工作在与国际服务贸易统计标准接轨的基础上进一步规范化和制度化。

3. 范围和基本组成

中国服务贸易统计涉及中国以及同其他国家（地区）发生的服务交易。遵循《国际服务贸易统计手册》，统计范围涵盖全部四种提供方式，即跨境交付、境外消费、商业存在和自然人移动。

从数据基础考虑，中国服务贸易统计体系包括两个主要组成部分和一个次要组成部分。鉴于目前的可行性，中国服务贸易统计主要着眼于前两个主要组成部分。其中，居民与非居民间的服务贸易统计，是服务贸易统计的一个主要组成部分，主要对应第一、第二两种提供方式，也会涉及第三、第四种提供方式。通过外国附属机构的服务贸易（FAT）统计，是服务贸易统计的另一个主要组成部分，主要对应第三种提供方式。通过自然人移动的服务贸易统计，属于第四种提供方式，从发生规模以及资料的基础完备性看，属于服务贸易统计的次组成部分。将上述范围和统计组成部分结合起来，构成以下关系，见表 9.4。

表 9.4　中国服务贸易统计的组成部分

	居民与非居民间的服务贸易统计	通过外国附属机构的服务贸易统计	通过自然人存在的服务贸易统计
跨境交付	✓		
境外消费	✓		
商业存在	✓	✓	
自然人移动	✓		✓

（二）美国服务贸易统计体系

美国服务业的发达程度及在世界服务贸易中的领先地位，奠定了其在服务贸易统计方面的先导地位。作为服务贸易自由化的倡导者，美国一贯重视服务贸易统计工作，并且积累了较为成熟的经验，在服务贸易统计领域居世界领先地位。

1. 美国服务贸易统计机构

根据美国《国际投资和服务贸易调查法》（International Investment and Trade in Services Survey Act）的授权，美国商务部经济分析局（Bureau of Economic Analysis，BEA）是美国服务贸易统计的主要机构，也是服务贸易统计数据首要的发布机构。BEA 的核心职能包括：编纂美国国民经济账户、国际交易账户（即国际收支账户）、投入产出账户，管理美国跨国公司及外国在美国跨国公司信息系统。

除 BEA 外，美国国际贸易委员会（US International Trade Commission，ITC）自 1994 年起，每年都对美国服务贸易趋势进行综合分析，并以《美国服务贸易最新趋势》（Recent Trends in US Services Trade）年度报告的方式发表。ITC 的数据来源主要是 BEA。

2. 美国服务贸易统计方法

BEA 主要通过调查问卷来收集美国服务贸易数据，包括跨境贸易和附属机构销售。根据法律，被调查企业必须报告其服务贸易数据。

美国服务贸易统计范围涵盖跨境贸易和附属机构销售两种服务贸易方式。跨境贸易是指居住在美国的公司和个人与居住在外国的公司和个人之间的交易；附属机构销售是指附属企业通过直接投资进行的销售。近年来，BEA 关于服务贸易的统计方法日益参照国际上有关服务贸易的指导原则和规则，主要是国际货币基金组织的《国际收支手册》（第 5 版）（BMP5）和欧洲共同体委员会、国际货币基金组织、经济合作与发展组织、联合国、联合国贸易和发展会议及世界贸易组织于 2002 年发布的《国际服务贸易统计手册》（MSITS）。

3. 统计数据发布方式和时间

每月新闻公报《美国货物和服务的国际贸易》（US International Trade in Goods and Services）以概要形式发布月度货物和服务贸易数据（指跨境服务贸易）；每季度《国际交易账户》发布美国国际货物和服务贸易（指跨境服务贸易）的季度详细数据；每年 10 月都在 BEA 出版的月度报告《现行企业调查》（Survey of Current Business）上刊登一篇详细提供和分析上年度美国服务贸易全年数据的文章（包括跨境和附属机构销售两种数据）。

(三)英国服务贸易统计体系

英国服务贸易统计所涵盖的范围很广，包括金融服务、商务服务、专业服务、旅游以及餐饮服务等。英国服务贸易统计是由英国国家统计局归口管理，不同行业分别提供统计数据，由国家统计局统一对外发布统计公报。一般来说，初次公布的服务贸易统计数据都会进行修正，最终统计数字通过年度红皮书（Pink Book）公开出版。国家统计办公室对提供商业服务的公司的国际交易进行调查，取得的数据用于编制国际收支平衡表。英国国家统计局对服务贸易的统计分类基本遵循 IMF 的分类标准，主要包括：运输、旅游、通信、建筑、保险、金融、计算机和信息服务、特许和专有权利权使用费、其他商业、个人文化及娱乐和政府服务等 11 项。

(四)中国香港特区服务贸易统计体系

香港特区与服务贸易统计有关的法律法规主要是《普查及统计条例》以及其中有关的附属法例。该条例是直接规范特区政府统计处工作的主要法规，也为个人或个别机构的资料保密提供严格的法律保障。人口普查，收集、编制和发表与香港有关的统计资料，以及相关事宜均根据该条例进行。

1. 香港特区服务贸易统计部门

香港特区负责服务贸易统计的政府统计事务体系由特区政府统计处和其设于特区政府各部门及决策局的统计组构成，后者一般称作"外调统计组"。概括而言，供一般用途的统计数据，大部分由特区政府统计处负责编制。而"外调统计组"则负责特定用途的统计数据（专门用于该部门或决策局的工作上）及在统计运用方面提供支持。

2. 服务贸易统计分类

统计项目种类采用三层分类，即主要服务组别、服务组别及服务项目。主要服务组别分为六大类，即运输、旅游、保险服务、金融服务、商贸服务及其他与贸易相关的服务，以及其他服务。

3. 香港特区服务贸易数据来源及发布

香港特区服务贸易的数据主要是从各项有关机构和住户的统计调查中收集或者是从行政记录中得到。自 2002 年 7 月开始，按年以新闻稿及统计报告形式，发布按服务项目种类及国家和地区划分的详细服务贸易统计数字。

本章小结

本章以国际服务贸易为核心，第一节从服务经济的基本范畴出发，论述了国际服务贸易的概念、分类、特征及其产生与发展历程。

GATS 对国际服务贸易的定义是："从一缔约方境内向任何其他缔约方提供的服务；在一缔约方境内向任何其他缔约方消费者提供的服务；一缔约方在其他任何缔约方境内提供服务的商业存在而提供的服务；一缔约方的自然人在其他任何缔约方境内提供的服务。"同时，GATS 还将国际服务贸易按提供方式分为四种形式，即跨境交付、境外消费、商业存在以及自然人流动。民间主要以"移动"、行业、生产过程、要素密集度、商品为标准对国际服务贸易进行分类；而官方，如联合国、国际货币基金组织以及世界贸易组织 GATS 也都有不同的分类体系，其中世界贸易组织的分类法目前获得了国际普遍认同。国际服务贸易的特征主要是无形性、非储存性、异质性、营销管理的复杂性、高保护性和高垄断性。国际服务贸易相关理论主要包括服务价值论、比较优势理论、要素禀赋论以及规模经济和不完全竞争条件下的国际服务贸易理论。

第二节介绍了服务业直接投资的概念及相关理论演进并在此基础上探讨了服务业直接投资对东道国的影响。服务业直接投资是指把全部或部分必要的生产要素转移到国外并对这些要素的国外使用进行控制的国际交易方式。相关理论有海默的垄断优势理论、佛农的产品周期理论、巴克雷和卡森的内部优化理论以及邓宁的国际生产折中理论等。服务业直接投资对东道国的影响包括正面影响（经济增长效应、劳动就业效应、竞争效应等）和负面影响（对国际收支的干扰、对东道国相关服务行业的冲击和人才流失等）。

第三节介绍了国际服务贸易统计，主要是阐述了国际服务贸易的统计方法，并在此基础上介绍了中国、美国、英国以及中国香港特区的服务贸易统计体系。国际服务贸易统计的方法主要是指国际收支统计（BOP 统计）和外国附属机构统计（FAT 统计），它们分别是按照《国际收支手册》第 5 版和《国际服务贸易统计手册》建立的。BOP 统计对象是一国居民与非居民之间的服务贸易，它反映国际服务贸易的规模、结构；FAT 统计对象是外国投资服务企业提供的服务贸易，它反映一国服务业市场的开放程度。这两种统计相互补充，共同反映国际服务贸易的全貌。

思考题

1. 请分析评价《服务贸易总协定》对国际贸易及世界经济的影响和作用。

2. 根据 GATS 对国际服务贸易方式的规定，举例说明教育服务的四种具体提供方式。

3. 简述服务业直接投资对东道国的影响。

4. 试比较国际收支统计（BOP 统计）和外国附属机构统计（FAT 统计）。

第十章 服务业经济增长

由于服务业本身的优势所在，如可以有效提高生产效率、促进技术进步、不断实现创新，服务业的足迹要远远小于制造业等，因此，促进服务业增长、提高服务业发展水平已经成为各国经济发展战略决策层面的一个重点。在发达经济体，服务业提供了国内生产总值和就业人数的最大份额，也成为产出和就业机会的主要来源。在发展中国家，服务业也逐渐显现出其独特的优势，如充足的服务供给，尤其是在交通运输、电信、物流以及金融服务等规模较大的服务业中，能吸纳大量制造业和农业中过剩的劳动力，也消化了大部分每年新进入市场的劳动力，这无疑已经成为确保和维持发展中国家经济增长的一个先决条件。在未来几年里，尽管制造业仍然将是中国的主导产业，但服务业将逐步成为经济增长的重要来源。因此，促进服务业经济增长，加快发展服务业，成为中国调整经济增长模式、寻找新的增长源泉的新要求。

第一节 服务业经济增长

服务业经济增长对全球经济增长发挥着巨大的促进作用，已经成为全球经济增长的新动力。

一、经济增长理论的历史沿革

要充分理解服务业经济增长，就必须首先了解经济增长理论。通过回顾经济增长理论发展的历史，充分理解服务业经济增长的基本理论。

经济增长理论是经济学范畴最为古老、但又最为现实的理论课题，可谓历久弥新。经济增长理论试图以科学的形式回答经济学中看似简单、实际上最难以回答、但又不得不回答的两个问题，即什么是经济增长的源泉，以及如何保持经济的持续稳定健康发展？

1. 古典经济增长理论

古典经济增长理论的代表人物是亚当·斯密（Adam Simith）和大卫·李嘉

图（David Ricardo）。亚当·斯密是古典经济增长理论的创始人。亚当·斯密在《国民财富的性质和原因的研究》即《国富论》（1776）一书中最早论及经济增长。他认为劳动分工促进生产率提高，并最终使得经济增长，而劳动分工又由市场扩大和资本积累所决定。亚当·斯密认为市场扩大是生产率提高的一个因素，因此他提出通过国际贸易增加供给、扩大市场。同时，他认为资本积累是经济增长理论的一个基本要素。通过资本的不断积累，工资将得到提高，人口随之会增加，并保证了对产品需求的不断增加，这将进一步刺激劳动分工，从而提高劳动生产率。在书中，他提出一个"循环链"，即资本积累促进劳动分工，劳动分工提高生产率并增加总产出，总产出的增加又进一步增加资本积累。在他看来，经济增长一旦启动，增长的循环链就会继续。在亚当·斯密看来，只要人均产出的增长快于人均消费的增长，就能够保证不断有剩余、劳动需求不断提高及人均不断增长，从而经济不断增长。从某种意义上来讲，亚当·斯密的理论打上了很深的资本主义时代烙印，是资本主义制度建立初期进行殖民扩张，从而扩大市场增加资本原始积累的政治社会影响的产物。

李嘉图的《政治经济学及赋税原理》被誉为是继亚当·斯密《国富论》之后的第二部最著名、最有影响力的古典政治经济学著作，它的出版被人们称为"李嘉图革命"。

李嘉图同亚当·斯密一样，倡导贸易自由，但李嘉图并不是简单重复亚当·斯密关于自由贸易有利的论据，而是提出了更加系统的自由贸易理论。他从劳动价值论出发，论证自由贸易有利于提高利润率，从而有利于资本积累；并发展了亚当·斯密的国际分工理论，提出了所谓的"比较成本学说"。该学说认为，决定国际贸易的一般基础是比较利益，而非绝对利益。即使一国与另一国相比，在两种商品生产上都处于绝对不利的地位，国际分工和贸易仍可发生。李嘉图指出："英国的情形可能是生产毛呢需要一百人一年的劳动；而如果要酿制葡萄酒则需要一百二十人劳动同样长的时间。因此，英国发现对自己有利的办法是输出毛呢和输入葡萄酒。"[①]这个学说被后来的资产阶级经济学家竭力推崇，并看成是支配国际贸易的永恒规律。

李嘉图认为，资本积累过程中，利润是关键的因素。较高的利润会增加资本积累，资本积累又会促进劳动需求的增加，从而使市场工资成本高于维持生存的水平，这又导致了人口的增加。这些因素会产生两种后果：一是当工资率高于维持生存水平时，利润减少使得资本积累率下降；二是为了给日益增长的人口提供食物，必须使用更多的土地，在固定数量的土地上使用越来愈多的劳

---

① 彼得·斯拉法主编《李嘉图著作和通信集》第一卷《政治经济学及赋税原理》，第114页。

动会产生报酬递减，市场工资率将降回维持生存的水平，从而导致资本积累停止，人口保持稳定，经济增长停滞。相对于亚当·斯密来说，李嘉图是一种悲观的经济增长理论。

古典经济学家对经济增长理论的贡献主要是提出了决定经济增长的要素，包括资源、资本、劳动力以及技术等，并指出这些要素分别与经济增长的关系。此外，他们指出了这些不同要素对促进经济增长的重要性不同，在这些要素中，资本积累被认为是最为重要的动态因素。但是，古典经济学家未能就他们提出的经济增长理论给出数学模型，而这一点是由现代经济增长理论派实现的。

2. 现代经济增长理论

20世纪30年代，受经济大萧条的影响，凯恩斯主义一度受到推崇。之后，英国牛津大学经济学教授哈罗德（Harrod）和美国经济学家多马（Domar）以凯恩斯主义为基础，开创了现代经济增长理论。

关于经济增长模型的最早出处是哈罗德在《动态经济学导论》中提出，之后多马在《经济增长理论文集》上的《资本扩张、增长率和就业》以及《扩张与就业》两篇论文中提出了与哈罗德类似的经济增长模型，因此该模型被学术界称为哈罗德—多马模型。

该模型把注意力集中在投资对于经济增长的影响上，强调投资是经济的原动力，投资既创造需求，又创造生产能力。为了证明该理论，模型有许多假设：①全社会只生产一种产品；②储蓄是国民收入的函数；③生产过程中只使用劳动和资本两种要素；④劳动人口按照固定不变的比率增长；⑤不存在技术进步，也不存在资本折旧；⑥生产规模报酬不变。

由于该理论模型假定条件苛刻，与实际情况差别较大，模型的核心意图是要说明产量（或收入）增长率提高到它所引起的投资恰好能吸收本期的全部储蓄的程度，乃是实现经济均衡增长的基本条件，因此说，该模型是最理想的均衡增长模式。除了数学模型的创新外，该理论无异于凯恩斯的投资等于储蓄的观点，它并不能解释20世纪70年代资本主义国家出现的"滞涨"问题。

3. 新古典经济增长理论

新古典经济增长理论的创立者是美国经济学家罗伯特·索罗（1956）和澳大利亚经济学家斯旺（T.Swan, 1956），后来英国经济学家米德（J. Meade, 1961）等人又对该理论作了系统的表述。索罗认为，在哈罗德—多马模型中，关键的缺陷在于假定"生产是在不变的要素比例的前提下发生的"。索罗放松这一假定，建立了一种新的经济增长模型。这一理论的显著特点是：在他们的理论中，既有凯恩斯经济学的成分，又有传统经济学的成分，因此经济学家称之为新古典经济增长理论。1957年，索罗又在《经济学与统计学评论》上发表了

《技术变化与总量生产函数》一文，首次将技术进步因素纳入增长模型，并将技术进步对经济增长贡献的数量进行了测算，从而引起人们对技术进步问题的关注。

新古典经济增长模型虽然解决了部分哈罗德—多马模型中存在的虚拟假设条件下的不变要素问题，但是它的均衡增长率仍受到外生的人口增长率的制约，且长期增长率完全独立于储蓄率等经济变量，这样的结论显然与现实经验相去甚远。

此外，索罗等人虽然提出了技术进步模型，但并未给出影响技术进步的各要素。因此，在新古典经济增长模型中，技术进步也作为给定的外生因素，该模型也无法处理受益递增模型。

4．新经济增长理论

新经济增长理论是指20世纪80年代中后期逐渐兴起的一些经济增长理论。这些新的经济增长理论逐渐被人们所接受，并对人们的经济实践产生越来越大的作用，成为当前西方经济增长理论主流学派的理论基础，学术界称之为新经济增长理论。这些理论主要包括美国经济学家保尔·罗默（P. Romer）和罗伯特·卢卡斯（R. Lucas）和巴罗等人的经济增长理论。

（1）罗默的增长理论。罗默首先否定了新古典经济增长理论把技术当作经济条件之外的外生变量的观点，他认为技术进步是经济体系中内生的，并在阿罗模型[①]的基础上考察了内生技术进步对经济增长的影响。罗默将阿罗模型向前推进了一步，在他1986年提出的知识积累模型中，否定了新古典经济增长理论的边际收益递减的假设，并提出四个生产要素，即资本、非技术劳动、人力资本（用受教育的年限来衡量）和新思想（用专利来衡量）。其中，最为重要的因素是新思想。在罗默的模式中，具有拥有专利的人力资本是经济增长的主要因素，他们使得资本和劳动要素投入产生递增收益，从而使得整个经济规模收益递增，递增的收益保证长期经济的增长。

（2）卢卡斯的增长理论。1988年美国经济学家卢卡斯建立了一个重要的内生经济增长模型。该模式以人力资本为核心，将资本区分为物质资本和人力资本两种形式，将劳动划分为原始劳动和专业化人力资本两种形式，认为专业化的人力资本是促进经济增长的真正动力，把人力资本内生化。

（3）巴罗的增长理论。巴罗认为，技术进步表现为政府提供服务所带来的

[①] 阿罗的边干边学模型。最早用技术外部性解释经济增长的模型是阿罗于1962年提出的边干边学模型。这一模型试图将新古典经济增长模型中的外生技术进步内生化。该模型认为，技术进步是投资的副产品，是厂商在生产中积累经验的结果。更重要的是，一个厂商的投资不仅会提高自身的生产率，而且具有外部性，即一厂商生产率的改进还会提高全社会的所有其他厂商的生产率。因此，技术进步是经济系统的内生变量。

私人厂商生产率和社会生产率的提高，所以政府是推动经济增长的决定力量。巴罗假设：政府提供公共产品，政府活动具有外部溢出效应。政府投资提供公共产品是整个经济的一个组成部分，相对于私人而言是外部经济。无论政府提供的是公共产品、还是具有部分竞争性和非排他性的产品，政府都可以采取适当的税收制度，使分散竞争经济的均衡增长率等于社会最优增长率，提高社会福利水平。

20世纪90年代之后，新经济增长理论得到进一步发展。1992年，贝克尔（Gary Becker）提出，分工的扩展与知识的积累相互作用。他把知识分成两部分，一部分是内生积累的一般性知识，另一部分是外生的。由于均衡增长率还有赖于协调成本的弹性，因此，法律的健全或是稳定的政治环境会促进一个国家的经济增长。综合起来，对经济增长率的影响因素则有技术进步、人力资本积累水平以及决定"协调成本"的制度因素。

新经济增长理论认为技术可以复制，知识可以积累，对投资收益都会产生正效应，从而揭示了为什么发达国家能够保持强劲的经济增长率。

从上述经济增长理论中不难看出，经济学家们都将生产率看作是经济增长的唯一来源。但对于服务业来说，这个理论是否适用呢？

二、服务业成为经济发展新引擎

（一）服务业占GDP比重的上升

服务业对于整个经济的拉动与增长几乎成为一个不争的事实，其重要性早在上个世纪中后期就被经济学家们所关注。美国经济学家里德尔（Riddle，1986）指出，服务业在经济发展中并不是一个被动的角色。他认为："服务业是促进其他部门增长的过程产业。服务业是经济的黏合剂，是便于一切经济交易的产业，是刺激商品生产的推动力。"[①] 显然，在他看来，服务业将极大地推动经济的发展，在国民经济的增长与发展中将越来越重要。

从经济增长的数据来看，经济发达国家在经济发展过程中，服务业占GDP的比重经历了一个明显的上升过程，见表10.1。

表10.1　主要发达国家服务业在经济增长中比重的上升

国别	年份	产出比重（%）		
		农业	工业	服务业
美国	1869～1879	20	33	47
	1919～1928	12	40	48

---

① 裴长洪.中国服务业发展报告.社科文献出版社，2010年版，第36页。

续表

国别	年份	产出比重（%）		
		农业	工业	服务业
	1939~1948	9	39	52
	1962	4.1	36.1	59.8
	1975	3.7	30.9	64.6
	1987	2	29.2	68.8
	2000	1.2	23.4	75.4
	2008	1.2	21.4	77.4
英国	1801	32	23	45
	1841	22	34	44
	1901	6	40	54
	1955	5	56	39
	1962	3.7	44.6	51.7
	1974	2.7	38.8	58.5
	1986	1.6	33.1	65.3
	2000	1	27.3	71.7
	2009	0.7	21.1	78.2
日本	1878~1882	63	16	21
	1923~1927	26	38	36
	1950	26	39	35
	1962	14	49	37
	1974	6.6	37.2	56.2
	1987	2.8	40.5	56.7
	2000	1.8	32.4	65.8
	2008	1.5	28	70.5
法国	1872~1882	42	30	28
	1908~1910	35	37	28
	1954	12	52	36
	1962	9	53	39
	1974	5.1	43.3	51.7
	1987	3.5	30.1	66.4
	2000	2.8	22.9	74.2
	2009	1.8	19	79.2

资料来源：国家统计局《国际统计年鉴》（2003和2011年）

从表中可以看出，至少在数据统计结果上，服务业占GDP的比重上升与经济增长存在着一定的数量关系。但是，尽管这样，学术界仍有不少学者认为，服务业的增长只是一种假象,它的劳动生产率并没有提高,甚至是零增长。

(二)服务业增长悖论

服务经济本质上是一种非实体化的经济。服务业在定义和测度、评价标准、生产和消费关系、数量和价值关系、劳动生产率变化等方面与制造业有很大差异,还涉及许多超经济的问题。要理解服务业增长,我们首先来看一个案例。以北京2009年的房地产业为例,3月份北京市商品房销售均价为11743元/平方米,5月份上涨到13432元/平方米,经过6月份的短暂调整之后,销售均价又开始逐月上涨,到11月份达到15895元/平方米。而2009年的房地产开发建设量却持续收缩,其中施工面积微幅下跌,新开工面积降幅较大。[①]与此同时,2009年前三个季度,房地产业增加值增长快于GDP和第三产业增加值增长,而第三产业这个时期的增加值增长同样快于GDP增加值增长指数。[②]

该案例说明,消费者在第三产业为其提供的房地产服务上支出了越来越多的收入份额,但是他们所接受的服务量基本不变甚至在减少;同时服务产出量份额大致不变,但其在GDP的份额却快速增长。在某种意义上来讲,这是一个悖论,也成为学术界争论最多的经济之谜。

从经济史的角度来看,这些基本事实成为世界工业化经济体中大部分服务部门的特征:一是服务的成本(价格)比其他商品上涨得更快;二是服务上的总支出及其在国民收入中的份额一直持续上升;三是在可测量的范围之内,服务的全部(实际)产出量在国民收入中的份额大体上保持不变。[③]

最早从理论上揭示这一现象的是鲍莫尔—富克斯假说理论,基本观点可以概括为以下几点:第一,与其他产业,特别是制造业相比,服务业劳动生产率增长滞后;第二,服务业就业增长相对较快,其原因是多方面的,但主因是服务业劳动生产率增长相对滞后;第三,服务的需求弹性对服务业增长有重要影响,较低的价格弹性会导致"成本病"(cost disease)问题。

鲍莫尔—富克斯假说(Baumol-Fuchs Hypothesis)的基础模型是鲍莫尔的两部门非均衡增长宏观经济模型,该模型所蕴涵的思想特别适用于分析服务业。鲍莫尔通过构造一个简单的两部门非均衡增长模型,讨论了服务部门的劳动生产率增长滞后及其相关宏观经济涵义。他假定有两个部门——"停滞部门"(stagnant sector)和"进步部门"(progressive sector),前者(主要指服务部门)的劳动生产率增长率为零,后者的劳动生产率增长率为正;还假定劳动为惟一

---

① 谭维克.北京经济发展报告(2009-2010).社会科学文献出版社,2010年版,第177~178页。
② 谭维克.北京经济发展报告(2009-2010).社会科学文献出版社,2010年版,第173~174页。
③ [荷]腾·拉加、[德]罗纳德·谢科特,李勇坚译.服务业的增长——成本激增与持久需求之间的悖论.格致出版社,上海人民出版社,2012年,第3~4页。

要素投入，不同部门的劳动收入即工资相同，并且名义工资与平均劳动生产率按相同的速度增长。他认为，造成这两种部门生产率不同的根本原因在于劳动力的作用不同。在制造业部门，劳动力只是工具，随着技术的进步，不仅劳动力投入少、产出多，而且质量还得以提升。而服务部门，劳动力是产品，劳动投入的数量和质量是最终产品的质量和数量的直接标准。由此，他得出的结论：一是服务业单位产出的成本将无止境地增长，制造业单位产出的成本将保持不变；二是如果某些服务业的需求具有价格弹性，那么其产出将趋于零，即这种行业会在经济中消失；三是保持服务业和制造业的产出比重不变时，随着时间的推移，劳动力将不断转移到技术停滞部门，而制造业的劳动力比重将趋于零；四是当制造业与服务业的生产率存在显著差异时，如果要实现均衡增长，相对于劳动力的增长速度而言，总体经济增长率逐步下降。特别需要指出的是，如果服务业的劳动生产率和整个劳动供给量都保持不变，那么整个经济的增长速度将逐渐趋于停滞。[①]

鲍莫尔模型对服务业增长具有较强的解释力，但也遭致许多学者的批评。为此，鲍莫尔对该模型进行了一些修正，在原有两部门模型的基础上，引进第三个部门，即同时具有"进步成分"和"停滞成分"的"渐进停滞部门"（asymptotically stagnant sector）。[②]三类部门的生产率非均衡表现为，进步部门生产率增长较快，停滞部门生产率缓慢甚至停止增长，渐进停滞部门生产率先较快增长但随后会停滞下来。如果要保持三类部门的实际产出均衡增长，则劳动力将会不断地转移到停滞部门和渐进停滞部门的停滞部分，这两个部门在产出总成本中的比重也将不断上升。因此，鲍莫尔认为，停滞的服务部门的"成本病"对整个经济的影响可能要比早期模型所得出的结论更为严重。

富克斯则从考察美国经济中日益重要的服务业就业开始，探究了可能引起服务业就业较快增长的原因，而他所总结的三个原因的前提则是服务业的劳动生产率低于商品生产的生产率。他的结论是：服务业相对于其他产业尤其是制造业的较低的劳动生产率增长率，说明了国民经济中服务业就业的日益重要。低于平均水平的服务业生产率增长率意味着服务业平均成本高于整体平均水平。

基于该理论的研究成果，之后有许多学者同样发现，服务业很多部门的生产率增长率很低，甚至为负值。正如库兹涅茨（S. Kuznets）、钱纳里（H. Chenery）等从产业结构演变的角度，讨论了服务业的特殊性：就业比重不断上升，劳动生产率因产值份额不变而停滞或下降。

---

① 裴长洪.中国服务业发展报告.社科文献出版社，2010年版，第18~19页。
② 程大中.中国服务业增长的特点、原因及影响——鲍莫尔—富克斯假说及其经验研究.中国社会科学，2004年4月第2期。

但也有对鲍莫尔—富克斯假说提出质疑的。以 Griliches 为代表的经济学家（主要是统计学家）认为，由于服务部门的"不可测度性"，服务业的产出与生产率核算存在误差，现行的统计方法都大大低估了服务业的产出和生产率的增长。

（三）服务业增长悖论释疑

首先，对服务业占 GDP 比重上升释疑。

要理解什么是 GDP 增长，我们首先来看一个故事。有两个经济学研究生甲和乙，两人在路上走，突然发现一坨粪便。甲对乙说：你把它吃了，我给你 5000 万。乙一听，这么容易就赚 5000 万，臭就臭点吧，大不了拿了钱去洗胃，于是吃了。两人继续走，心里都觉得不平衡：甲白白损失 5000 万；乙虽说赚了 5000 万，但是吃了粪便心里也觉得不爽。这时又发现一坨粪便，乙终于找到了平衡，对甲说：你把它吃了，我也给你 5000 万。甲一想，损失的 5000 万能赚回来，乙不是也吃了吗？不妨也吃了吧，于是也吃了。照理说，这下两人该平衡了。但是，他们越琢磨越觉得不对劲，两个人的资本一点也没增加，反而一人吃了一坨粪便。于是去找教授，教授听了他们的诉说，安慰他们说："同学们，你们应该高兴啊，你们仅仅吃了两坨粪便就为咱们国家贡献了 1 个亿的 GDP。"

这个例子可能有助于我们理解服务业在 GDP 中所占比重的上升。我们认为，服务业增长存在着真实增长和名义增长两种形式。[1]我们先来看名义增长。①服务相对价格上升。许多直接提供劳务的服务业，劳动生产率提升较慢，如家政行业。因此，虽然制造业和服务业的工资水平都在提高，但制造业有劳动生产率的提高将其抵消，而服务业中工资上涨更多地表现为服务价格较快上涨。虽然以增加值衡量的服务产出比重上升，但服务量并没有相应地增长。由此可以看出，制造业和服务业价值比重变化并不等于"数量"比重的相应变化。制造业以产值衡量的产出比重虽然下降，但实物产出却在持续增加。服务业则相反，产值比重上升并不代表服务量的相应上升。②服务专业化和外移。这是指原本处于制造业生产过程中或制造企业内部的服务供给独立出来，由专业化企业提供，形成生产性服务业[2]。每个企业只能集中在有限的核心业务上，其他业务希望更专业化的公司提供。因此，企业将部分原本内部提供的零部件和服

---

[1] 汪小涓.服务业增长：真实含义、多重影响和发展趋势.经济研究，2011 年第 4 期。

[2] 生产性服务业是指为保持工业生产过程的连续性、促进工业技术进步、产业升级和提高生产效率提供保障服务的服务行业。它是与制造业直接相关的配套服务业，是从制造业内部生产服务部门而独立发展起来的新兴产业，本身并不向消费者提供直接的、独立的服务效用。它依附于制造业企业而存在，贯穿于企业生产的上游、中游和下游诸环节中，以人力资本和知识资本作为主要投入品，把日益专业化的人力资本和知识资本引进制造业，是第二、三产业加速融合的关键环节。此概念由美国经济学家 H.Greenfield 1966 年最早提出。我国政府在《国民经济和社会发展第十一个五年规划纲要》中将生产性服务业分为交通运输业、现代物流业、金融服务业、信息服务业和商务服务业。

务转为从外部购买。特别是上世纪 90 年代信息技术广泛应用以后，服务切割外移显著加速，成为产业分工发展的一个重要方面。切割外移的服务从信息系统维护、售后服务、后勤等"非核心业务"，逐步扩展到研发设计、供应链管理、人力资源管理等核心业务。这类中间服务增长在很大程度上是对原有制造体系中内含服务的"切割"和外移，服务从企业的内部环节转变为外部的市场关系，从内部分工转变为社会分工。此时的服务业增长并没有为国民产出提供一个增量，而只是生产方式和生产组织形式的变化。③自我服务转为市场化服务。在社会成员流动性不强、社会分工不发达时，许多服务在家庭内部和亲朋之间无偿提供，不被计入国民生产总值。随着社会和家庭结构的变化，相当一部分家务服务社会化，成为有酬劳动，就产出了 GDP。这个变化被形象地描述为"自己洗涮变为相互洗涮"。据我国 2008 年的一项统计显示，有 79% 的受访者参与了无酬劳动；男性参与率为 60%，女性参与率为 97%，如果其中一半的工作量逐步转化为有酬劳动并取得社会平均收入，GDP 将增加 10% 左右。

当然，服务业所占 GDP 比重的上升，并不都是名义增长，还有众多的真实增长，即新增服务消费。新增服务消费是指服务消费"量"的实在增长，它包括生活型服务消费和生产性服务消费。生活型服务消费需求的真实增长有四种类型：①收入提高产生的服务需求，如高等教育服务、文化休闲服务、体育健身服务等。②技术发展提供的新业态和新品种。与互联网相关的服务最有代表性，如网络游戏产业等。③制造业产品带动的关联服务消费，例如汽车服务、通讯服务等。④公共服务持续增加。生产型服务需求的真实增长主要来源于技术变化、产业组织变化和最终需求变化的引导。随着科技进步，新产品、新设计、新的加工工艺等不断出现，作为中间技术投入源源不断地供应给农业、制造业甚至服务自身。制造业愈来愈复杂的分工体系，要求有密集的服务网络如物流服务、供应链服务等将其联结成协作体系。产品复杂性的不断增加，要求有方便快捷的客户服务如培训服务、售后服务等等。

其次，对服务业生产率增长为零释疑。

先前根据鲍莫尔成本病的结论，计算生产率的模型中，将服务业工资水平的增长作为价格因素予以剔除，因此，以不变价面向最终服务的劳动密集型服务业生产率始终为零。随着服务在经济体中的重要性不断增强和关于生产率停滞的争论，西方的经济统计学家在服务业的计量方法和产出方面作了许多有益的尝试。一些学者（如东北财经大学研究员金钰）提出，如果在服务产出计量中考虑到人力资本收益递增，以不变价计算的服务业增长正比于人力资本生产率增长和人力资本的产出弹性，那些人力资本密集的行业最终成为实际生产率增长最高的部门。

目前,对生产率增长为零提出质疑并对鲍莫尔—富克斯假说模型提出挑战,较为有力的论证观点是国内学者顾乃华和夏杰长于 2010 年基于中国 236 个样本城市面板数据的实证分析所得出的结论。

生产性服务业的崛起几乎无可置疑,且势头越来越强劲,它的出现改变了服务业比重与整体经济增长速度之间的线性关系。虽然目前中国服务业的平均生产率仍低于工业,但受生产性服务业发展的影响,随着服务业比重的提高,它们之间的相对劳动生产率差距会逐渐缩小,服务业比重与整体经济增长速度之间会呈非线性关系。此外,随着人均 GDP 的提高,服务业比重与整体经济增长速度之间的负相关关系会弱化。

第二节 服务业增长规律

一、服务业增长的一般规律

发达的服务业已经成为一国经济发展的重要动力,而且成为一国国家经济发达程度和人民生活水平提高的标志。提高服务业在国民经济中的地位,发展现代服务业,提高服务业比重和水平一直以来是各国政府经济政策的重要取向。

考察现代服务业发展历程,我们可以发现以下几个规律:

(1)随着时间的推移,各种收入水平国家的服务业占 GDP 的比重都呈上升趋势。根据世界银行 WDI 数据库数据显示,无论收入水平高与低,一国的服务业占 GDP 比重始终保持上升趋势。见表 10.2。

表 10.2 国内生产总值(GDP)产业构成

单位:%

国家和地区	农业增加值占国内生产总值比重		工业增加值占国内生产总值比重		服务业增加值占国内生产总值比重	
	2000	2010	2000	2010	2000	2010
世界	3.6	2.9[①]	28.9	27[①]	67.5	70.1[①]
高收入国家	1.9	1.5[①]	27.7	25.1[①]	70.5	73.4[①]
中等收入国家	11.4	9.7	35.5	34.3	53.1	55.9
中低收入国家	12.1	10	35.1	34.1	52.8	55.8
低收入国家	33.9	25.7[②]	20.8	24.4[②]	45.2	49.9[②]

续表

国家和地区	农业增加值占国内生产总值比重		工业增加值占国内生产总值比重		服务业增加值占国内生产总值比重	
	2000	2010	2000	2010	2000	2010
最不发达地区（按联合国分类）	32.2	25.3②	24.1	27.1②	43.7	47.6②
中国	15.1	9.5	45.9	44.6	39	45.9
印度	23.4	16.2	26.2	28.4	50.5	55.4
老挝	52.5	31.3	22.9	31.8	24.6	36.9
韩国	4.6	2.6②	38.1	36.4②	57.3	61②
撒哈拉以南非洲	16.3	13.1②	29.4	29.6②	54.3	57.3②

注：①2008年数据 ②2009年数据
资料来源：世界银行WDI数据库《国际统计年鉴》（2011）

从表中不难看出，经济越是发展，服务业所占GDP比重越大。最重要的原因是因为经济发展所带来的社会分工的细化。随着专业化分工和专业服务外置化趋势的发展，制造业竞争力越来越依赖于设计策划、技术开发、物流等生产性服务业的支撑。这些生产性服务业的发生发展和壮大成为现代经济增长的基础性条件，也就是说，服务业成为经济增长的一个重要基础性条件。

通常认为，服务业的比重越来越大的原因主要有以下几点：

一是生产性服务业的崛起。随着经济的发展和技术的进步，市场化水平不断提高，分工不断深化，专业化程度逐步提升。20世纪80年代以来，在发达国家，独立化形式的生产性服务业开始蓬勃发展，一些附属于原生产单位内部的生产性服务业活动如广告、营销、人力资源管理、可行性研究、包装、运输等，开始逐渐转向外部化，具体表现为原生产单位外购、分包这些服务活动。依据古典经济学的分工理论，生产性服务外部化正是分工深化、专业化程度提升的表现。这促进生产性服务由"内在化"向"外在化"演进。

二是服务业技术不断进步。由于经济社会的发展，必然带来服务业的经营不断专业化。为了使得服务成本降低，创新的频率必须不断提高，进而促进技术进步以及生产率的提高。这一方面促进服务业产出增加，另一方面推动第二产业中各行业将更多服务环节进行外部化以及不断提高服务投入的比重。

三是统计技术发展使得服务业统计更为科学合理。在经济发展早期，对于服务业的分类非常混乱，也非常粗糙，经济学家们对服务业的外延存在较大分歧，这造成对服务业统计的巨大困难，见表 10.3。

表 10.3 早期经济学家对服务业与服务业外延的分歧

部门	费希尔（1935）	克拉克（1941）	克拉克（1957）	库兹涅茨（1957）	库兹涅茨（1966）
制造业	第二产业	第二产业（含采矿业）	工业	工业	工业
建筑业	第二产业	第二产业	服务业	工业	工业
公用事业	第二产业	第二产业	服务业	工业	工业
交通运输	第三产业	第三产业	服务业	服务业	工业
通信	第三产业	第三产业	服务业	服务业	工业
贸易	第三产业	第三产业	服务业	服务业	服务业
服务业	第三产业	第三产业	服务业	服务业	服务业
政府部门	第三产业	第三产业	服务业	服务业	服务业

并且，不同国家和地区分类标准也不尽相同。如 2003 年 5 月中国国家统计局出台了新的三次产业划分方法。根据新规定，第三产业包括交通运输等 15 大类。但农林牧渔服务业仍划归第一产业，建筑业归属第二产业。按 WTO 分类标准，这两者属于服务业。每个服务部门内包括的服务也存在很大差异，因此无法统计更为详细的数据。

我们目前的统计结果大部分来自世界银行，由于各国对数字统计的不同定义、方法和标准，世界银行在使用这些数据时往往会核查这些数据的质量，有时还会通过调整数据使其更符合国际准则。因此，数据结果与实际做法之间存在较大差异。世界银行认为，目前许多统计机构，尤其是发展中国家的统计机构，面临着资料来源、时间、培训和预算等方面的严重制约，进而难以作出可靠而全面的国民经济核算统计数据序列。

目前，国际上较为有影响的产业分类标准有联合国国际标准产业分类（ISIC）、北美产业分类体系（NAICS）、全球行业分类标准（GICS），它们均对服务业进行了较为细致的分类，这为服务业进行科学全面合理的统计奠定了良好的基础。

这说明目前对于服务业的统计体系越来越完善，漏项越来越少，在统计技术越来越进步的情况下，服务业在 GDP 中的比重上升也是必然的结果。

（2）随着时间的推移，服务业对 GDP 增长的贡献越来越大。从统计数据来看，经济越是发达，则服务业越是发达，服务业对 GDP 的贡献率也越大，见表 10.4。

表10.4 三次产业对国内生产总值的贡献率

国别	第一产业对国内生产总值增长的贡献率（%）		第二产业对国内生产总值增长的贡献率（%）		第三产业对国内生产总值增长的贡献率（%）	
	2000	2010	2000	2010	2000	2010
韩国	0.7	10.7①	50.9	-70.1①	48.4	159.5①
印度	-1.3	8.6	38.6	29.7	62.7	61.7
蒙古	316.7	-499.8	-25.5	320	-191.3	279.8
巴基斯坦	39.1	10.7	7.7	30.1	53.2	59.2
菲律宾	10.8	-0.3	50.1	47.7	39.1	52.6
墨西哥	0.3	0.8	32	30.2	67.7	69
阿根廷	15	9.8	137.4	19	-52.4	71.2
委内瑞拉	9.6	5.7①	50.2	43①	40.2	51.3①

注：①2009年数据
资料来源：国家统计局国际数据（2011年）

从表中可以看出，服务业增长促进了经济增长。这也是目前许多经济学家通过对经济增长史研究后得出的结论。也就是说，服务业增长是经济增长过程的一部分。如富克斯认为，现代经济成长与服务业的发展分不开，两者相互作用、相互成长。他通过对美国1947～1958年的投入产出表进行分析，发现期间各主要行业作为对农业及制造业的中间投入占全部产值的比重都提高了，其中金融服务、商业性服务等所占比例提高最为迅速。辛格曼（1979）通过对G7国家的工业化过程的研究表明，劳动力从农业向服务业的转移是经济发展一个重要方面，在这个过程中，服务业的扩张对于经济增长起到了极其重要的作用。联合国贸发会议（1984）认为，在经济发展过程中，服务业所扮演的角色比其在GDP中的份额更为重要。由于服务业与其他许多活动相关联，因此，服务业对整个国家的经济表现有着深远的影响。里德尔指出，服务业在经济发展中并不是一个被动的角色，从经济史的角度来看，商业革命是工业的前奏与先驱。而服务业的创新成为了工业革命的支撑。例如，职业研究活动的出现，教育系统的改进，运输方式的改善，金融创新的出现，都为工业革命提供了良好的基础。因此，里德尔指出，服务业份额的上升不是经济增长的结果，而是经济增长的原因。①

现在一般认为，服务业主要通过提高经济运行效率和延长产业链促进经济

---

① 何德旭、夏杰长.服务经济学.中国社会科学出版社，2009年，第128~129页。

增长。在信息技术不断应用的今天，分工逐渐细化，交易成本逐步降低，从而整体提高了社会发展水平。现代服务业对经济增长的作用机制，见图10.1。

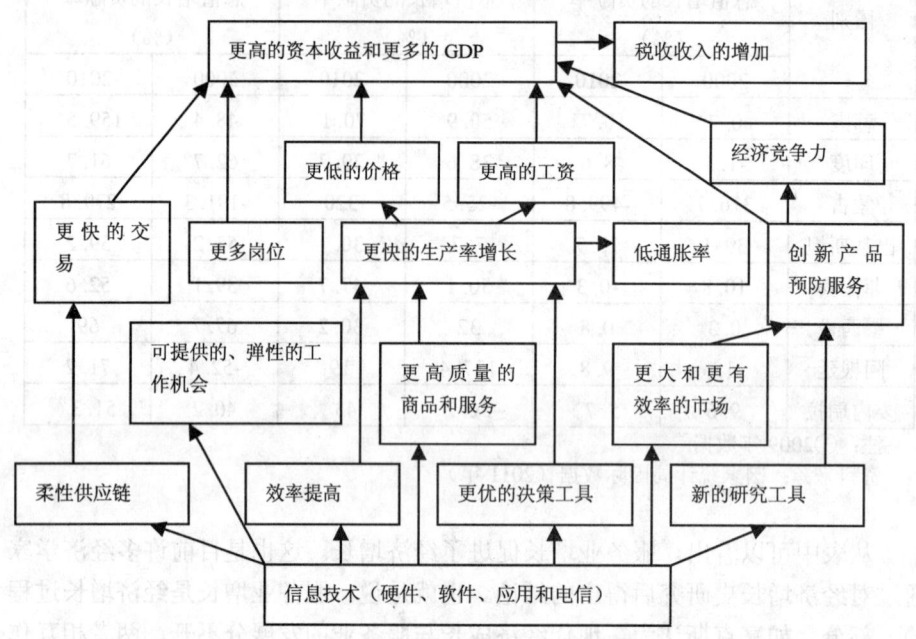

图 10.1　现代服务业对经济增长的作用机制

图表来源：高新民．现代服务业：特征、趋势和政策．浙江大学出版社，2010 年版，第 17 页

（3）服务业增长与人均 GDP 正相关。格梅尔（Gemmell）认为，在工业部门占 GDP 比重超过某一点时（大约为 37%，这个临界点可能随着国家的具体情况变化），服务部门开始迅速增长，服务业占 GDP 的比重与人均收入之间开始产生严格的线性关系。根据我国学者顾乃华（2010）的研究，服务业目前是吸纳就业人数最多的产业。就 2008 年与 1978 年相比，服务业就业人数从 4890 万人增加到了 2.57 亿，新吸纳就业 2.08 亿，占非农产业全部新增就业人数的 59.52%。从就业弹性看，1978～2008 年服务业和工业（包括建筑业）的平均就业弹性分别为 0.53 和 0.33，两者相差 20 个百分点。也就意味着增加值比重同样增加 1%，服务业吸纳的就业比重会比工业高出 20%。换句话说，服务业的就业弹性高于工业，且领先幅度较大。根据他的研究，无论人均 GDP 处于低于 6420 元的欠发达阶段（2001 年内蒙古自治区或者 2003 年江西省对应的发展水平），还是处于 6420～10644 元的中等发展水平阶段，或者处于高于 10644

元（2006年湖南省对应的发展水平）的较发达阶段，人均GDP均与服务业就业比重正相关。见表10.5和10.6。此外，随着跃入更高的发展阶段，相关性也更加显著。这个结果提示，越是经济发达的地区，越是应该促进服务业迅速增长。国内学者汪小涓、李辉的研究也证明了这一点。基于此，有部分学者认为，服务业的增长存在着一个收入瓶颈，即人均收入1000~3000美元是服务业发展的临界点，在超过这个临界点之后，服务业占GDP的比重将呈快速上升趋势[①]。

表10.5　不同类型国家服务业增加值比重

单位：%

	低收入国家	中等偏下收入国家	中等偏上收入国家	高收入国家
平均值	44.1	53.5	60.4	68.0
样本数	33个	49个	45个	44个

资料来源：江小涓.服务业增长：真实含义、多重影响和发展趋势.经济研究.2011年第4期

表10.6　不同类型国家服务业就业比重

单位：%

	低收入国家	中等偏下收入国家	中等偏上收入国家	高收入国家
平均值	27.3	44.5	58.3	69.8
样本数	8个	20个	31个	51个

资料来源：江小涓.服务业增长：真实含义、多重影响和发展趋势.经济研究.2011年第4期

二、服务业的增长要素分析

根据以往研究成果可知，现代发达国家完备的服务业经历了四个发展阶段，即服务提供阶段、学习阶段、能力出众阶段和提供世界一流服务阶段。在服务提供阶段，只是对顾客提供基本服务，技术含量较低。在学习阶段，服务内部管理严格，流程规范，从培训、教育中获取技术，服务能力提高，服务范围扩大。能力出众阶段是应顾客需求和选择，服务分类细化，不断宣传核心服务，逐步开拓品牌市场，这个时期的顾客群也不惜成本寻找服务企业。提供世界一流服务阶段是服务企业更有创造性、创新性，有能力提供更新更好的服务流程，有较完备的多元化服务体系。此时的服务是在塑造品牌、创造价值，代表了服

---

① 何德旭、夏杰长.服务经济学.中国社会科学出版社，2009年，第130页。

务的整体水平。

那么,影响服务业增长的要素主要有哪些呢?要理解影响服务增长和发展的要素,我们首先来了解一下影响一个国家主导产业发展水平和创新能力的因素。目前,最具影响力的理论是波特于1990年在《国家的竞争优势》中提出的竞争优势理论,即"钻石模型"。他认为,一个国家主导产业的竞争优势因素包括生产要素、需求因素、相关和支撑产业以及企业战略、结构与竞争状态四类;另外还有两个辅助因素,即机遇和政府。这六大要素相互结合,形成一个完整的体系,即所谓的"钻石模型"。见图10.2。

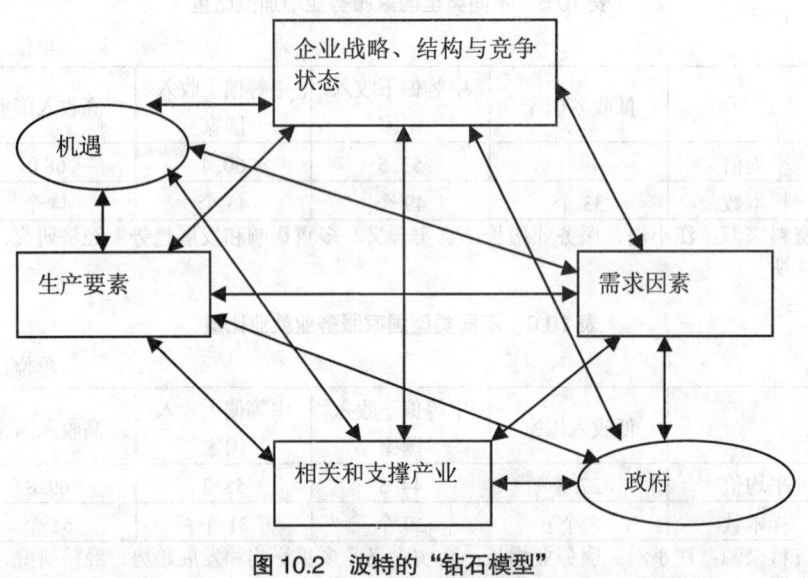

图 10.2 波特的"钻石模型"

资料来源:高新民. 现代服务业特征、趋势和策略[M]. 浙江大学出版社,2010年版,第18页

波特的钻石模型,同样适用于现代服务业的增长。首先,"钻石模型"强调产业的优胜劣汰机制,这同样适用于现代服务业。也就是说,区域现代服务业应同其他产业升级换代一样,遵循产业升级规律,不断细化和更新区域主导产业,有针对性地发展具有特色和较强辐射带动作用的高端服务业,注重新型产业业态的培育。其次,波特为服务业发展提供了一个较好的框架体系。比如,"钻石模型"将生产要素分为基本生产要素和高级生产要素,前者主要包括自然资源和简单劳动力,后者包括现代化通信的基础设施、高科技人才、高级研究中心、科研设施及专门的技术知识等。现代服务业中,不同细分行业对这些要素的具体依赖也有不同。见表10.7。

表 10.7 现代服务业对"钻石模型"四要素依赖分析

行业	生产要素	需求要素	相关和支撑产业	企业战略、结构与竞争状态
电信服务	高级生产要素	需求规模大、需求层次与人群有很大关系	电信设备制造业、内容与服务提供行业	企业数量少,国有企业主导,竞争尚不充分
基于互联网的服务业	高级生产要素	需求规模较大、需求层次高	通信服务业、文化产业	企业数量多,多为中小企业,竞争较为充分
物流	基本生产要素,部分高级生产要素	需求规模较大、需求层次不高	运输行业、信息技术行业、金融支付行业	企业数量多,大企业占主导,竞争尚不充分
金融	高级生产要素	需求规模大、需求层次与人群有很大关系	信息技术行业	企业数量较多,国有企业为主,竞争尚不充分
电子商务	高级生产要素	需求规模较大、需求层次高	物流行业、信息技术行业	企业数量较多,多为中小企业,竞争尚不充分
软件与外包	部分基本生产要素、高级生产要素	需求规模较大、需求层次不高	信息技术行业、文化产业	企业数量较多,多为中小企业,竞争较为充分
医疗	高级生产要素	需求规模很大、需求层次不高	医疗器械生产行业、信息技术行业	企业数量少,大医院主导,竞争尚不充分
数字内容	高级生产要素	需求规模尚有限、需求层次较高	信息技术行业、文化产业	企业数量较多,多为中小企业,竞争较为充分
旅游	基本生产要素	需求规模较大、需求层次不高	现代农业、交通运输行业	企业数量较多,大企业占主导,竞争尚不充分

资料来源:高新民. 现代服务业特征、趋势和策略[M]. 浙江大学出版社,2010年版,第19页

根据经济增长理论,经济增长主要由要素增长和生产率增长所决定。但是,实际情况要比理论分析复杂得多。下面我们就影响服务业经济的一些主要因素

展开讨论。从标准的经济学分析角度来看,服务业的增长可以从需求、供给以及其他因素来分析。

1. 服务业增长的需求因素

富克斯从考察美国经济中日益重要的服务业开始,探究了可能引起服务业较快增长的三个原因。他所计算的服务需求的收入弹性大于1（工业产品,包括食物和烟草的收入需求弹性为1.05）,即当实际人均可支配收入增加时,实际人均服务消费将以大于收入增长率的速率增长。因此服务不仅消耗了国民收入的越来越大的份额,而且吸纳了国民就业的越来越大的份额。随着这种服务业收入弹性的增加,服务业的最终需求也日渐呈现多元化、个性化的需求趋势。这种多元化、个性化的需求趋势,极大地扩展了服务业的市场,促进了服务业的发展。同时,服务需求的增加,分工越来越深化,原先在公司或家庭内部提供服务转变为从市场上购买服务。服务的提供量可能与以前没有什么两样,但不同的是,这些服务变得市场化了,而且专业化程度的提高还导致了服务的较高质量和（或）较低的平均成本,进而导致对这些服务的需求和生产的增加。

2. 服务业增长与供给因素

（1）劳动力与服务业经济增长

一般认为,经济稳定持续增长会使就业机会逐步增加,也使生产能力增强;反过来,劳动力增加也会推动经济增长,从而形成良性循环。服务业经济同样遵循该规律。因此我国"十五"规划提出,要将服务业从业人员提高到33%。

从日本的经验来看,劳动力与经济增长形成了良好的互动。日本是一个人口密度高、资源稀缺的国家,相对于国土面积,日本是世界上劳动力人口密度最高的国家之一,但同时日本也是现代劳动生产率增长最快的国家之一。虽然,生产率增长如此之快,但是并没有造成日本大量劳动力失业,相反却由此解决了劳动力就业问题,使日本从一个劳动力过剩的国家变成一个劳动力短缺的国家。日本从20世纪50年代开始,劳动生产率高速增长,使得经济高速增长,同时就业机会迅速增加。根据日本人口普查数据,日本失业率1930年为10.7%,1950年为1.2%,1960年为1.1%,1970年为1.2%,1980年为2%,1998年为2.5%。[①] 从20世纪50年代开始,日本处于高就业状态;60年代,日本的劳动力市场完全变成卖方市场,日本的劳动力已由过剩转为不足。

从日本的例子可以得出以下两种劳动力增长与服务业经济增长以及劳动生

---

① 徐宏毅.服务业生产率与服务业经济增长研究.武汉理工大学出版社,2010年,第88页。

产率提高之间的循环关系。一是良性循环。投入一定量的劳动力要素，劳动生产率增长较快，产出增长较理想，此时政府、企业和居民收入增长较快，因而需求能力提高，消费结构产生变化，整个经济对劳动力需求容量也在扩大；这样，劳动力要素投入量又会继续增加，劳动生产率也在提高，收入又将增加，促进下一轮需求增长和就业机会扩大。如此循环反复，在这个过程中，过多的劳动力供给量可以在每个经济良性增长中得以逐步吸收。二是恶性循环。过于考虑人口规模和劳动力就业因素，而不考虑经济运行过程中资本有机构成的提高，消极地扩大就业，牺牲劳动生产率的提高，导致产出增长缓慢，收入增长不理想，需求扩张增量不大，就业机会增长不快。如此就有更多的劳动力富余，或者拥挤在现有的就业岗位上，使劳动生产率增长更慢，并最终影响到产出增长。这样就会影响下一轮服务业经济的增长，就业量更小，劳动生产率更慢，产出增长更不理想。因此，要促进服务业经济增长，就要通过增加服务业劳动力，促进劳动力与服务经济发展的良性循环。

（2）技术进步与服务业经济增长

服务业的技术进步导致了服务业生产率的提高，进而扩大了对服务业的需求，导致服务业比重上升。举一个简单的例子，美容行业是一个近年来发展较快的行业，美容技术的进步降低了价格，提高了美容质量，从而进一步刺激了美容消费群的增长。这种需求促进了技术变革，扩大了平均的交易规模，减少了美容师的空闲时间，从而提高了生产率，进而增进了美容业的产出增长。

基于上述观点，我们根据《中国统计年鉴》1993～2002年的数据测算，此时期中国第三产业增加值增加了15.58%（以1990年不变价计算），而技术效率增长率、技术进步增长率、TFP增长率对第三产业产值增长的贡献率分别为0.77%、30.03%、30.82%。见表10.8。

表10.8 增长率表（%）

年份	技术效率增长率	技术进步增长率	TFP增长率	TFP增长的贡献率
1993	0.12	3.53	3.65	8.04
1994	0.12	3.88	4	56.1
1995	0.12	4.16	4.28	36.52
1996	0.12	4.43	4.55	33.58
1997	0.12	4.7	4.82	34.28
1998	0.121	4.96	5.081	34.92
1999	0.121	5.22	5.341	40.92
2000	0.121	5.5	5.621	49.05
2001	0.122	5.77	5.892	43.97

续表

年份	技术效率增长率	技术进步增长率	TFP 增长率	TFP 增长的贡献率
2002	0.122	6.07	6.192	53.56
均值	0.121	4.68	4.801	30.82
贡献率	0.77	30.03	30.82	

资料来源：参考徐弘毅．服务业生产率与服务业经济增长研究．[M]．武汉理工大学出版社，2010年版，第80页

TFP（全要素生产率）的增长率常常被视为科技进步的指标，这说明科技进步在中国服务业经济增长中发挥着越来越重要的作用。

3. 其他不确定因素对服务业经济增长的作用

（1）服务业增长与资本投入

一般情况下，在其他因素不变的情况下，资本存量的增长可以促进服务业经济快速（翻一番）地增长。同时，与进出口贸易以及利用外资、研发经费等具有极高的正相关关系。

此外，目前的研究表明，服务业产值与国内储蓄总额以及城镇居民家庭人均可支配收入高度相关。

（2）服务业增长与城市化率

城市化率在提高服务业产值比重方面具有重要作用。从目前的研究结果可知，第三产业从业人员比重与城市化率存在高度的正相关性。城市化的回归系数表明，城市化率提高1个百分点，则可拉动第三产业就业0.919个百分点。因此，提高城市化率既可以提高服务业产值，又可以解决就业问题。

（3）服务业增长与制度创新

制度经济学派认为，资本积累、技术进步等因素与其说是经济增长的原因，不如说是经济增长本身。经济增长的根本原因在于制度因素，制度是经济发展的决定性因素。诺斯（North）与科斯（Coase）等人把制度因素作为影响经济增长的一个重要内生变量，来研究制度与经济增长的相关关系。康芒斯（Commons，1943）在《制度经济学》一书中认为制度是经济发展的动力，他把制度解释为"集体行动控制个体行动"。康芒斯强调制度对经济增长的作用，认为政府必须指导国民经济，介入市场以矫正市场失灵，规范经济秩序，保证经济稳定增长。科斯主要探讨法律制度对经济运行效率的影响。诺斯则认为科学技术的进步虽然对经济增长起重要作用，但真正起关键作用的是制度，一种能够提供个人刺激的有效的制度是使经济增长的决定性的因素，在诸多制度因素中产权的作用尤为突出。1981年他撰文指出："当技术没有重大变化时，只

要充分发挥制度因素的作用,就可以促进经济增长。"[1]

第三节 我国服务业增长

一、我国服务业增长概况

1. 我国服务业增长概述

在新中国成立后的前30年的经济发展中,由于传统经济发展模式和计划经济体制的制约,服务业并未得到重视。1952年服务业增加值只有194.3亿元。直到改革开放初期的1980年,服务业增加值占我国国内生产总值的比重仅为21%。这个时期我国服务业产值比重和就业比重两个指标在国际排名中都列居最后几位。进入21世纪,我国服务业增长较快。

(1)服务业产值增加。1978年服务业增加值占GDP的比重为24.2%;2001年比重达到40.7%;2002年服务业增加值为35132.6亿元,按当年价格计算,比1952年增加值增长了180倍,年均增长率为10.11%,超过同期GDP年均增长率0.34个百分点;2007年比重略有下降,为40.1%;2010年服务业增加值占GDP比重为45.9%。见图10.3。服务业对国民经济增长的贡献率在不断提高。

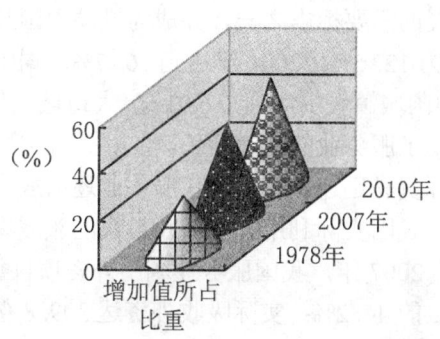

图10.3 服务业增加值占GDP比重

(2)服务业从业人员不断增加。1952年服务业从业人员只有1881万人;2002年从业人员达21090万人,50年间共吸纳劳动力19209万人,比1952年

---

[1] 徐宏毅.服务业生产率与服务业经济增长研究.武汉理工大学出版社,2010年,第100页。

增长了11倍,而同期总就业人员仅增长了3.56倍。服务业从业人员占全社会劳动力比重1952年仅为9.1%,1978年为12.2%,1994年该比重首次超过第二产业的就业比重,2002年提高到28.6%,2007年达到32.4%,2010年达到为34.6%(见图10.4)。

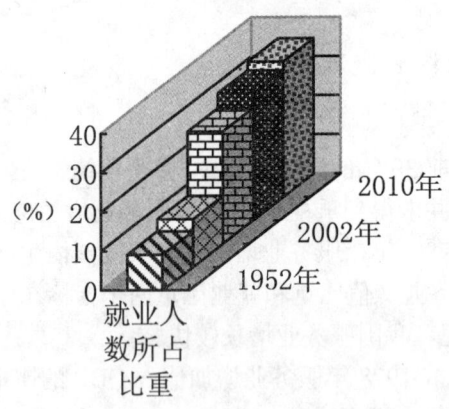

图10.4 服务业就业人数占全社会劳动力比重

(3)城市化率不断提高。我国城市化进程的推进有利于带动劳动力就业水平的提高,二者之间存在长期均衡关系,并在短期波动内相互有着正向的调整影响。同时,城市化进程有利于服务业水平的提高,促进了服务业的发展。因此城市化率是服务业发展的重要标志之一,并成为推动中国经济增长的主要力量。1952年城市化率仅为12.5%,2001年达到36.7%。据中国社科院发布的《城市蓝皮书》,2011年中国城镇人口达到了6.91亿,人口城镇化率达到51.27%。城市化率的不断提高带动了服务业的快速增长。

(4)利用外资和国际贸易迅速增长。现代服务业逐渐成为外商投资加速进入的重点行业。近几年,我国实际利用外资增长最快的领域集中在服务业,尤其是生产性服务业领域。2007年,我国服务业利用外资项目数达到16736个,占当年利用外资项目总数的44.2%;实际吸收外资达309.8亿美元,占实际利用外资总额的41.4%。2011年1~11月,服务业实际使用外资金额487.68亿美元,同比增长18.54%。服务业中,广播电影电视业、社会福利保障业、旅游业、管道运输业、航空运输业、市内公共交通业等行业实际利用外资增幅较大。制造业实际使用外资金额473.15亿美元,同比增长7.56%。服务业利用外资金额占整体比重首次超过制造业。[①]

---

① http://www.askci.com/news/201112/16/91110_96.shtml,2012.11.9.

进出口规模和速度不断提高。1985年服务贸易出口额为29.25亿美元,仅占世界服务贸易出口总额的0.8%。1995年这一比重提高到1.6%,排在世界第16位。2000年我国服务贸易出口额达297亿美元,占世界服务贸易出口总额的2.5%。2003年增长到467亿美元,与1985年相比增长了16倍,年均增长7.6%。到2012年上半年,中国服务贸易进出口额居世界第四位,从1984年的44亿美元到2011年的4191亿美元,增长近百倍。[①]

(5) 行业结构不断优化。我国服务业在改革开放初期,绝大多数为批发零售商业和运输邮电仓储业,占服务业增加值的32.2%和21%。到2000年以后,这种局面逐步被打破,服务业内部行业结构不断得以优化。如金融保险业,改革开放初期仅占9.4%,到2002年金融保险业占服务业增加值大幅提高到18%。2002年证券市场发展极快,证券公司资产规模扩大。2011年平均每家证券公司总资产为144.04亿元;全部证券公司净资产规模合计为6303亿元,同比增加11.28%,平均每家证券公司净资产为57.83亿元[②]。其他新兴产业,如旅游、房地产业、信息技术、文教卫生等也取得长足发展。

2. 中国服务业增长的三个阶段

(1) 起步阶段 (1952~1978年)

这一时期是我国的计划经济时代,经济发展的指导思想是"重生产轻消费"、"重重工业轻轻工业"。因此,服务业发展受到极大的限制,发展非常缓慢。从增加值来看,1952年为195.45亿元,1978年为860亿元,年均增长仅为5.89%。这一时期,第三产业增加值占GDP比重基本上都是平躺在水平轴上,其中1960年最高,为32.1%。之后由于受到"文化大革命"的影响,经济整体增速放缓。1975年第三产业发展也达到最低点,为21.7%。第三产业从业人员1952年为1881万,1958年为4000万,同样由于"文化大革命"的影响,在20世纪60年代出现了下浮波动,直到1977年才恢复到1958年4000万的水平,并于1978年达到了4890万。在这一时期我国并没有第三产业的概念。从目前行业分类来看,这个时期商业、运输占主导地位,占增加值比重较大;而金融保险、科教、社会服务业以及公用事业等占增加值比重较低。

(2) 快速增长阶段 (1979~1990年)

1980年,第三产业产值为966亿元。1985年,第三产业产值增加到2556亿元,5年间增长了近3倍,年均递增率为12.6%,快于同期第一产业10%和第二产业9.4%的增速。1990年,第三产业增长到5814亿元,按可比价格计算,比1978年增长了95倍。见表10.9。1980年第三产业在国民生产总值中所占的

[①] http://finance.ifeng.com/news/industry/20120522/6498033.shtml, 2012.11.9.
[②] 中国证券业协会《中国证券业发展报告(2012)》,中国财政经济出版社,2012年8月版。

比重为 21.4%；1989 年为 32%；1990 年略有下浮，为 31.3%。同时，第三产业从业人员比重上升幅度较大，1978 年仅为 12.2%，1990 年为 18.5%。这个时期第三产业内部结构变化较大，并逐步优化。如金融保险业从 1978 年占服务业增加值比重的 9.4% 上升到 1989 年的 25.9%。交通仓储业增加值比重由 1978 年的 21% 下降到 1989 年的 17.5%，而批零餐饮业从 1978 年的 32.2% 下降到 1989 年的 16.9%。

表 10.9 三次产业经济总量与发展速度指标

		国内生产总值	第一产业	第二产业	第三产业
总量指标（亿元）	1980 年	4518	1359	2192	966
	1985 年	8964	2542	3867	2556
	1990 年	18548	5017	7717	5814
	2000 年	99214.6	14944.7	45555.9	38714
	2009 年	340902.8	35226	157638.8	148038
	2010 年	401202	40533.6	187581.4	173087
速度指标（%）	指数 1980 年	428.2	223.4	552.8	509.1
	1985 年	257.5	150.4	343.3	250.7
	1990 年	176.3	122.5	223.4	160.2
	2000 年	270.9	151.2	296.1	288.9
	2009 年	110.4	104.3	112.4	109.6
	平均增长速度 1981~1991 年	10.2	5.5	12.1	11.5
	1986~1991 年	9.9	4.2	13.1	9.6
	1991~2010 年	10.5	4	12.5	10.7
	2001~2010 年	10.5	4.2	11.5	11.2

资料来源：国家统计局《中国统计年鉴》（1996 年和 2011 年）

(3) 平稳增长阶段 (1991 至今)

跨入 20 世纪 90 年代，宏观经济不景气，受此影响第三产业增速放缓。但第三产业增加值在 90 年代初期有一个明显向上的拐点，这说明第三产业增加值迅速提高。见表 10.10。

表 10.10 1991~2010 年国内生产总值和第三产业增加值总量变化

年份	国内生产总值（亿元）	第三产业增加值总量（亿元）
1991	21617.8	7227
1992	26638.1	9138.6

续表

年份	国内生产总值（亿元）	第三产业增加值总量（亿元）
1993	34634.4	11323.8
1994	46622.3	14930
1995	58478	17947.2
1996	67885	20427.5
1997	74772	24033
1998	78345	25174
1999	82068	27038
2000	89404	29704
2001	95933	32254
2002	104790.6	35132.6
2003	117251.9	38885.7
2004	136875.9	43720.6
2005	183084.8	72967.7
2006	210871	82972
2007	249529.9	100053.5
2008	300670	120486.6
2009	340506.9	147642.1
2010	401202.0	173087.0

资料来源：国家统计局《国际统计年鉴》历年数据

从第三产业对国内生产总值增长的贡献率来看，20世纪90年代以来，三次产业对国内生产总值增长的贡献率发生了较大的变化，第一产业的贡献率大都在6%左右。第二产业的贡献率到近年来有一定程度的下降，如，1991年为62.8%，2005年下降至51.1%。而第三产业在90年代对国内生产总值贡献率有着明显的上升趋势，从1991年的30.1%上升至2001年的48.2%，但进入21世纪后略微趋缓并出现小幅下滑，2005年贡献率为43.3%。见表10.11。

表10.11 三次产业对国内生产总值的贡献率

（以不变价计算）

年份	第一产业（%）	第二产业（%）	第三产业（%）
1990	41.7	41	17.3
1991	7.1	62.8	30.1
1992	8.4	64.5	27.1
1993	7.9	65.5	26.6

续表

年份	第一产业（%）	第二产业（%）	第三产业（%）
1994	6.6	67.9	25.5
1995	9.1	64.3	26.6
1996	9.6	62.9	27.5
1997	6.8	59.7	33.5
1998	7.6	60.9	31.5
1999	6	57.8	36.2
2000	4.4	60.8	34.8
2001	5.1	46.7	48.2
2002	4.6	44.4	45.7
2003	3.4	58.5	38.1
2004	7.8	52.2	40
2005	5.6	51.1	43.3
2006	4.8	50	45.2
2007	3	50.7	46.3
2008	5.7	49.3	45
2009	4.5	52.5	42.9

资料来源：国家统计局统计年鉴（2010年）

此外，第三产业逐渐成为就业弹性最高的产业。因此，我国目前就业增加仍需靠第三产业来拉动。1991年，我国从业人员共有65491万，其中第三产业从业人员有12378万，占就业总人数的18.9%。1995年，从业总人口有68065万，其中第三产业就业人数为16880万，占就业总人数的24.8%。到2005年，第三产业就业比重占到31.35%。2010年，第三产业就业人数为26332万人，第三产业就业比重占到34.6%。见图10.5。我国第三产业就业人口从1994年开始，略高于第二产业。见图10.6。

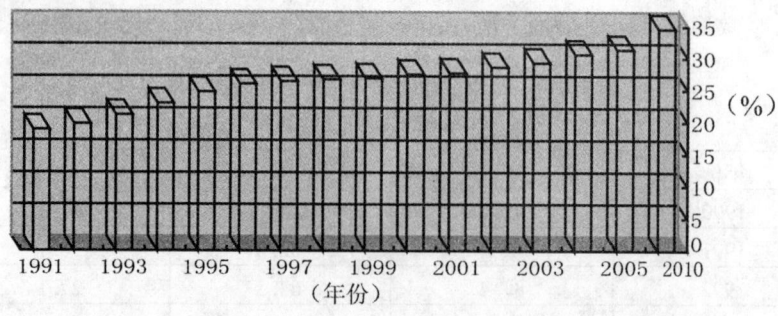

图10.5　1991~2010年第三产业所占从业人员比重

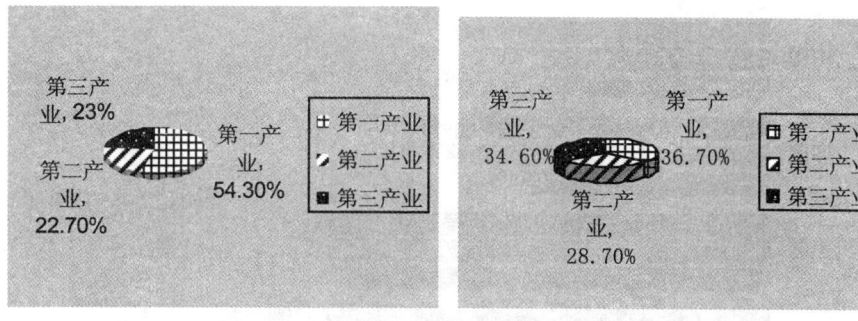

图 10.6　1994 年和 2010 年三次产业就业比重

二、我国服务业增长存在的问题

1. 服务业占 GDP 比重偏低

我国服务业占 GDP 比重不仅落后于发达国家和世界平均水平,还滞后于部分发展中国家和低收入国家。2006 年,我国服务业增加值占 GDP 的比重为 39%,而同期世界平均水平为 68%,低收入国家平均水平也比中国高出 10 个百分点。2010 年,我国服务业增加值占 GDP 的比重为 45.9%,同期中等收入国家平均水平为 55.9%。见表 10.12 和图 10.7。

表 10.12　中国服务业增加值占 GDP 比重与国际水平的对比

	中国	世界平均	低收入国家	中等收入国家	高收入国家
1990 年	31%	61%	42%	46%	65%
2006 年	39%	68%	49%	53%	72%
2008 年		70.10%			73.40%
2009 年			49.90%		
2010 年	45.90%			55.90%	

数据来源:国家统计局国际统计年鉴(2011)整理

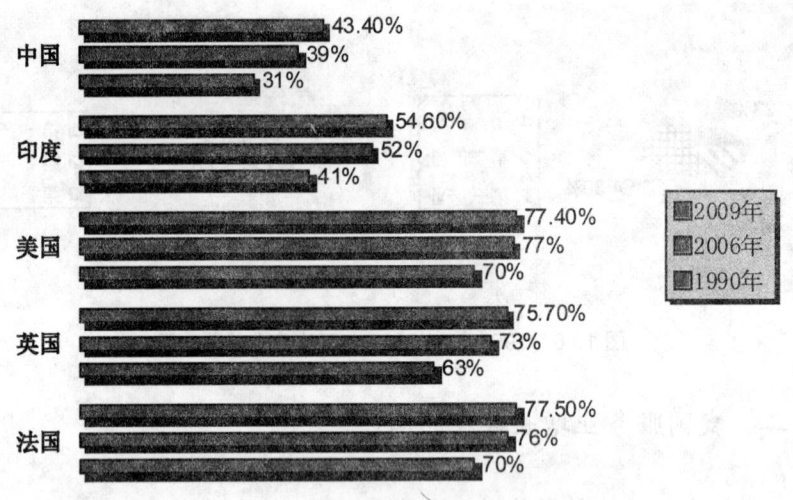

图10.7 部分国家服务业增加值占GDP比重对比

数据来源：根据国家统计局国际统计年鉴（2008、2010）整理.

2. 服务业内部结构不合理

与发达国家相比，我国传统的物流及餐饮旅馆业比重较大。从增加值内部结构来看，1998年在OECD（经合组织）中，金融、保险、房地产及经营服务的比重最大，平均达到32%；批发、零售和餐饮旅馆业或者是教育、卫生和社会服务等部门次之，平均为22%~24%；运输通信和公共管理两个部门的比重最小，平均为10%~11%。而同年我国的情况是金融、保险和房地产比重为26%，批发、零售和餐饮餐馆业为28%，教育、卫生和社会服务等其他为19%，运输通信为19%，公共管理为8%。[①]到2010年，这种状况虽有所改善，但相比之下，金融、保险、房地产以及经营服务行业平均比重仍然较低。在发达国家的现代服务业中占比例最小的运输通信，在我国比重仍然较大，交通运输、仓储和邮政业占服务业产值比重的11%。批发和零售业比重仍然是最大的，占20.7%。住宿和餐饮业有所下降，从1998年的5.8%下降到2010年的4.7%，期间也有小幅波动上行，但总体呈下降趋势。金融业、房地产业受宏观经济影响较大，总体呈上升趋势，但发展速度和优势并不明显。2010年金融业占12.1%，房地产业占12.9%。

---

① 徐宏毅《服务业生产率与服务业经济增长研究》，武汉理工大学，2010年版，第115页。

此外,服务业内部劳动力配置不合理。从国际经验来看,零售、餐饮旅馆业或者是教育、卫生和社会服务业等就业比重最大,金融保险、房地产和经营服务、公共管理类次之,运输及通信最少。在我国,传统物流部门如餐饮业、零售业沉淀了太多低素质的劳动力,而适应经济市场化、国际化、信息化要求的产业,即生产性服务业就业人数却不足。非市场化经营的科教文卫等就业比重下降较快。这与政策层面对潜力产业引导与扶持有关。

服务业内部投资不均衡是造成目前我国服务业发展较慢的主要原因。对于营利性行业,投资增长较快;而非营利性行业,如科研、教育则投资不足,增长缓慢。

3. 服务业地区发展不平衡

我国各省、自治区和直辖市,根据经济发展状况划分为东、中、西部,服务业发展水平参差不齐,见表10.13 和10.14。

表10.13 1992~2002年我国东、中、西部服务业状况比较

服务要素	东部	中部	西部
技术进步(TP)(%)	5.37	5.04	3.92
技术效率(TE)(%)	74.4	51.5	46
全要素生产率(TFP)(%)	5.43	5.182	4.089
产出增加值(亿元)	2411.27	1241.14	681.48
固定资产投资(亿元)	719.91	359.93	240.78
从业人员(万人)	590.56	578.63	343.57
人均GDP(万元/人)	4080	2140	1980

注:按照国家统计局2003年之前的统计法,东部地区包括北京、天津、河北、辽宁、上海、江苏、浙江、福建、山东、广东和海南等11个省(市);中部地区包括山西、吉林、黑龙江、安徽、江西、河南、湖北、湖南等8个省;西部地区包括四川、重庆、贵州、云南、西藏、陕西、甘肃、青海、宁夏、新疆、广西、内蒙古等12个省(市)、自治区。

资料来源:徐宏毅. 服务业生产率与服务业经济增长研究. [M]. 武汉理工大学出版社,2010年版,第116页。

表10.14 2010年底按区域分第三产业产值

指标	东部地区		中部地区		西部地区		东北地区	
	绝对数	占全国比重	绝对数	占全国比重	绝对数	占全国比重	绝对数	占全国比重
第三产业产值(亿元)	102851	58.3%	29758	16.9%	30013.3	17%	13822.1	7.8%

注:自2003年起,国家统计局将黑龙江、吉林从中部地区剔除、将辽宁从东部地区剔除,将三省单独作为东北地区进行数据统计。

资料来源:国家统计局中国统计年鉴(2011年)

从表中可以看出，服务业发展规模的区域差异较为显著。总体说来，东部沿海地区规模最大，中部次之，西部规模最小。从各大城市来看，现代服务业初步形成了"三级梯队"的区域分布格局。

第一梯队为北京、上海两个具有国际水准的大都市。发展水平远远高于我国其他地区，服务业也成为这两个城市经济发展的核心。

第二梯队包括天津、辽宁、河北、山东、江苏、浙江、福建和广东等8个沿海城市。这些区域服务业形成规模，工业化和信息化程度较高，现代服务业成为带动该区域发展的重点产业。

第三梯队为我国其他地区，总体来说较为落后，但也不乏有较好服务业发展基础的省市，如重庆、郑州、武汉、长沙、成都、西安等，现代服务业成为区域发展中的两点和重要增长极。

从就业人员数来看，第一梯队第三产业就业比重明显高于第二梯队和第三梯队，见表10.15。

表10.15 各省市第三产业就业人员数

地区	就业人员（万人）		第三产业（万人）		第三产业就业数所占比重(%)	
	2009年底	2010年底	2009年底	2010年底	2009年底	2010年底
北京	1255.1	1317.7	925.6	976.8	73.7	74.1
上海	929.2	924.7	534.2	540.9	57.5	58.5
天津	507.3	520.8	220.2	231.4	43.4	44.4
辽宁	2190.0	2238.1	936.0	951.5	42.7	42.5
浙江	3825.2	3989.2	1370.4	1441.3	35.8	36.1
江苏	4536.1	4731.7	1608.4	1706.5	35.5	36.1
重庆	1878.5	1912.1	703.2	723.7	37.4	37.8
山东	5449.8	5654.7	1714.1	1810.4	31.5	32
陕西	1919.5	1952	609.3	608.2	31.7	31.2

资料来源：国家统计局《中国统计年鉴》（2010年和2011年）

三、我国现代服务业增长的路径选择

1. 提高市场化程度，引入竞争机制

目前，我国服务业中除商业、居民服务业和公路运输外，多数行业市场化程度还相当低，市场对资源的配置发挥作用很小。基于此，我国一是要减少政府管制，转变垄断观念；放宽市场准入，引入竞争，实现潜在的服务需求。比如，对金融、保险证券、电信、铁路和航空运输、教育、卫生、文化、信息媒

体等服务领域,要改变垄断经营、管制经营和限制经营状态。二是服务业投资主体实现多元化。在服务业 44 个大行业中,我国除商贸、餐饮、房地产、旅馆、租赁、娱乐业等行业有私人投资外,其他行业国有经济投资占到一半以上。这说明,多种经济成分发展的局面在服务业领域尚未充分形成。三是提高服务业市场化程度,该由市场承担的服务一定要有市场承担,政府应逐渐减少干预。

2. 提高城市化水平

城市化率高、城市化规模扩大可以产生多样化的服务需求,使得分工进一步细化,容易产生高附加值、为生产服务和新兴的服务业。目前,我国的城市化水平甚至低于同等发展水平和工业化水平的发展中国家,见图 10.9。服务业发展也是如此。

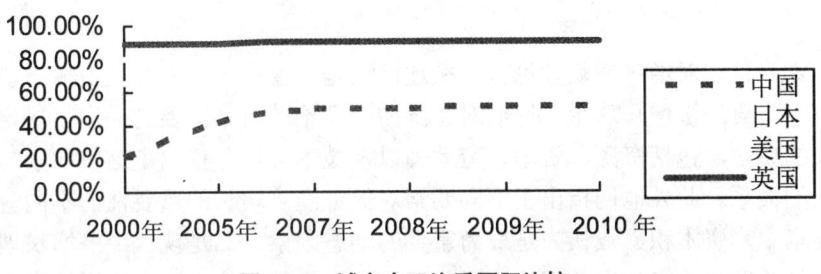

图 10.8 城市人口比重国际比较

资料来源:国家统计局《国际统计年鉴》世界银行 WDI 数据库(2011)

3. 进一步深化分工

由于我国曾长期受计划经济体制的制约,企业仍旧存在"大而全、小而全"的现象,企业的生产服务多由企业自己承担,生产性服务业的发展受到严重制约。应该逐渐改变这种局面,提高社会专业化程度和水平,为服务业的发展提供条件。

4. 扩大对外开放水平

继续扩大对外开放,吸引外商投资。目前,我国服务业利用外资水平较低,导致服务业的国际化水平难以提高,服务业不能直接与国际服务业企业竞争,制约了服务业整体竞争力的提高。

5. 优化服务业区域布局

逐步完善区域布局结构,促进区域之间合作。逐步形成"一轴两带多中心"的区域格局,即东部临海中心轴、北部发展带和南部发展带,并形成多层次、多中心的网络结构。通过发挥东部临海中心轴的"驱动"和"传动"作用,进一步提升北部发展带和南部发展带的发展水平,在现代服务业的不同行业建立由多中心支撑的网络。

6. 提高人民收入水平

居民收入与服务业经济增长呈极高的正相关关系。一般认为，城镇居民家庭人均可支配收入每增加1元，可使服务业产出增加近5元。这远远高于储蓄的影响力，因此，鼓励城镇居民增加消费，并提高其收入水平，尤其要注重提高农民的收入水平，极大地带动服务业经济的强劲增长。

7. 重视人才

现代服务业尤其是知识密集型服务业的发展，需要大量的专门人才。要重视服务业人才的培养，尤其是高层次服务人才的培养，以此来促进服务业增长。

本章小结

本章首先对经济增长理论作了概述：一是以亚当·斯密和大卫·李嘉图为代表的古典经济增长理论。他们对经济增长理论的贡献主要是提出了决定经济增长的要素，包括资源、资本、劳动力以及技术等，并指出了这些要素与经济增长的关系。此外他们指出了不同要素对促进经济增长的重要性的不同。在这些要素中，资本积累被认为是最为重要的动态因素。二是现代经济增长理论，也就是哈罗德—多马增长理论。现代派的突出贡献是他们对经济增长提出了数学模型，但由于这些理论模型条件苛刻，与实际情况差别较大，因此并不能很好地解释现实经济问题。三是以罗伯特·索洛、斯旺以及米德为代表的新古典经济增长理论。这个理论虽然解决了哈罗德—多马模型中存在的虚拟假设下的不变要素问题，但是它的均衡增长率仍受到人口增长以及储蓄率的制约，这些并未被考虑进去，这样的结论也显然与现实经验相去甚远。四是包括了保尔·罗默和罗伯特·卢卡斯以及巴罗等经济学家的观点的新经济增长理论。新经济增长理论认为技术和知识对投资收益都会产生正效应，所以，相应地，生产率将成为经济增长的唯一来源。在这一节中，我们还详述了服务业增长悖论，即服务业占GDP比重上升，但服务业劳动生产率滞后，由于这个原因服务业增长将出现"成本病"问题。较为系统地提出这个问题的是鲍莫尔—富克斯假说理论。基于此，本章在第一节对该悖论作了解释。

服务业增长存在一定的规律。一是随着时间推移，各种收入水平国家的服务业占GDP比重都呈上升趋势。其原因主要是由生产性服务业的崛起、服务业技术不断进步、统计技术发展使得服务业统计更为科学合理。二是随着时间的推移，服务业对GDP增长的贡献率越来越大。三是服务业增长与人均GDP正相关。在这一节，本文还对服务业增长的要素进行了分析。这些要素主要是需求要素、供给要素以及一些不确定因素。

本章最后，主要就我国服务业增长情况进行了概述，并对我国服务业增长发展历程分阶段进行了说明。同时，指出目前我国服务业增长存在的一些问题，如服务业占 GDP 比重偏低、内部结构不合理以及地区发展不平衡等。针对这些问题，提出了解决路径。

思考题

1. 经济增长理论有哪些？
2. 服务业增长的一般规律是什么？
3. 服务业增长有哪些影响要素？
4. 我国服务业增长的路径有哪些？

参考文献

1. 何德旭，夏杰长．服务经济学（第 1 版）．北京：中国社会科学出版社，2009 年。
2. 胡霞．中国城市服务业发展差异研究（第 1 版）．北京：经济科学出版社，2009 年。
3. 于丹．服务业经济"稳定器"作用研究（第 1 版）．北京：经济科学出版社，2009 年。
4. 邢丽娟．西方经济学（第 1 版）．北京：机械工业出版社，2011 年。
5. 刘田田．服务产业分类研究．硕士学位论文．2011 年。
6. 纪明辉，陈豫．国内外服务业发展比较研究．经济纵横．2011 年。
7. 方远平，毕斗斗．国内外服务业分类探讨．国际经贸探索．2008 年。
8. 黄新华．公共服务供给制度的比较与分析．领导之友．2012 年。
9. 安贺新．服务营销管理[M]．北京：化学工业出版社，2011 年。
10. 张旭．服务营销[M]．北京：中国华侨出版社，2002 年。
11. 郑吉昌．服务营销管理[M]．北京：中国商务出版社，2005 年。
12. 傅云新．服务营销学[M]．广州：华南理工大学出版社，2005 年。
13. 张月莉，郭晶．服务营销[M]．北京：中国财政经济出版社，2002 年。
14. 曹礼和，邱华．服务营销[M]．武汉：武汉大学出版社，2004 年。
15. 叶万春．服务营销学[M]．北京：高等教育出版社，2001 年。
16. 教育休闲健康一个不少农民服务性消费层次升级，http://pjnews.zjol.com.cn/ pjnews/system/2012/06/04/015092614. shtml。
17. 不适应日本的文化和消费习惯 家乐福败走日本，http://news.anhuinews.com/system/2005/03/13/001157278. shtml。
18. 老年消费者的消费动机，http://oldman.39. net/a/201117/1588636. html。
19. 高桂平，张雷．服务营销学[M]．武汉：武汉理工大学出版社，2008 年。
20. 秦永和，部岚，张宇宁．服务业成本核算与控制[J]．湖北财税，2003 年。

21. 史润林，包健俊．健全和完善内蒙古第三产业增加值统计核算制度[J]．内蒙古统计，2009年。

22. 谢启南，梁树佳，梁国柱．国际服务贸易统计方法制度研究（上）[J]．统计与信息论坛，2000年。

23. 曾五一，许永洪．中国国民经济核算研究30年回顾[J]．统计研究，2010年。

24. 许宪春，中国服务业核算及其存在的问题研究[J]．经济研究，2004年。

25. 国家统计局，2003：《国家统计局关于印发〈三次产业划分规定〉的通知》，国家统计局文件：国统字〔2003〕14号。

26. 国家质量监督检验检疫总局，2002：《国民经济行业分类》（GB/T4754-2002）。

27. 赵同录．服务业统计改革完善GDP核算[J]．统计研究，2006年。

28. 岳希明，张曙光．我国服务业增加值的核算问题[J]．经济研究，2002年。

29. 金剑，陈秋月，张帆．关于新兴服务业调查核算工作的思考[J]．商场现代化，2007年。

30. 晁刚令．服务业分类统计核算研究[J]．科学发展，2010年。

31. 赵弘．中国总部经济发展报告[M]．北京：社会科学文献出版社，2010年。

32. 吴立军．河北省服务业竞争力及影响因素研究[J]．首都师范大学，2011年。

33. 孙丽文，王晓欣，李睿．河北省生产性服务业竞争力评价分析[J]．河北工业大学学报，2010年。

34. 田娟娟．河南省服务业竞争力分析[J]．河南大学，2009年。

35. 邓春宁．技术进步与服务业竞争力的提升：中国的经验证据[J]．赤峰学院学报，2010年。

36. 韩记．绵阳市现代服务业竞争力影响因素分析[J]．西南财经大学。

37. 黄作明，薛恒，桂良军．区域服务业竞争力的模综合评价模型的构建[J]．审计与经济研究，2004年。

38. 李素席．区域服务业竞争力评价理论与应用研究[J]．河北工业大学，2008年。

39. 尚慧丽．提升区域服务业竞争力的对策研究[J]．经济纵横，2010年。

40. 许晖，万益迁．现代服务业竞争力评价与提升研究——以天津市为例[J]．未来与发展，2009年。

41. 杨艺敬．在实施"走出去"战略措施中提升服务业竞争力[J]．上海商业，2004 年。

42. 王颖晖．创新内涵下的知识密集型服务业盈利模式研究[J]．经济问题，2009 年。

43. 徐建敏，任荣明．从成功案例看知识密集型服务业创新类型[J]．北京理工大学学报（社会科学版），第 9 卷第 5 期 2007 年。

44. 柳卸林．对服务创新研究的一些评论[J]．科学研究，第 23 卷第 6 期，2005 年。

45. 韩玉军，冀玥竹，樊欢．对中国服务业发展现状的认识与思考[J]．山东经济，2011 年。

46. 刘建兵，柳卸林．服务业创新轨道的形成机制及对追赶的战略意义[J]．创新管理科学与科学技术管理，2008 年。

47. 郑吉昌．服务业革命与中国服务业的发展前景[J]．理论与实践，2003 年。

48. 熊焰．服务业同制造业创新流程的比较研究及模型建立[J]．科技进步与对策，第 26 卷第 2 期，2009 年。

49. 吴立军．河北省服务业竞争力及影响因素研究[J]．首都师范大学，2011 年。

50. 孙丽文，王晓欣，李睿．河北省生产性服务业竞争力评价分析[J]．河北工业大学学报，第 39 卷第 4 期，2010 年。

51. 韦福祥，宋琳曦，李金凤．互联网环境下中国服务业创新模式研究——以天津滨海新区服务业为例[J]．天津财经大学学报，2011 年。

52. 李迎君．基于产业特性视角的服务业创新特点研究[J]．北方经济，2012 年。

53. 王甜，钟宪文．基于动力模型的服务创新模式研究[J]．创新管理科学与科学技术管理，2005 年。

54. 叶茗．基于竞争力指数的我国服务贸易国际竞争力分析[J]．商业时代，2012 年。

55. 刘红．基于评价系统的现代服务业企业竞争力影响因素研究——以在杭企业为例[J]．浙江大学，2011 年。

56. 王光辉，王海燕，刘兵．加快我国服务业创新的思考[J]．科技创新与生产力，2011 年。

57. 张宇，蔺雷，吴贵生．企业服务创新类型探析[J]．科技管理研究，2005 年。

58. 高浩. 提升我国服务业国际竞争力的研究[J]. 中国商界, 2009 年。

59. 张利科, 王淑梅. 我国现代服务业发展趋势分析[J]. 商业时代, 2012 年。

60. 郑吉昌, 周蕾. 影响服务业国际竞争力的因素分析[J]. 价值工程, 2005 年。

61. 李非, 曾刚. 长江三角洲城市服务业竞争力评价研究[J]. 现代经济探讨, 2006 年。

62. 杨汶浠. 中国服务贸易竞争力及其影响因素分析[J]. 国际商贸, 2012 年。

63. 肖文, 樊文静. 中国服务业发展悖论——基于"两波"发展模式的研究[J]. 经济学家, 2012 年。

64. 曹跃群. 中国服务业发展的现状及对策研究——基于鲍默尔·富克斯假说的实证[J]. 重庆大学, 2004 年。

65. 刘菲. 中国服务业发展模型实证分析[J]. 首都经济贸易大学, 2009 年。

66. 庄惠明, 陈洁. 中国服务业发展水平的国际比较——基于 31 国模型的投入产出分析[J]. 国际服务贸易评论, 2009 年。

67. 荆磊, 张奇. 中国服务业发展现状及对策[J]. 经济与法, 2011 年。

68. 周蕾, 朱开明. 中国服务业国际竞争力的指标评价[J]. 浙江树人大学学报, 第 5 卷第 2 期, 2005 年。

69. 吴文超. 中国服务业国际竞争力分析及影响因素研究[J]. 浙江工业大学, 2006 年。

70. 谷彬. 中国服务业区域发展影响因素的实证研究[J]. 东北财经大学, 2007 年。

71. 王伟. 中国服务业与服务贸易发展关系研究[J]. 江苏大学, 2009 年。

72. 王泉泉. 中国与印度服务业比较：竞争力及其影响因素[J]. 对外经济贸易大学学报, 2007 年。

73. 李小萌. 综合比较优势与中国服务业的发展研究[J]. 北京邮电大学, 2010 年。

74. 秦永和, 部岚, 张宇宁. 服务业成本核算与控制[J]. 湖北财税, 2003 年。

75. 史润林, 包健俊. 健全和完善内蒙古第三产业增加值统计核算制度[J]. 内蒙古统计, 2009。

76. 谢启南, 梁树佳, 梁国柱. 国际服务贸易统计方法制度研究（上）[J]. 统计与信息论坛, 2000 年。

77. 曾五一，许永洪．中国国民经济核算研究 30 年回顾[J]．统计研究，2010 年。

78. 许宪春，中国服务业核算及其存在的问题研究[J]．经济研究，2004 年。

79. 国家统计局，2003：《国家统计局关于印发〈三次产业划分规定〉的通知》，国家统计局文件：国统字〔2003〕14 号。

80. 国家质量监督检验检疫总局，2002：《国民经济行业分类》（GB/T4754-2002）。

81. 赵同录．服务业统计改革完善 GDP 核算[J]．统计研究，2006 年。

82. 岳希明，张曙光．我国服务业增加值的核算问题[J]．经济研究，2002 年。

83. 金剑，陈秋月，张帆．关于新兴服务业调查核算工作的思考[J]．商场现代化，2007 年。

84. 晁刚令．服务业分类统计核算研究[J]．科学发展，2010 年。

85. 赵弘．中国总部经济发展报告[M]．北京：社会科学文献出版社，2010 年。

86. 汪素芹．国际服务贸易[M]．北京：对外经济贸易大学出版社，2011 年。

87. 韩玉军．国际服务贸易[M]．山东：东北财经大学出版社有限责任公司，2009 年。

88. 邵渭洪，孙敏．国际服务贸易——理论与政策[M]．上海：上海财经大学出版社有限公司，2010 年。

89. 陈宪，程大中．国际服务贸易[M]．北京：立信会计出版社，2008 年。

90. 刘庆林．国际服务贸易[M]．北京：人民邮电出版社，2004 年。

91. 赵亚平．国际服务贸易：理论、政策与实践[M]．北京：清华大学出版社，2011 年。

92. 白远．服务业国际直接投资——引进来与走出去[M]．北京：中国金融出版社，2010 年。

93. 陈宪．服务经济与贸易[M]．北京：清华大学出版社，2011 年。

94. 迟文劼．服务业外商投资的经济效应[D]．北京：首都经济贸易大学，2009 年。

95. 岳云霞．论服务业对外直接投资[D]．北京：对外经济贸易大学，2001 年。

96. 王丽．国际服务贸易的统计分析[D]．山东：中国海洋大学，2005 年。

南开大学出版社网址：http://www.nkup.com.cn

投稿电话及邮箱： 022-23504636　　QQ：1760493289
　　　　　　　　　　　　　　　　 QQ：2046170045(对外合作)

邮购部：　　　　022-23507092
发行部：　　　　022-23508339　　Fax：022-23508542

南开教育云：http://www.nkcloud.org

App：南开书店 app

　　南开教育云由南开大学出版社、国家数字出版基地、天津市多媒体教育技术研究会共同开发，主要包括数字出版、数字书店、数字图书馆、数字课堂及数字虚拟校园等内容平台。数字书店提供图书、电子音像产品的在线销售；虚拟校园提供360校园实景；数字课堂提供网络多媒体课程及课件、远程双向互动教室和网络会议系统。在线购书可免费使用学习平台，视频教室等扩展功能。